루톡

아리

우창

가르톡

마팜초

창포

네팔

쉬가체

간체

드로모

암드록
융초

랜지스

포웅추

부탄

키추

북
서 ◇ 동
남

인도

방글라데시

티베트 지도

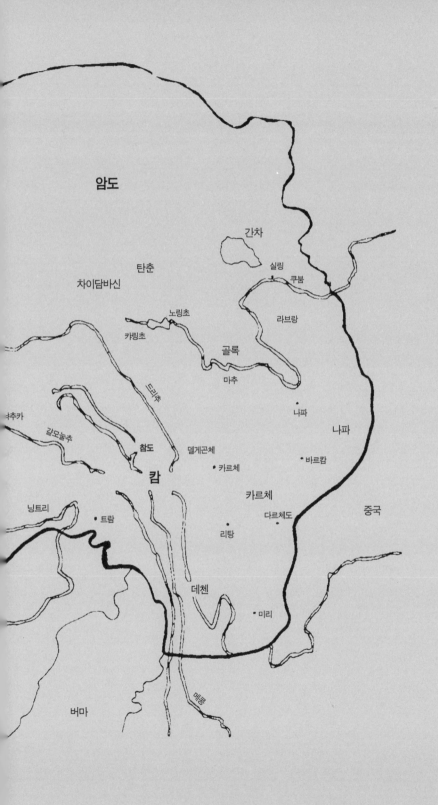

그래도
내 마음은
티베트에 사네

THE VOICE THAT REMEMBERS
A Tibetan Woman's Inspiring Story of Survival
by Joy Blakeslee and Adhe Tapontsang

그래도
내 마음은
티베트에 사네

한 티베트 여인의 용감한 투쟁의 기록

아마 아데 지음
조이 블레이크슬리 기록
김은주, 김조년 옮김

궁리
KungRee

달라이 라마의 추천사

이 책은 티베트 민족의 용맹성과 그들이 겪은 수난을 기록한 감동스런 증언이며, 전 생애 중 27년이라는 시간을 중국의 감옥에 갇혀 지낸 아마 아데(Ama Adhe)의 삶에 대한 내용이다. 아데와 그 가족들은 1950년대 초반에 시작된 티베트 저항운동에 관여한 혐의로 체포됐다. 많은 티베트인이 이들처럼 온 힘과 끈기를 다해 이 항쟁에 참여했다.

나는 사람들이 아마 아데의 이야기를 읽게 되어 기쁘다. 더하여 그녀가 자신의 이야기를 알릴 수 있도록 생존해 있다는 것 또한 기쁘다. 그녀의 이야기는 중공군의 점령하에서 수난을 당했던 모든 티베트인들의 이야기이자, 정의와 자유를 찾고자 항쟁에 참여했던 티베트 여인들의 희생의 기록이기도 하다. 그녀의 목소리는 그녀 자신이 밝힌 바와 같이 "살아남지 못한 많은 이들"을 향한 회한, 그 자체다.

나는 이 책을 읽는 사람들이 티베트 민족의 고난과, 아울러 그 문화와 정체성을 말살하려 했던 시련의 실체를 가늠해보게 되리라고 믿는다. 이 글이 티베트 민족을 지지하는 데 조금이나마 보탬이 되기를 바란다.

달라이 라마 14세

텐진 갸초

머리말

❀

이 이야기는 티베트 역사의 아주 작은 일부에 불과하다. 그러나 엄청난 경멸과 수난에 직면해서도 인간의 존엄성과 고결함 그리고 모든 인간에 대한 가치를 지켜낸 한 여인의 숭고한 이력이기도 하다. 중국의 티베트 점령에 저항하여 체포된 후 27년이 지난 시점에서 이 용기 있는 여인은 자신의 경험을 바탕으로 지금도 계속되는 티베트 민족의 비극을 진술했다. 유감스럽게도 이 책 속에 기술된 상황은 아직 달라진 것이 없다. 즉 아마 아데가 전하는 비참한 현실은 아직도 티베트에 살고 있는 수백만 티베트인들에게 계속되고 있다.

이 역사에 내가 참여하기 시작한 것은 1988년 여름부터다. 내 친구 조안이 북뉴욕에 있는 꽃밭 계단에 앉은 채 인도의 다람살라에 있는 자신의 티베트 친구들과 자기 사진들을 보여주었다(히말라야 기슭에 있는 다람살라는 1959년 티베트에서 망명한 달라이 라마의 망명정부가 본거지로 삼은 곳이다). 바로 그 화단의 향기로운 장미와 백합들 속에서 나는, 독립국이었던 한 나라가 공산주의의 치밀한 계획하에 정복되는 과정과, 이에 용감히 맞선 티베트 민족의 항쟁과 봉기에 대해 처음 들었다.

그때 조안은 자신이 암으로 곧 죽게 되리라는 것을 알고 있었고, 무엇보다 그녀에게 사랑을 가르쳐준 다람살라의 사람들과 마지막 여생을 함께하기를 바랐다. 그해 여름, 조안의 정원 돌담 아래에서 작별인사를 나눌 때 나는 그녀를 다시는 못 만나게 될 것을 알았다. 이듬해 겨울 그녀는 인도에서 생을 마감했다.

그리고 그 다음 봄에 나는 처음으로 다람살라를 방문했다. 조안이 말했던 그 좋은 친구들을 만나기 위해서였고, 다른 한편으로는 있는 힘껏 티베트인들을 돕겠다는 생각 때문이었다. 이 방문 중에 달라이 라마의 개인 비서인 텐진게체와도 만나 내가 도울 방법을 묻고 의견을 나누었다.

1990년 봄, 내가 다시 다람살라로 돌아왔을 때 티베트 망명정부의 인권 대변인인 나왕 드락마르갸폰은 내게 누군가를 소개해주었다. 그가 바로 아데타폰창이었다.

첫 만남에서 아데와 나는 곧 깊은 연민과 누대에 걸쳐 쌓인 듯한 설명하기 어려운 연대감을 느꼈다. 아데는 나를 수양딸처럼 생각했고 나는 그녀를 경외의 마음과 애정을 담아 어머니라는 의미인 "아마(Ama)"라고 불렀다. 그녀는 티베트 공동체에서도 그렇게 불린다.

아마 아데는 내게 각별히 유념해서 상세하게 그녀의 이야기를 기록해줄 것을 부탁했다. 즉 점령당한 나라의 상처를 기술하는 것뿐만 아니라, 그녀가 체포되기 전까지 알고 있었던 옛 문화에 대한 귀중한 회상까지 포함해서 말이다. 나는 그녀가 들려주는 생생한 이야기

그래도 내 마음은 티베트에 사네

와 영감을 불러일으키는 힘과 고결함에 감동을 받아, 소박한 어린 시절에서부터 긴 투옥 생활과 고문 그리고 마침내 석방에 이르는 이야기까지 모두 기록하기로 마음먹었다.

우리의 첫 인터뷰는 다람살라에 있는 난민수용소의 작은 방에서 이루어졌고, 인권 대변인 나왕 드락마르갸폰이 통역을 도와주었다. 나는 경이로운 마음으로 아마 아데의 이야기에 귀를 기울였다. 유년 시절을 이야기할 때면 그녀는 눈을 감고 미소를 띤 채 홀가분한 아이의 얼굴이 됐다. 또한 그녀가 겪은 엄청난 고통을 회상할 때면 감정의 동요를 가까스로 억누르며 이야기를 이어갔다. 나에게 대나무 조각으로 깊이 찔려 기형이 된 손가락을 보여줄 때는 냉정함과 평정을 유지하려고 안간힘을 쓰는 모습이 역력했다. 인터뷰 내내 그녀는 많은 동포들과 친구들, 외국인들의 고문 그리고 자신이 목격한 끔찍한 죽음들을 회상하며 눈물을 감추지 못했다.

아데는 무시무시한 경험을 털어놓는 도중 목소리가 떨리기도 했지만 침착한 어조를 유지하려고 애썼다. 잘 알려진 대로 티베트인들은 자신들의 삶이 극적이거나 비극적으로 과장되는 것을 좋아하지 않는다. 사람들이 자신의 재난을 거론한다 해도 그것은 자기 본위로 본 것에 불과하며 티베트 공동체에 뿌리 내린 불교의 진리로서는 바람직한 본성이 아니기 때문이다. 아데의 그런 기묘한 곧은 어조에 담긴 몰아의 경지가 아마도 이 책에 기록된 그 끔찍한 사건들 속에서도 그녀를 살아남게 한 동력이었던 것 같다.

아마 아데는 여느 티베트인들과 마찬가지로 정규교육을 받지 않았다. 때문에 그녀의 이야기는 치밀하게 구성된 문학작품이라기보다는 오히려 체험이 뚝뚝 묻어나는 삶 그 자체다. 나는 되도록 그녀의 꾸밈없는 이야기 방식과 그녀가 사용하는 표현을 그대로 살리려 애썼다. 티베트어나 중국어의 개념 및 고유명사와 도시명은 아데가 발음한 캄 지방 사투리 그대로 옮겨놓았다. 이러한 방식이 티베트 연구자들에게는 그다지 만족스럽지 않을지도 모르겠지만, 나는 아데의 이야기가 그녀가 들려준 그대로 재현되기를 원한다.

많은 이들이 이 책을 마무리 짓는 데 큰 힘이 되어주었다. 무엇보다 자신의 개인사와 가족사를 들려준 모든 이들에게 감사한다. 아마 아데의 남편인 린첸삼둡은 많은 정보를 마음껏 사용하도록 해주었고, 워싱턴에 있는 티베트를 돕는 국제 운동 행정관인 로디갸리와 냐롱의 최연장자인 그의 부친 갸리니마는 중국 통치하에 냐롱에서의 생활 및 갸리창과 쉬바창 일가에 대한 정보를 알려주었다. 쉬바창 가문의 쿤가갈첸과 그의 아들 체미타쉬는 감금 생활을 상세히 설명해주었다.

1959년의 봉기와 관련한 자료를 제공해준 주구마타폰창의 회상에 대해, 그리고 롭상텐파에게는 서면으로 의견 표명을 해준 데 깊이 감사한다. 국제 관련부 정보와 텐징아티샤에게도 감사한다. 그는 1989년 덴마크에서 개최했던 국제 청문회에 아데와 동행해주었고, 그녀가 그곳을 방문했던 당시의 유용한 정보를 알려주었다.

문헌의 출처는 달라이 라마의 성은으로 그의 저서 『나의 삶과 나의 백성(My Life and My people)』에서 그의 삶에 대한 자료를 얻

그래도 내 마음은 티베트에 사네

을 수 있었다. 중공군이 점령하기 이전의 동부 티베트 상황의 보다 자세한 부분은 에릭 타이히만의 『한 영국 영사관 관리의 동티베트 여행(Travels of a British Consular Officer in Eastern Tibet)』과 휴그 리처드슨의 『티베트 역사(Tibet and Its History)』에서 인용했으며, 잠양노르부의 저서 『티베트의 용감한 군인들(Warriors of Tibet)』은 냐롱에서 일어났던 사건과 캄 동부지방에서 공산주의 정책을 입증하는 데 도움을 주었다.

2부 '고탕갈고에서'에 나오는 기도문은 예쉐촌드루의 저서 『신주의 본체(The Essence of Nectar)』에서 인용한 것으로 13세기(즉 티베트인에게 활동의 자유를 인정했던) 불교 학자인 총카파가 깨달음의 정진 중에 얻은 위대한 현시에 대한 시적인 부연이다. 4부 '죽은 자와 살아남은 자를 위한 증언'에 있는 본 청문회를 기술하는 데는 청문회 회의록을 인용했다.

이 책의 원고를 준비하고 조사하는 데 협조해준 수많은 분들에게도 감사한다. 정치 문제에 애써준 소남톱갈 의원은 아데의 측근으로서 나를 격려하고 분발하게 했다. 그리고 이 책의 중요성을 믿어주고 격려해준 텐진테통에게도 감사한다. 현재 제네바의 티베트 사무국장이며 있으며 나와 아데의 통역에 큰 도움을 준 나왕 드락마르 갸폰에게도 특별히 감사의 마음을 전하고 싶다. 아울러 아데와 내가 편지를 교환하는 데 도움을 준 이름 모를 모든 분들에게도 감사한다.

타쉬체링은 다람살라에 있는 티베트인들의 자유로운 활동에 있어 티베트 이데올로기의 창시자로서 티베트의 문화와 관련된 많은 유용한 제안을 해주었고 잘못된 부분을 검토해주었다. 티베트 역사 분야의 전문 자유기고가 중 한 사람인 아드리안 문은 나에게 값진 자료를 추천해주었고 페마남걀의 아들은 흔쾌히 아주 희귀하고 유용한 문서들을 번역해주었다. 티베트 역사가이자 '미국의 소리'란 라디오 방송국에서 일했던 체탄왕축은 중국어 원문을 번역해주고 진술내용과 특정사항들을 올바르게 재검토해주었으며, '국제 티베트 돕기 운동'의 직메나포와 함께 중국어 번역을 검토해주었다. 그런데도 오류가 있다면 그것은 내 책임이다.

인디애나 주 블루밍턴에 있는 인디애나 대학의 엘리엇 스필링 교수는 자료의 출처를 추천해주었고, 런던 티베트 사무국의 체탄삼둡은 자료 찾는 것을 친절히 도와주었으며, 티베트 역사가인 워런 스미스도 많은 도움을 주었다.

초고의 교정을 봐주었던 맥 룬드스트럼과 게리 도르프만에게도 고마움을 전하고 싶다. 또한 이 책이 지금의 모습이 되도록 도와준 로빈 뱀과 사라 슈나이더만 그리고 〈위즈덤 출판사〉의 동인 기고가들에게도 감사한다. 마지막으로 앨런 블레이크슬리의 노력과 인내에 기꺼이 사의를 표한다.

아마 아데와 나는 이 책이 살아남지 못한 많은 티베트인과 또한 중국의 점령으로 아직도 계속되는 위협으로 고통받는 티베트인들을 떠올리는 하나의 외침이 되길 바란다.

아마 아데는 엄청난 비극과 숱한 고통의 시간 속에서도 지혜로움과 의연함과 용기를 잃지 않고 자신의 신념을 지킨 보기 드문 위인임이 분명하다. 티베트인들에게 아데는 용기와 결연한 의지의 상징이 됐다. 또한 내게 그녀는 온갖 역경에 항거해 자신의 문화와 종교와 자유의 본질을 지켰던 티베트 민족의 대변인이기도 하다.

1997년 6월
뉴욕 오네온타에서
조이 블레이크슬리

차례

➤➤➤➤➤➤➤➤

⊛ 티포장 가문 가계도 ⊛

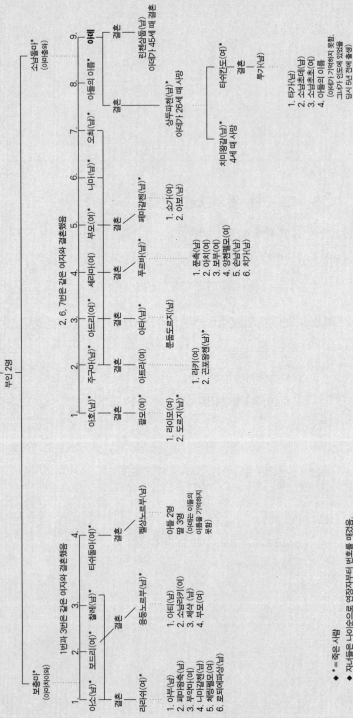

◆ *＝죽은 사람
◆ 자녀들은 나이순으로 연장자부터 번호를 매겼음.

그래도 내 마음은 티베트에 사네

조국에서 누렸던 어린 시절 천진함과 희망과 작별하고 난 후, 나는 삶의 도정에서 다른 티베트 동포들은 꿈도 꿔보지 못했을 세계를 만났다.

하지만 그 여정에서 내가 선택할 수 있었던 것은 아무것도 없었다. 나는 죽어가는 내 동포와 가족과 친구들의 증인으로서 이렇게 살아남았다. 예전에 알고 지내던 이들이 죽었고 역사의 덫 속에서 잊힐지 모를 그들의 삶을 절대 지워지지 않도록 하겠다고 맹세했다. 이는 하나의 역사를 다시 씀으로써 내가 알고 사랑했던 많은 이들이 유린당했던 기억을 잊지 않겠다는 약속이자, 이는 내 삶을 아직까지 지속시키는 유일한 목적이기도 하다.

나는 오랫동안 증인이 될 준비를 해왔다. 내가 어떻게 이러한 일을 맡았는지는 알지 못한다. 그러나 무엇을 말해야 하는지와, 그것을 말해야 하는 이유만은 너무나 잘 알고 있다. 내가 꿈꿨던 것보다 세상이 아무리 넓다 해도, 사람들을 어떤 식으로든 하나로 묶어버릴 만큼 그렇게 넓지는 않다고 생각한다. 앞으로 펼쳐질 이야기들은 누군가에게서 또 다른 누군가에게로, 어느 나라에서 나라로 그 순환의 고리가 끝날 때까지 계속해서 전달될 것이다. 나는 내 안에 살아 숨쉬는 과거뿐 아니라 수면 위에 던진 돌이 만들어내는 파문까지도 이야기하려고 한다. 그 파문은 물가에 닿을 때까지 점점 더 큰 원을 그릴 것이다.

나는 지금 자유롭다. 문 밖에 감시병이 서 있지도 않고 먹을 것도 넉넉하다. 그러나 이 망명자는 깊은 상처 속에서 아름답게 빛난 과거의 단편들을 결코 잊을 수 없다. 그 기억은 언제나 내 가슴에 있다. 나에게 더 큰 소망이 있다면 내가 태어난 땅으로 돌아가는 것이다. 그러나 티베트가 자유로운 땅이 되지 않는 한 불가능한 일이다. 중국의 통치자들에게 나는 몹시 껄끄러운 인물이다. 왜냐하면 나는 그들에게 굴복하지 않고 내 민족이 받아야 했던 고통과 수난의 세월을 잊도록 하지 않겠노라고 결심한 자이기 때문이다.

지금 나는 고통의 세월 그 이전의 시간들이 몹시 그립다. 다람살라에 있는 지금의 내 집 창밖으로 저녁 달빛 아래 빛나는 산 하나가 보인다. 이 아름다운 산은 내 옛시절보다 더 큰 다른 산을 떠오르게 한다.

나는 자유롭고 행복하게 성장했다. 요즘은 그 시절이 아주 먼 옛날처럼 느껴진다. 매일 매순간 내 마음은 가족과 친구들과의 추억이 함께하지만 그들의 유골은 한줌 흙이 됐고 이제 그 위에는 낯선 자들이 서 있다.

1987년 내게도 고향을 떠나야 할 시간이 왔다. 고향을 떠나려면 정부를 설득해야만 했고 나는 곧 돌아올 것이며 내가 겪은 일들을 누구에게도 발설하지 않겠노라고 정부에 약속해야만 했다. 얼마나 많은 생명이 고문과 기근과 노역과 멸시 속에서 파멸됐는지, 얼마나 많은 사찰의 보물들이 약탈당하고 빼앗겼는지, 그리고 얼마나 많은 승려와 라마승들이 강제수용소에서 죽어갔고 내 혈육들 대부분이 조국이 점령되면서 목숨을 잃게 됐는지에 대해서도……

내가 떠날 준비를 하고 있을 때 사람들은 나에게 이렇게 말했다. "낯선 땅에서 죽는 것은 좋은 일이 아닐세. 사람의 유골은 그가 태어난 땅 속에 잠드는 것이 마땅하네." 그 말에 동감하는 나로서는 내 민족과 망명자 공동체에서 살고 있는 현실이 슬프다. 그러나 한 문화의 심장은 그 민족 속에 박동하고, 그 문화는 전통을 계승하려는 그들의 각오와 자유 속에서 살아 숨쉰다. 내가 친구들과 내 수난의 삶을 이야기할 자유가 있는 곳은 이곳 망명지뿐이다. 내 나라가 자유로워질 때까지 나는 망명자로 살 것이다.

내 가슴속에는 티베트 동부지방 중 하나인 '캄'이란 이름의 땅에서의 추억이 자리하고 있다. 나는 내 경험을 들려주어 내 고향의 문화와 민족을 억압했던 폭압과 파멸이 더는 오늘날의 진보와 발전이라는 이름 아래 희생양이 되지 않기를 바랄 뿐이다.

1부

————

고통의 세월 그 이전에

꽃동산에서 살던 어린 시절

지금도 눈을 감으면 내 어린 시절이 선명하게 떠오른다. 끝없는 하늘 아래 꽃이 만발한 들판에서 깔깔대며 웃고, 빙빙 돌다가 제풀에 넘어지기도 하던……. 꽃 속에서 장난치는 것은 우리가 가장 좋아하던 여름철 놀이였다. 친구들과 나는 장화를 벗고 맨발로 줄달음질을 치고 나서 발가락 사이에 어떤 꽃들이 휩쓸려 들어왔는지를 확인하곤 했다. 그러고는 또다시 꽃들이 자라는 초원의 한 귀퉁이를 뛰어다녔다. 우리는 언덕을 시끄럽게 뛰어다니며 신선한 흙내음과 만발한 꽃향기를 가슴 깊이 들이마시고 다양한 생김새와 빛깔의 꽃들을 아주 꼼꼼히 들여다보았다. 그 화사한 꽃들은 이 지방을 회상할 때면 가장 먼저 떠오르는 모습이다. 여름철에는 이처럼 다양한 빛깔이 초원을 수놓아 우리는 그 모두를 순서대로 나열하기가 어려울 정도였다. 그래서 우리 고장을 '꽃의 땅'이란 의미로 '메톡율(Metog Yul)'이라 불렀다.

캄 지방 중 우리 지역에 있는 티베트인들은 유목민이거나 반유목민들이었다. 우리집도 마찬가지지만 여름철 농가들 대부분은 산에 있는 방목지에 가축을 풀어놓았다. 이 계절이면 우리 마을 사람들과 멀리 떨어진 지방의 여러 가족이 모든 생활 필수품을 꾸려 야크와 당나귀에 싣고 길을 떠났는데 우리도 가축에게 풀을 먹이려고 산속에 있는 유목지로 길을 나섰다. 그곳에서 우리는 6월 말에서 10월까지 머물며 산악지대의 초원과 목초지에서 야영생활을 했다.

이따금씩 우리는 부모님께 세간살이 몇 개와 차와 먹을 것을 달라고 졸라 우리만의 조촐한 식사와 다과를 마련했다. 마른 장작을 모아 불을 지피고 차를 준비한 후 차가 끓기 시작하면 우리는 우리가 해놓은 것을 보고는 의기양양했다. 내 기억으로 아이들끼리 풀밭 위에서 나누어 먹던 그 음식은 부모님이나 친지와 함께 집에서 먹던 것보다 훨씬 더 맛있었던 것 같다.

나와 내 친구들은 부모님이 나누던 이야기들을 서로 털어놓기도 하고, 가족과 함께 떠났던 순례나 도중에 보았던 잡다한 것들을 끝없이 재잘댔다. 가장 인기 있는 이야깃거리는 언니들의 옷과 장신구였는데 우리 모두는 금이나 은, 준 보석류로 된 자기만의 장신구를 지닐 그날을 꿈꾸었다. 부모님이 식사 시간에 우리를 불러도 우리는 못 들은 척 계속 놀았고 서로 짜증을 내기도 하고 같은 몽상에 잠기기도 했다.

아버지는 종종 친구들과 자리를 함께하셨다. 그들은 잡다한 관심사에 대해 이야기를 나누면서 널리 보급된 보리맥주인 '창'을 마셨다. 오후 늦게 노는 것이 지루해질 때쯤이면, 나는 곧잘 아버지의 무릎 위에 앉곤 했다. 그러면 아버지는 이따금씩 카왈로리 정상 쪽을

그래도 내 마음은 티베트에 사네

오래도록 바라보면서 잔을 들어 노래를 읊조렸다.

　　눈 덮인 정상에 어린 사자가 태어났네.
　　오, 산이여. 그대의 아들을 조심스럽게 다루어주소서.
　　하얀 산이 항상 만년설로 쌓인다면 좋겠네.
　　눈사자의 갈기가 길게 자란다면 좋겠네.

　　나는 아버지의 노래에 귀를 기울이다가는 이 구절을 다시 불러달라고 계속 졸라댔다. 아버지는 내게 그 산속에 살고 있는 위대한 히말라야 신령의 이름이 '카왈로리'나 '만년설'로 불리며 우리가 서 있는 이 땅이 바로 그의 영토였다고 설명해주었다. 아버지에 대한 기억은 이 산의 눈 덮인 정상과 연결되어 있다. 아버지는 나에게 그 산을 사랑하라고 가르쳤다. 늘 변덕스런 햇빛을 받고 달빛 속의 실루엣처럼 차가운 얼음 같은 겨울바람과 가을과 봄의 운무에 휩싸인 듯한 그 산을······.
　　근처 유목민인 드록파 부족에도 친구들이 많았다. 그들은 소박하고 강인하며 외부인들을 경계하는 민족이었지만 일단 신뢰가 쌓이면 진정한 친구가 됐다. 그들은 독립심이 매우 강했고 도시의 각박함과 폐쇄된 안식처보다는 탁 트인 초원을 더 좋아했다. 또 거친 날씨를 좋아했고 평생을 야크의 털로 짠 천막에서 살았으며, 일정한 계절이 되면 튼튼한 천막을 꾸려 짐을 싸고 새 목초지로 가축을 몰고 다녔다. 그들 대부분은 생계 유지를 거의 가축에 의존했다. 왜냐하면 그들은 농사를 짓거나 채소를 먹는 것에 별다른 가치를 두지 않았기 때문이다. 야크나 먹는 풀을 식량으로 삼기 위해 경작하는 것은 그들에게 시간 낭비였으며, 농사를 짓기 위해 탁 트인 평원에서의 자유를 포기하고 정착한다는 것은 우스운 일이었다. 그들은 장사를 할 때, 축산물로 매년 세금을 낼 때, 또는 순례를 떠날 때에만 산 아래로 내려왔다. 그들의 족장은 세습됐고 자체의 부족법령에 따라 생활했다. 우리와는 좀 다른 사투리를 썼으나 말은 서로 통했다.

유목지대에서 여름에 체류하는 기간 동안에는 우리도 그들과 마찬가지로 편리한 야크털 천막 안에서 생활했다. 이 시기는 매우 평화로웠다. 가축의 방목지역 밖에서는 그다지 할 일이 없었던 우리는 가족, 친구들과 모여 시간을 보냈다. 여름이면 산 전체가 가축들로 꽉 찼다. 이곳의 움막에서 키우는 소와 말, 양 그리고 염소들로.

우리집도 25필의 말과 대략 150여 마리의 가축 무리를 갖고 있었다. 그것은 캄 지방의 평균치였다. 우리는 암컷 야크인 '드리'를 가지고 있었는데 그것에서 젖과 양질의 버터를 얻어 요리도 하고 램프의 연료도 구했다. 드리 버터는 티베트 문화에 대단히 중요한 역할을 했다. 제단의 제물로서도 매우 중요했고 시장에서 교환되기도 했으며, 세금을 지불하는 데도 쓰였다.

10월 말경에 우리는 다시 천막을 꾸려 골짜기 아래로 내려갔다. 친구들과 나는 마르고 시든 들꽃 속에 앉아 마지막으로 우리를 감싼 광활한 평야를 바라보았다. 친구들 중 몇몇은 다음 여름까지는 볼 수 없어 헤어지기가 아쉬웠지만, 우리는 눈이 녹으면 무슨 일이 있

그래도 내 마음은 티베트에 사네

더라도 다시 만나자고 약속했다.

✤ ✤ ✤

겨울이면 밖에서는 폭풍이 집 주위로 휙휙 몰아쳤지만 가족들은 부엌에 옹기종기 모여서 아궁이 불의 따스함과 불빛을 만끽할 수 있었다. 고요한 저녁 시간에는 늑대의 울음소리도 들려왔다. 겨울에는 공동으로 식사를 했는데 식사 전에는 '타라'라는 이름으로 더 잘 알려진 돌마 보살님께 기도를 올렸다.

식사 때면 양탄자가 덮인 낮은 침대 위에 앉았고 그 사이에는 낮은 식탁이 한 개 놓였다. 부모님은 식탁의 맨 끄트머리에, 아이들은 나이순으로 나란히 앉았다. 하인들도 함께 밥을 먹었고, 때마침 우연히 지나던 나그네가 있다면 그도 함께 그 식탁에서 식사를 했다. 우리 마을에서 나그네는 늘 환영받는 존재였다. 신문이 없는 고장이라 다른 곳에서 와 여행 중이던 그들이 믿을 만한 소식통이자 위안이었기 때문이다. 그들이 몰고 온 말에게는 건초를 주고 집안의 가장이 직접 나와 나그네를 맞이했다. 차나 창을 주거니 받거니 하면서 그들의 여행과 여행의 노하우에 대해 이야기를 나눴다.

저녁 식사가 끝난 뒤엔 가족과 하인들과 손님들이 모두 함께 앉아 잡담을 하거나 그날의 일들을 이야기하며 티베트의 주 음료인 버터차를 마셨다. 이럴 때면 어르신네들은 그들의 어릴 적 이야기와, 그와 관련된 아득한 추억을 들려주었다. 학교에 다니지 않았지만, 우리는 이런 식으로 고장의 역사와 종교의 유산과 전통을 배워나갔다.

꽃동산에서 살던 어린 시절

이따금씩 부모님과 오빠들은 만주족과 국민당이 쳐들어왔을 당시의 궁핍함에 대해 이야기했고, 때로는 우리 가족이 냐롱 지방에 살았을 당시 너무나 큰 고통을 안겨주었던 예전의 분쟁에 대해서도 이야기했다.

우리는 또 달라이 라마가 다스리는 중앙 티베트의 우창 지방에 있는 성스러운 도시 라싸에 대해서도 들었다. 달라이 라마는 '숭고한 성지'인 포탈라 궁에 사는데 도시 위쪽의 언덕에 자리 잡은 그 궁전은 천 칸의 방과 만 개의 제단이 있다고 했다. 그리고 티베트 순례의 가장 중요한 거점인 이 도시에는 조캉사와 같이 티베트에서 가장 큰 3개의 사찰이 자리 잡고 있으며, 어느 한 곳의 석가모니 불상은 많은 기적을 일으킨다고도 했다. 모든 이들이 한 번만이라도 라싸에 가보기를 진심으로 소원했다. 저녁 불빛 속에서 이런 이야기를 나누다 보면, 우리는 과연 언제쯤 이 위대한 순례를 하게 될까 하는 상념에 젖기도 했다.

오빠들이 가장 즐겨하는 이야기는 장사나 정치, 말에 대한 것이었다. 모든 캄파(동부 티베트 지방에 있는 우리 지방, 즉 캄에서 태어난 사람들을 우리는 그렇게 불렀다)들은 아주 어렸을 때부터 승마를 배워 말을 잘 탔다. 좋은 말이 가진 특징으로 화제가 옮겨지면 아버지와 오빠를 비롯한 남자들은 말 전문가가 됐고, 자신들이 전에 보았던 좋은 말을 언급하면서 어떤 값을 치르더라도 그것을 꼭 갖고 싶다고 이야기했다. 그러면 몇몇 부인들은 아내보다 말이 더 사랑스럽고 소중하냐며 면박을 주기도 했다.

그래도 내 마음은 티베트에 사네

남자들은 때때로 그 북쪽이 캄과 경계를 이루고 있는 티베트 지역 암도의 상업 중심지로 가던 진기한 여행담이나 그 동쪽이 중국 국경 가까이에 위치한 주요 도시 다르체도로의 잦은 여행에 대해 이야기 하기도 했다. 오빠들은 다르체도에서 라싸와 같이 먼 곳에서 온 라마승과 상인들을 본 적이 있다고 했다. 야크로 원모나 값비싼 사향, 광물 및 티베트산 약재들을 운송하는 거대한 상인 무리의 행렬은 그 도시 숙소에 와서야 끝이 나더라. 우리 지방 사람들은 다르체도에서 차, 명주와 수놓은 비단, 바늘, 성냥 등의 많은 물건들을 사 왔다. 때때로 회중전등과 만년필 등의 미국산 물건들도 있었는데 우리는 이런 현대 국가에 대해 아는 게 거의 없었지만 관심이 많았다.

어른들은 늘 다르체도에 있는 중국인의 움직임에 관심을 기울였다. 특히 캄파 지도자라면 누구보다 더 치밀하게 이웃 중국을 관찰했다. 우리가 사는 캄 지방은 중국 서쪽 지방인 쓰촨에 인접해 있어 200년 동안 끊임없이 분쟁이 일어난 티베트의 최동단 지역이기 때문이다.

다르체도는 옛 티베트국 차글라의 첫 수도였다. 국경국이었던 차글라는 19세기 후반 중국 치안관들의 거점이 됐고, 1905년 차글라의 왕은 티베트 초대 국왕의 자리에서 폐위됐다. 그리고 몇 년 후 중국 정부는 궁전에 불을 지르고 그의 동생까지 참수했다. 그도 결국 엄청난 고통 속에서 죽음을 맞았다.

국왕의 폐위가 몰고 온 소요가 지나가자 상황은 잠잠해졌고, 도시는 급선무인 돈벌이에 몰두하기 시작했다. 만주국(청)의 멸망 이후

꽃동산에서 살던 어린 시절

이 지방은 무자비한 군대에 침략당했고 결국은 폭군 류원후이의 통치하에 들어갔다. 류원후이는 지방 정부로부터 조공을 받지 못하자 군대를 유지하기 위해 차, 금, 아편에 대한 상권을 독점했다.

우리가 좋지 않은 행동을 하면 어른들은 이따금 중국인을 빗대어 얼렀는데 "너희들 얌전히 있지 않으면 곧 류원후이의 순사들이 와서 데려간다" 하고 말했다. 아이들은 이러한 상상만으로도 무시무시한 공포에 사로잡혔고 어른들이 저녁에 중국인들에 대해 이야기를 나누면 무섭지 않은 화제로 빨리 전환되기를 바랐다. 하지만 한편으로는 귀가 솔깃하기도 했다.

열두 살쯤 됐던 어느 봄날 아침, 뜻밖에도 내 막연한 상상은 현실이 됐다. 어머니와 나는 집 앞에 앉아서 채소를 다듬고 있었다. 기지개를 펴려고 일어서서 주위를 둘러보던 나는 소스라치게 놀라고 말았다. 멀리서 병사들이 우리를 향해 다가오고 있는 것이 아닌가. 마침 고개를 들어 그들이 가까이 다가오는 것을 본 어머니는 "갸미(중국인)"라고 말했다. 그들은 쓰촨 부대의 병사들이었는데 모두들 카키색 제복을 입고 우리집으로 나 있는 길을 따라 일렬로 진군해오고 있었다. 나는 어머니의 치맛자락 뒤에서 이 기이한 광경을 흘끔흘끔 엿보았다. 사람들의 무리가 뻣뻣하게 발을 맞추어 행진하는 것을 나는 그때 처음 보았다. 그렇게 많은 중국 병사들이 어느 날 갑자기 우리 마을로 진군해 들어오리라고는 꿈에도 생각해본 적이 없었다. 그러나 그들은 다시 돌아왔다. 6년 뒤 다른 부대 소속으로, 그리고 새로운 정부의 군대로…….

냐롱에 대해

우리 가족의 성(姓)은 '타폰창'이다. 여기에는 '말 관리자' 또는 '말을 모는 사람'이란 뜻이 담겨 있다. 윗대부터 우리 가문은 좋은 혈통의 말을 훈련시켜왔는데, 말은 우리같이 광활한 땅에 사는 사람들에 겐 대단히 귀중하고 없어서는 안 될 재산이다. 할아버지는 티베트 군대에서 말을 훈련시켜 냐롱 지구 사령관의 부대에 보급하는 임무를 맡고 계셨다. 냐롱 지방은 이전 수세기 동안 독립국이 되기도 하고 티베트와 동맹국이 되기도 했으며, 때에 따라서는 중국의 세력권에 들어가기도 했다.

우리는 북냐토에 살고 있었는데 그곳은 그 지구에서 가장 오래된 갸리창 가문의 지배 아래 있었다. 아버지 도르제랍텐은 당시 갸리도 르제남걀이란 갸리창 가문 지도자의 가장 충성스런 하인이었다. 그 후 아버지는 군인이 됐고 장군으로 복무하다가 나중에는 '트림폰', 즉 재판관의 임무까지 맡게 됐다. 트림폰은 다툼이 있을 경우, 쌍방의 입장을 신중히 들은 후 족장에게 그 상황을 보고하는 임무를 맡고 있었다.

사람들은 냐롱의 거주자들이 18세기에 주둔해 있던 티베트의 대왕 티송데첸 수비대의 후예라고 했다. 그 왕은 티베트 전역 군사력의 고위직에 자신의 군대를 포진시켜 중앙집권화를 꾀했으며 넓은 지역을 정복했다. 그는 자신의 제국을 건설하면서 티베트에 불교를 정착시키려 했고 그로써 스스로 티베트 군사 행정의 기초를 다졌다.

냐롱 사람들은 신앙심이 깊을뿐더러 전사의 명예심과 정신을 지니고 살았다. 깊게 뿌리박힌 자존심은 우리 민족의 최대 약점일 수도 있지만 어떤 면에서는 우리를 살아남게 하는 힘이 됐다. 그 자존심이 티베트 국경지방의 안전하지 못한 영토에서 어려운 시기를 사는 우리를 하나로 묶어주었던 것이다. 물론 이 자존심 때문에 명예가 문제시되어 가문과 혈통 사이에는 종종 지루한 분쟁이 일어나기도 했다.

냐롱의 사찰에 있는 라마승들은 늘 사람들에게 부처의 가르침이나 자신의 존재를 규정하는 율법인 '달마'를 각성시켜주려고 노력했다. 때때로 라마승들은 의견 차이를 해결하도록 도와주기도 했는데, 분별력이 극도로 흐려진 당사자들은 스님의 충고를 듣는 것 외에 달리 방법이 없다고 생각했다.

1920년대 초 갸리창 가문에는 남자 후손이 없었다. 이러한 경우엔 종종 합의 절차를 거쳐 그 가문의 여인과 결혼한 남자가 여자 쪽의 성을 취하여 대를 잇기도 했다. 갸리창 가문의 문제 역시 냐롱 북쪽 카르체 지방에 있던 쉬바창 가문의 남자가 그곳으로 감으로써 해결됐다. 잠양삼펠쉬바창은 북부 캄 지방에서 가장 힘 있고 명망 있는 부족의 수령들 중 하나로 알려져 있다. 냐롱의 모든 수령들은 그의 가문과 관계를 맺고 싶어했다. 그의 아들 왕축도르제가 갸리창 가문의 두 딸을 맞이하는 데 동의하여 냑토에서 살림을 차렸다. 이두 가문의 결합으로 구성원들은 카르체와 냐롱 사이를 오가며 그들의 거주지를 바꾸었다.

유감스럽게도 갸리창 가문의 몇몇 구성원들 간에 싸움이 발생했지만 당시의 정황으로 볼 때 이는 당연한 일이기도 했다. 몇몇 사람들은 국외자와 카르체 출신의 그 국외자 추종자들이 갸리창 가문의 세력을 와해시키고 냐롱에서 자기 가문의 입지를 약화할지도 모른다고 생각했다. 그래서 그들은 몇몇 갸리창 가문 사람들의 원한을 샀고 그것이 결국 가문의 불화로 이어졌다. 우리 아버지도 이 사건으로 이리저리 끌려다니며 곤욕을 치렀다. 갸리도르제남갈은 갸리창 가문과 쉬바창 가문의 반목이 가져온 분쟁 속에서 자기 사위를 보호해야겠다는 의무감을 느꼈고, 가장 충성스러운 심복이었던 아버지께 끝까지 왕축도르제를 도와주라는 책임을 떠맡겼다. 아버지는 이 책임에 따라 쉬바창과 갸리창 일파 사이에서 싸움을 겪게 됐다.

주구마 오빠는 열아홉 살이 되기 전 카르체 일파의 편이 됐다. 가문 간 분쟁에서 오빠는 지방의 가장 훌륭한 사수로 알려졌던 한 남자를 죽였고, 이 사건으로 칭찬을 받았지만 고장의 관습에 따라 우리 가족은 고인의 가족에게 금과 물품을 주고 속죄를 해야 했다. 이는 가정경제에 대단히 큰 타격을 주었다. 그런데 얼마 후에 실수로 발생한 화재로 나머지 재산도 날렸고 집마저 무너져버렸다.

이 사건으로 아버지는 절망했고 목표를 달성하려면 폭력을 사용할 수도 있다는 자신의 신념을 완전히 바꾸었다. 주구마 오빠 또한 조용한 삶을 살기로 마음먹었다. 이 분쟁이 해결될 때까지 45명이 목숨을 잃었고 많은 친구들이 서로 다른 충성의 맹세로 절교했다.

1932년에 내가 태어났고 그 후 4년이 지나 분쟁은 끝났다. 그 당시 마흔아홉 살이었던 어머니 소남돌마는 젊지 않은 나이에 임신을 하는 바람에 사람들의 이목을 끌었다. 어머니는 이로 인해 얼마나 괴로웠는지를 종종 회상하곤 했다. 이 시기에 어머니는 많은 역경을 극복하고 다시 기반을 잡아서 행복하고 안락하게 살게 됐다. 아버지는 이러한 이유로 나에게 '아데(Adhe)'라는 이름을 지어주었다. '아(a)'라는 글자는 티베트인들에게 매우 상서로운 것으로 여겨지는데, 그 소리에서 다른 소리들이 나온다고 생각됐기 때문이다. "옴마니반메훔"과 같은 만트라와 티베트의 여러 기도문들이 이 자모로 시작된다(티베트어에서 '옴(om)' 음절은 기본자모 'a'에 '나로(naro)' 또는 '오(o)'를 추가함으로 발생된다). 냐롱에서는 누구나 첫 음절이 '아'로 시작되는 두 음절로 된 애칭을 갖는 것이 통례지만 아버지는 '아데'를 내 유일한 이름으로 지었다.

❀ ❀ ❀

우리 가족이 카르체 지방으로 이사했을 때 나는 아직 어린아이였다. 우리는 시내 중심지에서 말을 타고 약 4시간 걸리는 거리에 있는 롭바샤란 마을 동쪽에 정착했다. 카르체는 티베트의 정치, 문화의

그래도 내 마음은 티베트에 사네

중심지였다. 그다지 큰 도시는 아니었으나 그곳은 캄 지방에 있는 다른 어느 마을보다도 자유롭고 힘있는 곳으로 여겨졌다. 아마도 31개나 되는 승려의 사찰과 비구니 절이 있어서인 듯했다. '백색의 아름다움'을 뜻하는 카르체는 신성한 카왈로리가 한눈에 보이는 곳에 자리 잡고 있다.

우리 가족은 진흙과 돌로 만든 두꺼운 벽으로 된 장방형의 3층집에서 살았다. 마을의 집들은 서로 아주 가까이 있어서 친구를 만나고 싶으면 테라스로 나와 부르기만 하면 될 정도였다. 우리는 스스럼없이 서로 집을 드나들었다.

우리집에서 그다지 멀지 않은 북서쪽에는 카르낭 사원이 있었다. 거기에는 450명의 승려와 라마승, 종교 지도자들이 거주하고 있었다. 마을 주민들은 종교 문제에 있어선 그들을 의지했다. 축제 때가 되면 그들은 가족들의 이름으로 기도문과 제물을 맡아주었다. 모든 가정에는 주임 라마승이 한 명씩 있어서 가정에서 볼 수 있는 작은 법당 일에 관여했다.

마을 자체에 작은 시장이 있어 그곳에서 우리는 소금이나 버터, 말린 치즈와 같은 물품을 교환하거나 팔기도 했다. 장신구와 구리로 만든 냄비 등 그 밖에 여러 잡화들이 있었다. 하지만 뭐니 뭐니 해도 우리 지방의 가장 큰 시장은 카르체에 있었다. 그곳에서는 뭐든 다 구할 수 있었다. 양털과 면화로 된 옷감에서부터 수놓은 비단과 명주, 예쁜 안장과 말고삐, 말린 살구 같은 주요 식료품이나 농기구, 살림살이 그리고 총과 탄약까지도……

넓은 자추 강이 우리 마을 롭바샤를 지나서 저 멀리 냐롱을 향해 남쪽으로 흘러갔다. 집에서 강이 멀지 않아 나는 종종 강가에 앉아 수면에 비치는 일출과 일몰을 바라보았다. 마을 위쪽에는 카왈로리가 우뚝 솟아 있었다. 카왈로리의 웅장한 세 봉우리는 아침 햇살과 저녁놀 속에서 선명히 살아 있는 듯 빛나다가, 금세 강렬한 장밋빛에서 찬란한 갖가지 엷은 색조로 변해갔다. 산 정상에는 조그만 호수가 사방에 하나씩 있는데, 그곳을 둘러싼 울창한 숲에는 수많은 눈표범과 곰, 작은 동물, 새들이 살고 있었다.

캄 지방의 숲은 우리 지방에서 가장 소중한 보물이었다. 집을 짓는 데 필요한 목재를 쳐낼 때 외엔 어느 누구도 감히 그 땅을 무분별하게 이용하지 않았다. 우리는 나무를 '산의 장신구'로 생각했고 다양한 예쁜 야생동물은 이 나무들의 것이라고 생각했다. 대부분 사람들은 수렵을 삼갔지만 야생사슴이나 사향노루같이 상품성이 높은 동물들은 유목민이 포획하기도 했다.

어느 정도의 연배에 이른 이들은 삶에는 예측할 수 없는 변화가 있다는 것을 안다. 행복과 불행, 병과 죽음이 있다는 것을……. 그러나 우리 티베트인들의 삶에는 불변하는 2가지가 있다. 자신을 부활시켜주는 달마와 타고난 천성이 그것이다. 우리는 천상의 신비를 숭배해왔고 살아 있는 존재의 화신으로서 현세를 경험해왔다. 산의 신성함도 산 그 자체와 마찬가지로 변하지 않는다고 생각했다. 자연에서 누리는 우리의 생활이 완전히 바뀔 수 있으리라고는 상상도 할 수도 없었으며, 마찬가지로 까마득히 먼 옛날부터 전해오는 티베트 사원의 돌이 우리 생애 동안에 붕괴되는 날이 오리라고 예견한 적도 없었다.

냐룽에 대해

가문과 전통

법당은 집에서 특별한 장소였다. 라마승이 특별한 기도의식을 거행하기 위해 집에 올 때만 우리는 이 방에 모였다. 대개 조용히 기도를 올리기 위해 그곳에 발을 들여놓았고 그러고 나서는 다시 그곳을 나왔다. 법당 안은 매우 깨끗했고 바닥은 윤이 반들거리는 마루였다. 가운데는 계단식 제대가 있었고 제대 위에는 불상과 부처님의 말씀이 티베트 신의 형상으로 나열되어 있었다. 자비의 화신인 동시에 티베트의 수호신이며 아발로키테쉬바라라는 이름으로 잘 알려진 첸레직, 지혜로움의 화신이자 마뉴쉬리라고 불리는 잠펠양과 윤회설의 조교자인 파드마삼바바, 자비로운 신의 어머니이며 타라로 불리는 녹색의 돌마 신들이 말이다. 그 불상 아래에다 우리는 꽃과 정화수가 담긴 대접 7개를 갖다놓았다. 부유하든 가난하든 모든 가정은 이곳에 이러한 제물을 바쳤다. 진실로 영적인 헌신은 풍부한 제물로만 이루어지는 것이 아니었음을 나는 기억한다.

좀 더 나이가 들면서 나는 가물거리며 타는 작은 버터램프와 향내음에 둘러싸인 채 조용하고 정결한 그 방의 분위기에 취해 앉아 있기를 좋아했다. 좀처럼 조용히 있는 법이 없던 나도 그 방에 들어가 기만 하면, 그 고요함을 너무나 자연스럽게 받아들이며 조용한 시간을 가졌다.

내가 열한 살이 되자 아버지는 부처님의 교훈을 배우는 것이 매우 중요하며 그 가르침은 7세기에 티베트에 소개됐다고 말해주었다. 아버지는 티베트 사회의 중심이 종교라고 말하면서 인과율을 설명한 뒤, 다른 이들에게 항상 잘 대해서 내 행동의 결과가 다시 좋은 반응을 이끌어내도록 하라고 충고했다. 내가 다른 이에게 나쁜 마음을 먹으면 조만간 내게도 좋지 않은 영향이 미친다는 것이었다. 아버지는 늘 정직한 것이, 그리고 살아 있는 모든 것에 자비심을 갖는 것이 얼마나 중요한지를 강조했다. 더 나아가 사람은 허위와 거짓과 살생에 관여해서는 안 된다며 그런 삶은 언제나 불행할 것이고, 자비와 단정한 품행이 이끄는 삶은 광명과 자유를 가져다줄 것이라고 자세히 말했다.

아버지는 호화로운 환경을 버린 싯다르타 왕자였던 부처의 이야기를 들려주었다. 그는 결혼해서 자손을 낳는 것까지 금하며 살았고 불가피한 인류의 유산인 죽음과 타락의 혹독한 현실에 맞닥뜨렸을 때, 모든 것을 뒤로하고 전 인류를 위해 달마로 가는 길을 끊임없이 추구하는 데 몸 바칠 만큼 자비심이 넘쳤다. 또한 그는 무엇보다 다년간의 성찰 결과였던 '여덟 가지 해탈의 길(팔정도)'의 중요성을 강조했다.

법당에 발을 들일 때면 아버지는 언제나 엎드려 절을 하거나 몰입

행위인 착첼을 했는데, 사람들은 기도 중에도 종종 착첼을 하며 오래도록 바닥에 엎드려 있었다. 아버지의 몰입은 나에게 잊히지 않는 기억으로 남아 있다. 그리고 이러한 몰입은 나에게 막연하게나마 생명이 영의 존재라는 생각을 갖게 했다.

아버지는 내게 돌마 보살에게 올리는 기도문을 가르쳤다. 무척 길어서 매일 두 줄이나 세 줄씩 배워나갔다. 돌마는 녹색으로 표현됐는데 이는 그녀의 자비심이 바람처럼 아주 멀리까지 닿아 있음을 의미했다(불교에서 바람은 녹색으로 상징된다). 아버지가 말한 대로라면 돌마 숭배는 나에게 일어나는 모든 어려움과 곤궁을 극복하도록 도와줄 것이었다. 돌마는 일종의 '보디사트바(보살)', 즉 다른 이들을 도와주기 위해서 현세로 돌아온 깨달음의 존재이며 만물이 삼사라(끊임없는 고통의 인연 고리)의 굴레에서 자유로워질 때까지 자비로운 어머니의 모습으로 우리 곁을 지키는 존재다. 나는 그 밖에도 3개의 보석에 대한 기도문과 파드마삼바바의 기도문, 티베트의 수호성도인 첸레직의 '옴마니반메훔' 만트라도 배우게 됐다.

아버지는 내게 위대한 티베트의 지도자 달라이 라마에 대해서도 이야기했다. 달라이 라마는 첸레직의 환생이며 조건 없는 자비의 완전무결한 화신이다. 1391년 첫 번째 인간의 모습으로 있던 중에, 그는 모든 만물의 영혼을 보호하고 높이 올리리라 약속하고 티베트 국민을 이끌어주려고 달라이 라마로 다시 환생한 것이다. 모든 티베트인의 최대 관심사는 달라이 라마를 뵙는 것, 그리고 그의 영적 지도를 존경하는 것이다. 달라이 라마는 완전무결한 영 안에서 누리는 자유로움의 상징이었고 그에게는 불교의 가르침에서 찾을 수 있는 힘들이 완전무결한 방법으로 집중되어 있기 때문이다.

13대 달라이 라마였던 툽텐갸초는 내가 태어난 지 1년 후인 1933년에 운명했다. 정치 지도자로서 그는 귀족계급과 천민들 간에 적절한 타협을 이끌어내기 위해 티베트 율법의 개혁에 대한 필연성을 인지했다. 그래서 그는 사원과 귀족계급의 특권을 바꾸어놓았으며, 수도원의 특권을 개선하려 노력했고 각 학파의 우수성과 가치를 주장했다. 온 국민은 그의 죽음으로 엄청난 상실감을 느꼈고 그를 위해 2년 동안이나 애도했다. 물론 나 자신은 그해의 슬픔을 기억하지 못한다. 하지만 우리 아이들은 가족들이 달라이 라마에 대해 어떻게 말하는지를 아주 어렸을 때부터 들어왔다.

상(喪) 중에 라싸 정부를 총괄하는 섭정 권한은 레팅 린포체란 이름을 가진 환생 라마의 손에 들어가 있었다. 그 후 1936년에 후계자 발굴단은 차기 티베트의 영과 정신과 정치행정의 군주임이 분명한 새로운 화신을 찾아냈다. 예언하는 호수 라모라초에 나타난 어떤 상들의 모음이 전달되고, 13대 달라이 라마가 죽은 뒤 나타난 표시들이 후계자 발굴단에 전달됐다.

1939년 새 화신으로 밝혀진 한 아이가 그 이듬해 14대 달라이 라마로 등극하기 위해서 대상인들과 함께 암도 지방에 있는 자신의 출생지를 떠나 라싸로 왔다. 온 티베트인들은 우리의 수령이며 자비로운 보호자의 환생을 축하했다. 나는 종종 특별한 친구이자 신성한 도시에 사는 수호자로서 나보다 더 어린 그 아이에 대해 그리고 그

가문과 전통

의 안녕을 위해 기도했다. 그리고 언젠가는 그를 알현할 기회를 가질 행운의 날이 오길 바랐다.

❀ ❀ ❀

우리 가족은 순례길에 나를 자주 데리고 다녔다. 우리는 카르낭 지방에 있는 수도원에 살고 있는 위대한 라마승의 축복을 받기 위해 그곳을 수없이 방문했다. 우환이 있던 가족들이 그 모든 사원행에 동참했다. 우리는 많은 수도승들과 라마승을 잘 알고 지냈다. 일찍 일어나서 다 함께 산길을 오르는 것은 아주 좋았다. 사원 문 앞에서 우리는 절을 세 번 하고 들어갔다. 우리가 커다란 불상과 신상을 바라보는 동안 아버지는 내 손을 꼬옥 쥐었다. 벽에는 오래된 두루마리식 종교화인 탕카(탱화)가 걸려 있었다. 버터램프의 매캐한 냄새가 부드러운 향냄새와 어우러지며 휘황하게 빛났고 모든 것이 흔들리는 불빛 속에 잠겨 있었다. 이따금씩 우리는 수도승들이 기도문 읊는 소리, 커다란 각적과 작은 북의 공명 속에 주기적으로 바라를 치는 소리, 의식에 쓰이는 권패의 깊은 메아리 소리를 들었다. 아버지가 가르쳐준 대로, 나는 살아 있는 만물의 행복과 안녕을 위해 기도했다. 그런 다음 아버지의 말을 따라 수천 장의 기도문이 들어 있는 놋쇠로 된 커다란 회전 예배기(마니차)가 있는 밖으로 나갔다. 우리는 물레를 손으로 돌리면서 기도문이 적힌 종이를 하늘 높이 빙글빙글 돌렸다.

카르낭의 한 라마승과 우리 가족은 친한 사이였는데 그의 이름은

그래도 내 마음은 티베트에 사네

카르낭쿠쇼였다. 그는 우리 삶의 일부였고 나에게 항상 다정다감했던 것으로 기억한다. 그 당시 스무 살 남짓이었던 그를 나는 너무나 존경했다. 머리가 아프거나 약간이라도 몸이 안 좋으면 나는 부모님께 집에 보관해둔 카르낭쿠쇼가 축수한 물을 갖다 달라고 했다. 카르낭쿠쇼는 '푸자' 라는 희생예불을 거행하러 종종 우리집에 들렀다. 그가 도착하기 전 우리는 늘 유향과 물과 꽃을 준비했다. 카르낭쿠쇼는 법당에서 기도를 올리고 난 뒤 그 자리에 모인 모든 가족들에게 설법했다.

내가 성년식에 참석했을 때의 일이다. 의식이 진행되는 동안, 카르낭쿠쇼는 우리의 머리에다 아주 신성한 첸레직 상을 갖다댔는데 그 동상이 내 머리에 조금 세게 부딪혔지만 나는 그의 눈을 쳐다보면서 머리를 움직이지 않으려고 꾹 참았다.

우리 가족에게 매우 귀한 또 한 분의 라마승은 환생 라마인 촘펠갸초였는데, 아버지와 주구마 오빠는 그를 우리 선조 대대로 모시는 라마승이나 영적인 수석교사로 모셨다. 촘펠갸초는 13대 달라이 라마의 종교 지도자로 냐롱 일대에서 존경받던 라마승 조남갤의 아들이었다. 닝마 학파의 라마승으로서 촘펠갸초는 각별히 신중하게 해야 하는 모든 문제에 불려다녔다. 집안 사람이 죽으면 그는 고인을 위해 기도문을 외었다. 그 밖에도 힘든 일이 있을 때면 사람들은 그에게 예언을 위한 기도를 부탁했다. 나는 종종 아버지나 주구마 오빠가 그에 대해 말하는 것을 들어본 적이 있지만, 그를 본 것은 단 두 번뿐이었다. 한번은 우리 가족이 칼상의 사찰을 순례하게 됐는데, 마침 그곳에 촘펠걈초가 살고 있어서 그때 그를 처음으로 보았다.

자추 강을 따라서 돌이 많은 좁은 길을 걷는 순례는 대략 사흘 정도가 걸렸다. 사원 가까이에는 신성한 산 '홀로드라고' 가 있었는데 신자들은 그 산을 세 바퀴나 돌았다. 이러한 예배는 '코라' 라고 일컬었다. 적당한 곳에 신성한 산과 성물(聖物) 안치소가 있으면 사람들은 그곳으로 갔다. 기도를 하면서 산을 돌다 보면 마음이 정화되고 맑아졌다.

어린 내가 너무 힘들어 더는 못 가겠다고 하면 아버지는 너그러이 내 옆에 앉아 이렇게 말하곤 했다. "아데야, 난 여기 이 돌에다 표시를 해둘 거란다. 그건 네 거다. 아주 어렵고 노력이 필요한 일이겠지만 산을 한 바퀴 돌 때마다 너는 이 표시를 얻게 될 거야. 그건 너만의 것이란다." 이런 식으로 아버지는 내가 순례를 계속하도록 설득했다. 너무나 어렸기 때문에 나는 우리 가족과 라마승이 나누었던 말들을 기억하지 못한다. 스님께서 내게 미소를 지어 보이던 모습만이 기억날 뿐이다.

어릴 적 내가 다시 촘펠걈초를 만난 것은 그가 카르체 지방을 방문하던 중 있었던 공개 접견 때였다. 그러나 사람들이 너무 많아서 그와 직접 말을 나누지는 못했다. 그런데 그 몇 년 후 우리는 전혀 엉뚱한 곳에서 다시 만났다.

＊ ＊ ＊

티베트의 풍습에 따라 아버지에게는 보충마와 소남돌마라는 두 아내가 있었다. 나의 생모 소남돌마는 두 번째 아내였다. 서로 인척 지간은 아니었지만 두 사람은 각별히 우애가 좋아서 이웃과 친척들은 그들이 여느 자매들보다 오히려 더 가까워 보인다고 말했다. 그들은 서로의 아이들도 차별 없이 돌봐주었다. 나는 종종 큰어머니 보충마 곁에서 잠들곤 했는데 여러 해 동안 그녀가 내 친어머니인 줄 알았을 정도다.

나는 우리집에서 제일 막내였기에 조금 버릇이 없었고 떼를 써도 어느 누구보다 많은 사랑을 받았다. 특히 아버지와 큰오빠 주구마의 사랑을 독차지했고, 다른 오빠와 언니들, 특히 돌마라키에게 굉장히 귀여움을 받았다. 돌마라키는 나의 큰언니였다. 언니는 어렸을 때 '세라마', 즉 '노랑머리'라는 애칭으로 불렸는데, 언니의 머리카락이 밝은색이었기 때문에 붙여진 이름이었다. 나는 종종 언니 집에 들르곤 했는데 롭바샤에 있는 우리집에서 그곳은 하루 종일 말을 타고 가야 하는 거리에 있었다. 세라마 언니에게는 아이가 많아서 늘 부산했다. 나는 언니를 놀리는 게 무척 재미있었다. 언니가 차를 따르고 모두에게 시중을 드느라 서두르면 나는 관심을 끌기 위해 가짜로 울거나 떼를 쓰고 그녀의 부산한 말씨와 한숨 쉬는 모습을 흉내 냈다. 언니는 늘 몹시 바빠서 차를 아주 빨리 마셨는데 나는 그런 행동까지 따라하고 또 떼를 썼다. 세라마 언니는 웃으면서 이렇게 나를 꾸짖었다. "날 놀리지 마. 언젠가는 너도 아이들이 생길 텐데 그

땐 언니 생각이 날 거야." 하지만 세라마 언니는 내가 올 때면 언제나 반겼고 환영의 미소로 "오, 아데야, 이리 온" 하고 반가이 맞았다.

세라마 언니와 마찬가지로 형부 푸르바도 나보다는 훨씬 나이가 많아서, 내게는 친한 삼촌 같았다. 언니의 온 가족은 여름이면 산에서 우리와 합류했고 가을까지 함께 지냈다.

주구마 오빠는 내 모든 경탄의 대상이었으며, 소꿉놀이 친구들 속에서 나를 꾀어낼 수 있는 유일한 인물이었다. 오빠는 나보다 스물네 살이나 많았고 결혼을 해서 아이가 둘이나 있었다. 오빠의 가족은 우리와 함께 살았다. 그리고 아버지의 나이가 많아질수록 오빠는 점점 더 많은 책임을 떠맡게 됐다. 그는 우리의 살림과 들농사를 감독했고 틈나는 대로 식구들의 장화나 추바(티베트의 전통의상으로 남녀공용의 겨울옷)를 재단하고 바느질했다. 오빠에겐 오빠의 가족이 있었지만 나와 그의 관계는 아주 각별했다. 여러모로 나와 닮은 점이 많았던 주구마 오빠는 내게 한없이 너그러웠다. 우리는 함께 있는 걸 매우 즐거워했다. 비록 대개는 내가 그의 놀림을 받았지만 말이다.

내가 어느 정도 나이가 찼을 때 오빠는 내게 승마를 가르쳐주었다. 남자들 사이에서 유행하던 승마 요령은 가르쳐주지 않았지만, 나는 오빠의 엄격한 지도를 받아 여자로서는 만만찮은 실력을 갖추었고 우리집에서 가장 말을 잘 탔다.

우리 가족은 냐롱에서 평화로운 삶을 꾸려나가고 있었지만, 주구마를 비롯한 오빠들은 좋은 무기로 꾸준히 사격 연습을 해둬야 한다고 생각해 연습을 게을리하지 않았다. 가끔 주구마 오빠는 내가 사

그래도 내 마음은 티베트에 사네

격 연습에 따라가는 것을 허락해주었다. 오빠가 하는 것을 조금 구경하고 나서 나도 가르쳐달라고 조르면 주구마 오빠는 너그러이 내 소원을 들어주었다. 나는 다른 여자 아이들은 꿈도 못 꾸는 사격을 할 수 있다는 기쁨에 무척이나 흥분되었다.

그뿐만이 아니었다. 오빠는 남자들만의 영역이었던 군사훈련에서 내가 두각을 나타내도록 가르쳤고, 수양으로 나의 불안한 정서와 부족한 심성을 바꾸어주려 노력했다.

이러한 수업을 받는 동안 나의 어린아이 같은 나태함이나 성급함, 변덕스러움이 곧 사라지고, 언젠가는 혼자 있게 될 것을 느끼곤 했다. 오빠는 항상 신중히 관찰하고 주의를 집중하는 것이 얼마나 중요한지를 강조했다. 나는 오빠에게 잘 보이고 싶기도 했고 내 새로운 소질에 점점 더 즐거움을 느꼈기에 엄격한 가르침을 받아들였다.

어머니는 오빠에게 항상 이렇게 말했다. "주구마야, 너는 다 큰 어른이다. 네가 어떻게 네 동생을 말괄량이로 만들 수 있니? 총을 잡는 것이 여자에게는 어울리지 않다는 걸 너도 잘 알잖니." 나는 결코 어머니의 의견에 동의할 수 없었다. 왜냐하면 언제나 예외란 있는 법이니까. 냐롱 출신이며 갸리창 가문이었던 치미돌마라는 여인이 그 예다. 그녀는 총명하고 용감해서 수령의 자리에까지 올랐고, 적대 가문과 벌인 싸움에서 탁월한 지도력을 발휘해 동티베트 전역에서 전설적인 인물이 됐다. 또한 수차례 자신의 영토에 침입했던 류원후이의 군대와 국민당에 밀려 6,000마일에 이르는 대장정에 오른 공산군에 대항하기도 했다.

가문과 전통

하지만 어머니는 주구마 오빠의 사격장에 내가 계속 따라가는 걸 허락하지 않았다. 물론 나는 이것이 부당하고 또한 견디기 힘든 결정이라 생각했다. 남자들이 산에 오를 때면 나는 항상 오빠를 따라가게 해달라고 어머니를 졸랐다. 어머니는 그런 내게 이렇게 꾸짖었다. "높은 곳에는 남자들이나 가는 거야! 도대체 그 높은 곳에서 뭘 하겠다는 거냐?" 나는 단지 주구마 오빠와 떨어지기 싫었을 뿐이었다.

그러면 주구마 오빠는 어머니를 안심시키고 야크 가죽으로 된 작고 둥근 보트를 타고서 강 상류에 있는 야영지까지 나를 데리고 갔다. 강은 넓고 깊었으며 물이 몹시 차가웠다. 한편 오빠와 나는 우리만의 의식을 거행했다. 향기 나는 노간주나무 가지를 태우고 신에게 기도를 올렸다. 저녁 식사를 한 뒤 나는 오빠의 팔에 바짝 달라붙어서 모닥불가에 앉아 있었다. 오빠는 내게 두뇌를 자유로이 활용하고 내 주변에 있는 모든 것들에 정확히 귀를 기울이라고 가르쳐주었다. 즉 이 광대한 공간 속에 있는 내 주변을 세심히 관찰하라고 말이다. 달이 카왈로리 세 봉우리를 부드럽게 비출 때면 오빠는 지난 일들을 추억하며 별이 총총한 하늘에 대해 이야기했다. 이따금씩 우리는 어두운 하늘의 가느다란 광채를 띤 무수한 유성들을 보았다. 우리는 장난을 치기도 하며 잠들 때까지 숲에서 나는 소리에 귀를 기울였다.

✤ ✤ ✤

부모 언니는 나보다 다섯 살이 많았다. 천방지축인 성격인데도 가장 어리다는 이유로 식구들의 귀여움을 받은 나와 달리, 언니는 착한 마음씨만큼이나 뛰어난 미모로 감탄을 자아냈다. 언니는 다른 이들이 무엇을 느끼는지 늘 알아채는 것처럼 보였다. 또한 그녀는 자신이 무엇을 말해야 하는지를 항상 알고 있었고 무척이나 너그러웠다. 언니는 집 안에서도 늘 조용했다. 나이상으로는 가장 가까웠지만 언니 옆에서 나는 나 자신이 종종 어린아이처럼 느껴졌다. 나는 모든 면에서 언니처럼 되고 싶었다. 정갈하게 머리를 땋아 내리고 아름다운 목걸이와 예쁜 옷을 입고 상냥하게 미소 짓는 언니의 모습은 정말 아름다웠다.

언니가 결혼했을 때, 나는 훌륭한 머리 장식을 보고 어머니에게 달려가 '부모 언니에게 해준 것 같은' 머리 장식을 달라고 조르지 않을 수 없었다. 단조롭고 길었으며 관에는 3개의 호박 장식이 달려 있었는데 내게는 그것이 너무나 멋지고 장중해 보였다. 심지어 나는 멋진 장신구에 마음이 팔려서 그것이 결혼식을 위한 것이라는 걸 이해하지 못했다. 어머니는 그런 내게 이렇게 말했다. "부끄러운 줄 알아야지! 이제 곧 네 차례가 올 거다!"

언니가 집을 떠나야 하는 그날이 왔다. 내게는 너무나 큰 슬픔의 순간이었다. 어머니는 이렇게 말했다. "언젠가는 너도 우리를 이렇게 떠날 거란다." 이 말이 내겐 큰 충격이었고 나는 우리 가족과 평생토록 함께 살 거라고 소리쳤다. 그러고는 울음을 터뜨렸는데 나중엔 자꾸만 이별에 대한 관념의 혼란과 강렬한 비애를 느꼈다. 그날 이후로 여러 해 동안 내게 결혼은 두려운 대상이었다.

가문과 전통

주구마 오빠와 함께했던 값진 시간과 더불어 나는 어린 시절의 대부분을 친구들과 뛰놀며 보냈다. 어머니는 그런 나를 보며 "노는 건 네게 아무런 도움도 안 돼. 넌 이제 다 컸어" 하고 말했다. 이 문제로 나는 항상 가엾은 어머니에게 언성을 높였다. 내 친구들 모두 나만큼 나이가 먹었는데도 놀러다니니 나도 노는 것이 당연하다고. 그러면 어머니는 "아니야, 아니야, 아니야"라고 대꾸하면서 이렇게 말했다. "네가 그런 애들하고 나돌아다니면 넌 손가락질을 받을 거다." 불행히도 난 내 또래치고는 정말로 키가 컸다.

어머니는 계속해서 말했다. "아침이면 너는 어른이 되어 있을 거야. 책임감을 가져야지. 그리고 너는 비구니가 아니니 이 집안에 남지도 않을 거다. 만일 비구니가 되고 싶다면, 신앙으로 너 자신을 강하게 단련해야 해. 장신구도 달 수 없고 머리를 땋을 수도 없을 거야. 만약에 네가 비구니가 되지 않을 거라면 누군가와 결혼을 할 거다. 그래서 만약 네가 그 집안으로 간다면 가정에서의 모든 일들이 어떻게 돌아가는지를 알아야 할 거야. 가정에서 해야 할 의무를 배우지 않는다면 너와 우리 가족은 너무나도 괴로울 거야." 나는 이렇게 대꾸했다. "왜 제가 다른 집으로 가야만 하죠? 왜 저는 어머니와 아버지와 함께 여기에 머무를 수 없는 건가요?" 그럴 때면 어머니는 결혼이란 그런 것이라고 내게 설명하려고 애썼다.

주구마 오빠는 나에게 종종 이런 충고를 했다. "넌 비구니가 되는 편이 더 낫겠어. 네가 결혼하면 우리와 함께 지낼 수 없잖아." 그러면 나는 또 오빠와 말다툼을 했다. 무도회장이나 행사장에서 장신구

그래도 내 마음은 티베트에 사네

를 하고 머리를 땋고 예쁜 옷을 걸칠 기회를 나는 놓치고 싶지 않았기 때문이다. 단지 내 집이 좋다는 이유만으로 왜 내가 억지로 머리를 깎고 내게 즐거움을 주는 모든 것들을 포기해야 한단 말인가? 내가 그렇게 말하면 어머니는 나를 나무랐다. 세상에 순응해야만 한다는 문제는 언제나 머릿속을 맴돌며 나를 괴롭혔다.

부모 언니에게 걸맞은 신랑으로는 페마갈첸이 낙점됐다. 그는 훌륭한 가문 출신이었고 그 가문의 씨족들은 한 지방에서 살았다. 우리 고장 사람들과 달리 페마갈첸은 사원에서 정규교육을 받았으며 정평이 난 학자로 대접받았다. 아주 어렸을 때부터 그는 훌륭한 성품으로 이목을 끌었다고 한다. 그의 용모는 정말 수려했고 숱이 적게 수염이 나 있었다. 캄 지방 남자들의 전통에 따라 그는 긴 머리를 하고 있었는데, 그 머리카락을 땋아서 머리에 돌린 다음 빨간 명주실로 묶고 있었다. 나는 형부가 우리 집안 남자들과 이야기하는 것을 유심히 보았는데, 환한 얼굴의 그는 상냥하고 침착한 듯 보였다. 아버지는 그를 매우 좋아하는 것이 분명했다.

처음 보았을 때, 나는 페마갈첸이 너무나 마음에 들었지만 약간은 서먹했다. 결국 그도 그것을 알아챘고 언니는 그에게 온 정성을 다해 관심을 쏟았다. 결혼식을 준비하는 동안 나는 가족들의 관심 밖이었고 어느 누구도 나에게 관심을 가져주지 않았다. 언니가 우리 곁을 떠난 후 나는 몇 달 동안이나 풀이 죽어 있었다.

그때 가족들은 내게 그 사람이 얼마나 좋은 사람인지, 그리고 언니에게 얼마나 잘 어울리는 남자인지를 자꾸만 되풀이해서 이야기했다. 그래서 나도 점차 현실을 받아들였다. 다행히도 그 두 사람은 우리집에서 5킬로미터쯤 떨어진, 그리 멀지 않은 곳에 살게 됐다. 그를 알게 될수록 나는 두 사람을 부부로서 볼 수 있는 용기가 생겼고 그들을 자주 방문했다.

페마걜첸은 자기 집을 방문하는 나를 늘 반갑게 맞이했다. 본래가 원만하고 명랑한 사람이었지만 이런 말로 나를 당황하게 하기도 했다. "오! 아데가 왔군. 총을 숨겨 가지고 다닐지도 모르니 조심해야겠어. 어느 날 군대를 만든 다음 이 지방의 여왕이라고 자신을 밝힐지도 모르잖아." 그러고 나서는 농담 반 진담 반으로 이렇게 물었다. "아데, 도대체 왜 남자 친구가 없지? 혹시 남자들이 너를 두려워하는 건 아닐까? 배신하는 날엔 총이라도 쏠 수 있을뿐더러 그 또래 남자들보다 훨씬 키도 크니까." 나는 체면을 차리기 위해 재치 있게 대답하려고 궁리해보았지만 대부분은 적당한 말을 찾지 못하기 일쑤였다.

가족과 있을 때 페마걜첸은 쉽사리 의연함을 잃지 않았지만, 사람들이 중요한 문제에서 어리석은 결정을 내린다고 생각되면 갑자기 흥분하고 고집을 피우기도 했다. 사람들은 그와의 토론에서 양보를 얻어내기 힘들었고 곧 그의 집요함에 지쳐 넘어가곤 했다. 이렇듯 그는 종종 대화에서, 혹은 명예 문제에 정말로 목숨을 걸었다.

페마걜첸은 티베트 문학에도 대단히 조예가 깊었으며 티베트 무사들의 수호성자인 링의 게사르 왕의 서사시를 종종 낭독했다. 게사르는 그들의 나라를 달마로 가는 길로 인도하려고 파드마삼바바와 그 밖의 다른 많은 신들을 이끌고 마귀와 악한 왕들에 맞서 싸웠다. 게사르의 모험담은 1,000여 쪽에 달했지만, 많은 티베트인들이 이 왕의 일생에 대해 많은 부분을 외울 줄 알았으며 그것을 낭독하는 데 많은 시간을 보냈다. 페마걀첸은 그 이야기에 어울리는 좋은 목소리를 가지고 있었고 게사르에 대해서는 정말로 연극을 하듯 실감나게 잘 묘사했다.

페마걀첸은 나를 위해 둘째 오빠가 되어주었다. 그 당시 나는 그와 부모 언니를 찾아 살게 되리라는 것을 상상할 수조차 없었다. 그들은 몇 년간의 결혼생활이 지나기가 무섭게 가혹한 운명에 놓였다. 그들의 두 아이는 다 자라기도 전에 죽었고, 외부의 압력이 그들을 억지로 떼어놓았다. 결국에 페마걀첸과 나는 우리의 독립을 위한 저항과 반란의 본보기가 됐다. 그 때문에 우리는 중범죄자로 낙인찍혔다. 예전에는 우리에게 다가올 그런 사건들을 상상조차 할 수 없었다. 그때까지만 해도 그저 행복하고 평화로운 한 가족이었다.

페마걀첸과 오빠들은 늘 중국과 캄 지방의 관계에 관심을 기울였다. 얼마나 많은 카르체 젊은이들이 그 지방에 체류하는 중국인들에게 분개하고 있는지, 그리고 우리 집안 남자들과 그 친구들이 언제 회합을 열었는지 페마걀첸은 종종 그 상황을 욕설을 섞어 생생히 묘사했다.

1950년 공산주의자들이 침략하기 전, 이 지방의 가장 큰 어려움은 중국의 중앙정부로부터 떨어져 나온 대원수 류원후이의 엄청난 영향력이었다. 류원후이는 쓰촨(우리 동쪽 국경에 있는 중국 지방)의 큰 구역을 통솔하다가 티베트의 인접 지역인 다르체도까지 통솔하게 됐다. 1920년대 후반 그의 권력은 동부 캄 지방으로까지 뻗어나갔고 그곳에서 그의 군대는 무자비한 소행과 부패로 티베트인들의 미움과 불신을 샀다. 매수와 타협이 난무했고 양측은 서로 경멸했다.

잠양삼펠쉬바창과 그의 사령관은 12년 동안 지속된 이 사건의 전개 과정을 주시했으며, 이 심각한 불화는 우리 갸리창가의 갸리도르제남갤과 그 이후 류원후이에 맞선 의연한 여장부 치미돌마에까지 이어졌다. 1930년대 초반에 치미돌마는 갸리도르제남갤의 빈 자리에 가문의 수령으로 선출됐다. 치미돌마는 쉬바창 가문과 갸리창 가문이 화해하는 걸 반대했던 수령 중 한 명이었지만, 냐롱을 다시 티베트의 지배하에 넣었던 그녀의 전략가다운 기량과 결연한 의지에 나의 아버지는 늘 경탄을 아끼지 않았다. 치미돌마는 남자처럼 옷을 입고 무장한 채 여러 전투에서 갸리창 군대를 직접 지휘했다. 그러나 결국 그녀는 냑토에서 류원후이의 군대에 체포됐고 사슬에 묶여 여자 범죄자를 수용하는 보호시설로 끌려가 1939년에 총살당했다. 그녀가 체포된 후 중국인들은 갸리창종에 불을 질렀다.

얼마 후 류원후이도 몰락의 길을 걸었다. 더 넓은 지역의 대원수이자 그의 가장 큰 경쟁자였던 조카 류시앙과의 전쟁으로 그는 쓰촨 지방의 권력을 포기해야 했을 뿐 아니라 중국 중앙정부로부터 멀리 물러나야 했고, 그 때문에 다르체도 이외 많은 영역의 지배권을 잃

그래도 내 마음은 티베트에 사네

게 됐다. 쓰촨과 캄 일대에서 전쟁을 이끌며 한때 막강한 힘을 과시했던 류원후이는 갑자기 자신의 군대를 거느리기가 어려워졌고, 결국엔 난징의 중앙정부가 군 배치를 위해 여기저기서 모집한 작은 파견대의 수령이 됐다.

그해 내내 갸리창 요새는 다시 재건됐고 냐롱의 수령들은 그들의 위치로 다시 돌아갔다. 당시만 해도 카르체에 있던 중국인들은 그 지역 변두리에 있던 자신들의 주둔지를 감히 벗어나지 못했다. 그들은 잘 건설된 도시에서만 활동했는데, 특히 카르체와 다르체도에서뿐이었다.

1940년에서 1950년 사이에 우리 가족은 외부 세력을 걱정하지 않고 살아갔다. 캄에서 살았던 우리는 명백한 티베트 국민이었고 티베트인답게 살았다. 중국의 수령들에 대해선 몇몇 옛날이야기를 전해 들어서 알고 있었는데, 너무나 놀라운 이야기여서 사실이 아닌 것 같았다. 그러나 중국인들은 언젠가는 꼭 차지하고 싶은 땅으로 티베트를 눈여겨보고 있었다.

카르체에 대한 추억

열여섯 살이 되자 나는 어른들을 따라 들에서 일을 하기 시작했다. 뜻밖에도 일이란 게 힘들지만 재미도 있다는 걸 그때 처음 알았다. 쟁기질을 하는 날은 상서로운 날들 중 하나였다. 땅을 갈기 전 며칠 간 라마승들은 특별한 기도 의식을 거행했고 그 기도가 끝나기 전까지는 누구도 들일을 시작하지 않았다. 쟁기질을 시작하는 날에 우리는 아침 일찍 야크와 암소의 잡종인 조의 뿔에 붉은색 양털로 된 매듭을 장식했는데 이 색깔은 행복과 성공을 상징했다. 그러고 나서 들녘에는 유향을 피웠다. 그러면 우리 집안의 라마승인 카르낭쿠쇼가 종교 문서를 들고 들녘 가장자리를 거닐며 정화의 기도문을 외웠다.

남자들은 뾰족한 보습이 달린 쟁기를 가지고 들일 채비를 했다. 그리고 나이 지긋한 부인네들은 씨앗이 담긴 바구니를 날랐다. 나도 파종하는 것을 돕겠다고 고집을 부렸지만 그들은 "너는 아직 어려. 네가 씨앗을 너무 많이 뿌려놓으면 제대로 싹도 트지 않고 잘 자라지도 못할 게야" 하고 말했다. 그래도 나는 쉽사리 고집을 꺾지 않았다.

씨를 뿌리고 익은 것을 거두어들이는 동안에 집안의 모든 식구들

56

그래도 내 마음은 티베트에 사네

은 들에서 일을 했다. 그러나 주구마 오빠만은 산에 있는 야영지에서 가축들과 함께 시간을 보냈고 농장에서 일어나는 다른 모든 것들을 감독했다. 수확기에는 창이 담긴 단지가 들로 내겼고 저녁에는 노래하고 춤추며 진수성찬으로 잔치를 열었다. 우리 농장 가까이에는 폭이 3~4마일에 길이가 15마일가량 되는 골짜기가 있었는데, 이 부근이 캄 지방 일대에서는 농사 짓기에 최고로 비옥한 토지로 알려져 있었다.

❀ ❀ ❀

유년시절부터 결혼 전까지는 그저 행복하기만 했다. 친구들과도 가깝게 지냈고 심각한 고민도 없었다. 우리 가족은 종종 롭바샤에서 카르체로 쉬바창 가문이 살던 종을 방문하러 여행을 떠났다.

종은 거대한 장방형의 성곽으로 도시 위쪽 커다란 언덕 위에 우뚝 솟아 있었다. 언덕의 아랫부분은 목초지로 덮여 있었고 종의 위로는 동티베트에서는 최고로 큰 카르체 사원이 있었다. 아래쪽에 위치한 평야에 다다르자 금으로 된 대웅전 지붕이 햇빛에 반짝거리는 것을 볼 수 있었다. 그 건물은 붉은색과 흰색이 주조를 이루며 몇 가지 색깔로 칠해져 있었다. 언덕 위에 있는 이 사찰의 형세는 흡사 부처님의 천국에 있는 궁전 '만다라'처럼 보였다.

여러 사원, 수도사와 노승들의 숙소가 층층으로 배열되어 좁은 통로와 수많은 계단들로 이어졌다. 몇몇 평지에는 카왈로리 산맥의 훌륭한 전경이 내려다보이는 테라스 정원이 있었고, 붉은 칠을 입힌 커다란 목재 기둥이 건물들을 지탱했다. 불상과 티베트 신들을 숭배하는 사원이라 그 벽에는 거대한 비단 탕카들과 오래된 벽걸이 융단이 걸렸다. 재앙을 평정한다는 흰 양산을 든 둑카르 여신의 탕카, 반쯤 성난 표정을 가진 여신은 수천 개의 눈과 감지할 수 있는 모든 존재를 향해 뻗은 수천 개의 팔을 가졌다. 이 유명한 보물은 3층 건물보다 더 높았고 한 해의 여름이 끝날 무렵에 딱 한 번 공개 전시됐다. 이러한 연유로 평상시는 토론수업의 집회실에 매달려 있었다.

내가 어렸을 때 이 사원에는 위대한 환생 라마 2명이 살고 있었다. 람다르크 린포체와 시갑툴쿠가 바로 그들이다. 주요 성지였던 카르체 사원에는 3마일이나 되는 긴 길을 도는 순례자들의 행보가 끊임없이 이어졌다. 이 경건한 의식의 일환으로 순례자들은 특정 성물 안치소에 멈추어 다 함께 커다란 예배기를 돌렸는데, 그 예배기는 360센티미터 남짓한 길이에 지름은 180센티미터나 됐다. 예배기를 돌리는 것은 불자들이 만트라를 낭독하는 데 주의를 집중하도록 도왔다.

하절기 동안 사찰에서는 수도승들의 무도의식인 '참'과 티베트 민속가극인 '라모'가 상연됐다. 천막이 세워졌고, 좋은 비단 관복에 긴 칼을 차고 터키옥으로 된 장신구를 걸치고서 왕과 영웅으로 변장한 수도승들을 보기 위해 멀리서부터 사람들이 왔다. 정말 장관이었다.

이 티베트 가극의 주요 테마는 달마를 따르기 위해 엄청난 난관을 극복한 영웅들에 관한 것이었다. 그리고 많은 라모가 믿음이 깊은 왕과 수령들의 삶을 다루고 있었다. 그 외의 것들은 야크 춤과 같이

그래도 내 마음은 티베트에 사네

일상생활과 관련된 희극이었다. 라모 공연은 하루 종일 계속됐다. 사람들은 이 훌륭하고 기쁜 행사를 즐기기 위해 먹을 것까지 싸들고 와서 자리를 잡았다. 아이들은 가극을 줄줄 외웠고 공연이 끝난 뒤 일주일이 지나도록 그 이야기를 자세히 나누었다.

또 다른 주요 성지로는 1284년 마하칼라 여신에게 축성을 바친 카르체 외곽의 사원이 있다. 의술로는 고칠 수 없어 오랫동안 병마에 시달리던 사람들도 이 사원의 종교의식을 통해 말끔히 나았다는 말이 있다. 그러나 이 절이 인기 있었던 가장 큰 이유는 아마도 마하칼라에게 기도를 하면 아이를 갖지 못하는 여인네도 임신할 수 있다고 믿어졌기 때문일 것이다.

가장 미관이 수려한 사원들 중 하나는 우리 마을에서 그리 멀지 않은 곳에 있었던 카르체 다이찰이었다. 마을 중앙에 위치한 카르체 다이찰은 19세기 초반 냐롱 폭동의 도주자들이 세운 것이었다. 그들은 카르체 주민이 됐고 그 후 방대한 초원이 있는 유목지역으로 이주했다. 하절기 동안 좀 더 높은 곳에 있는 목초지로 이주할 때면 우리 가족은 사원에 인접한 이 지역에서 야영을 했다.

전 세기의 60년대 후반 다이찰에서 말을 타고 약 하루 반나절 걸리는 거리에 있는 드라다라는 고장의 한 집안에는 주목할 만한 환생 라마 툴쿠가 태어났다고 한다. 다이찰의 주민들은 그 아버지의 동의를 얻어 어린 툴쿠를 그들의 공동체로 데려왔고 툴쿠는 주민들과 함께 살면서 그들을 이끌었다. 툴쿠의 명성이 자자해지자 카르체에 있는 큰 사원은 그를 인정하여 카르체 다이찰을 지을 때 주민들을 후원했다. 그리하여 그 거주자들은 수도승의 양식을 돌봐주었고 그 사원과 그것을 둘러싼 공동체 간에는 특유의 조화와 평안함이 감돌았다.

그 사원은 아버지와 잠양삼펠쉬바창이 가장 자주 가는 곳이었다. 그들은 함께 사원 일대와 그곳을 둘러싼 지역에서 오래도록 산책을 즐겼다. 쉬바창은 늘 삼라만상의 완전한 합동극이며 평화로운 장소라고 카르체 다이찰의 아름다움을 찬양했다.

사원 지역인 카르체곤은 여러 수령들의 관할하에 있던 카르체 지구의 다섯 지역 중 한 곳이었다. 그 지역은 같은 가문 출신의 두 수령이 통치했는데, 이 가문은 '나넌 귀퉁이'의 군주로서 '마추르'라는 칭호를 얻었다. 그러나 얼마 안 가 그 가문은 결혼 문제로 사이가 벌어져 마추르 수령의 아들이 그 지역의 일부만 통치하게 됐다. 그의 가족은 '새 집'이라는 의미의 '캉사르'란 이름으로 알려져 있었다. 잠양삼펠쉬바창 수령은 마추르 분파에 속했는데 라싸 정부로부터 카르체 지구의 관청관인 '폰'으로 임명됐다.

우리 가족과 쉬바창 가문은 아주 가까운 사이였다. 수령의 두 딸인 데첸왕모와 페마왕모는 나의 둘도 없는 친구들이었다. 침착한 데첸은 그녀 주위의 모든 것에 관심을 갖는 자애롭고 인내심 있는 사람이었다. 그녀는 쉬바창가와 10명의 부지휘관이 행하는 모든 일에 관심을 가졌다. 그녀는 그녀의 아버지와 오빠들이 나누는 토론에 귀 기울이기를 좋아했고 사회에서 일어나는 문제들을 이해하려고 늘 노력했다. 페마왕모는 명랑하고 상냥한 친구였다. 그녀는 나처럼 새

그래도 내 마음은 티베트에 사네

옷과 목걸이에 관심이 많았다. 요즘 여자들처럼 현대식 화장은 하지 않았지만, 우리는 꽃향기가 나는 흰색 향유를 얼굴에 발랐고 그것이 우리를 예쁘게 만들어줄 거라고 믿었다. 그 향유는 지린에서 생산된 것으로 중국 상인들이 들여왔으며 동부의 시장에서 캄의 상인들에게 거래됐다.

페마왕모와 나는 잘 어울리는 목걸이와 블라우스와 비단 추바를 고르는 걸 서로 도와주었다. 이렇게 단장을 하고 여기저기를 돌아다니며 우리는 스스로 카르체의 대단한 미인들이라고 생각했다. 대개 우리는 종 지역 내에서 머물렀으나 특별한 경우, 예컨대 무도와 라모와 참이 열릴 때는 과감히 도시로 나가기도 했다. 훌륭하고 세련된 의상 때문에 우리가 거리를 지날 때면 모두가 우리를 주시했다.

그 당시 나는 살림에 두루 관여하고 있었다. 우리 가족은 하인이 4명 있었고 그들 중 3명이 여자였는데 그들은 가축을 목초지로 몰고 가서 젖을 짜고 버터와 치즈 만드는 일을 도왔다. 그들 중 제일 연장자였던 팔모는 나이가 마흔 살 정도였다. 때로는 집 안의 모든 살림살이가 그녀에 의해 좌우되는 것처럼 보이기도 했다. 그녀는 자신의 일을 매우 소중히 여겼고 가족들이 필요로 하는 것을 미리 알아서 챙겼다. 돌마와 최니돌마는 들에서 일했고 첼로마는 상수도와 가축을 돌봤다. 첼로마는 내게 버터 등의 유제품 만드는 방법을 친절히 알려주었다.

그 외 우리집에 자주 오던 팔조르가 있었다. 그는 주구마 오빠의 조수로 오빠와 함께 여기저기 도처를 돌아다녔다. 산에서 천막생활을 하거나 장사 일로 여행할 때 팔조르는 나귀에 짐을 싣고 천막 치는 일을 맡았다. 주구마 오빠는 팔조르의 성실함과 능력을 대단히 신뢰하며 항상 "무엇이 옳고 그른지를 구별할 줄 아는 사나이"라고 그를 묘사하곤 했다. 팔조르에게도 따로 가정이 있었지만, 그는 창을 마시면서 오빠들과 이야기를 나누기를 좋아해 우리집에 자주 머물렀다.

1948년 나는 결혼 적령기가 됐다. 우리 쪽 사람들이 수소문해주어 우리 가족은 말을 타면 2시간쯤 걸리는 곳에 살고 있던 한 집안의 청년 상두파첸을 알게 됐다. 원래 냐롱의 사텐 지방 출신가였는데 우리 마을 인근으로 이주해온 것이었다. 그러나 그들은 여전히 냐롱에 작은 농장을 갖고 있었고 롭바샤에도 농장이 있었다. 그 두 농장이 그들의 주요 수입원이었다. 그다지 유복한 편은 아니었지만 아버지는 그들이 별 문제 없이 스스로 생계를 유지할 수 있다는 것만으로도 만족해했다.

나는 한 친구를 통해서 상두파첸에 대해 이미 들은 바가 있었다. 그는 그 친구와 팔찌까지 교환했지만 결혼은 하지 않았다. 그래도 그녀는 대단한 존경심을 담아 그와 그의 특출한 소질에 대해 들려주었다. 그녀와 함께 카르체를 산책하며 나는 그를 여러 번 봤다.

아버지와 주구마 오빠는 그의 어머니와 이야기하여 격식을 차린 만남을 준비했다. 그리고 어느 날 상두파첸과 그의 어머니 그리고 격식을 갖춘 흰색 숄인 '카탁'을 두른 그의 누님이 선물을 들고 우리집에 왔다. 상두파첸은 매우 잘생긴 청년으로 나보다 꼭 세 살이 위였다. 이미 서로 아는 사이였으므로 무척 부끄러웠고 그것은 그도 마찬가지였을 것이다. 그러나 우리는 곧 사랑에 빠졌다. 양가가 접견하는 동안에도 그는 가끔 나를 쳐다보며 부드럽게 웃었다. 오래전부터 잘 알고 지내던 사람처럼 나는 그에게 마음이 끌렸다.

관계가 무르익자 상두파첸과 결혼해야겠다는 실로 중요한 생각까지 들었다. 남달리 아름답고 검은 그의 눈동자는 지성적으로 빛나고 있었다. 그는 말쑥한 외모에 감성이 풍부하고 사려 깊은 사람이었다. 아직 젊었지만 이미 가정의 의무에도 익숙했다. 아버지가 몇 년 전에 돌아가셨기 때문에 그가 가족을 부양해왔던 것이다. 나는 내가 정말로 사랑할 만한 사람을 골라주느라 숙고한 내 가족에게 많이 감사했다. 그리고 내 소탈한 매력을 높이 사준 상두파첸에게도 고마웠다.

1948년 초여름에 상두파첸과 나는 결혼했다. 결혼식 날 아침에 나는 황색 용을 주제로 하여 꽃들을 수놓은 보라색 금란 추바를 입었다. 그리고 금으로 된 긴 귀고리와 금, 터키옥, 산호와 진기한 무늬가 있어 티베트에서 매우 인기 있는 보석인 '찌'로 된 3개의 목걸이를 걸었다. 팔에는 비취고리를 장식했고 예복에는 무거운 허리띠를 둘렀다. 옷을 다 입자 어머니는 흐뭇하게 나를 바라보며 이렇게 말했다. "아데야, 결국 네게도 때가 왔구나." 예전에 부모 언니의 결혼 장신구를 해보고 싶다고 어머니에게 떼를 쓰던 시절이 떠올랐다. 문득 '그래, 이렇게 하여 나의 어린 시절도 끝나는구나' 하는 생각이 들었다.

친구와 가족들 모두 축제복을 입고서 나와 함께 남편의 집으로 길

카르체에 대한 추억

을 떠났다. 우리가 말에서 내리기에 앞서 설화로써 신랑과 신부가 찬미했고 두 가문의 선조에 대해 이야기했다. 그런 후에 나는 벽돌 모양으로 된 고체 차로 된 계단 위로 말에서 뛰어내렸는데 그것은 표범 가죽으로 덮여 있었다.

집 대문 앞에서 라마승이 '트루초'라 불리는 짧은 종교의식을 거행했다. 신랑과 그 가족들은 집 안에서 의식이 끝나기를 기다렸고 우리는 밖에 있었다. 의식이 끝나고 나서야 신부 일행은 집에 발을 들여놓았고, 거실에서 거행되는 두 번째 트루초의 웅장한 의식에 참석했다. 의식을 이끄는 라마가 축성을 올린 물을 상두파첸과 나의 머리 위에 뿌리면서 결혼을 신성하게 하고 앞날을 기원하는 기도문을 낭독했다. 친척과 손님들과 하인들이 신랑 신부를 보기 위해 몰려들었다. 너무나 수줍고 어쩔 줄 몰랐던 나는 모든 의식이 거행되는 동안 간신히 한 번 고개를 들었을 뿐이다.

그리고 사흘 밤낮의 축제가 시작됐다. 저녁이면 축하 불을 점화했으며 맛있는 먹을거리와 창이 넘쳐났다. 아직 총각이었던 오빠 오최가 두 가문의 회합에 대해 연설했다. 오빠는 아버지로부터 말재주를 물려받아 언변이 뛰어났고 모두가 그를 매우 좋아했다.

티베트에는 신부가 결혼식을 올리고 난 뒤 6개월에서 1년 동안은 그녀의 친가족과 함께 사는 풍습이 있다. 두 가정은 그 이후에야 비로소 하나가 된다. 이듬해 봄에야 나는 정식으로 결혼생활을 하게 됐다. 남편의 집으로 떠나기 전 어머니는 내게로 와서 이렇게 말했다. "네가 떠나야 할 시간이 왔구나. 너의 새로운 인생이 시작될 시

그래도 내 마음은 티베트에 사네

간이 말이다."

다음날 나는 새로운 집으로 가는 여행길에 올랐다. 나는 이미 평생 내 가족과 함께 지낼 수 없다는 것을 이해할 만큼 충분히 성숙해 있었지만 가족들을 떠나야 할 시간이 오자 와락 눈물이 솟았고 마음이 흔들렸다. 그러나 다른 한편으로는 이해심 많은 또 다른 가족을 갖게되어 행복했다. 내가 도착하자마자 시어머니인 삼텐돌마는 내가 당신의 아들만큼이나 귀한 존재라고 말했다. 나는 곧 시어머니를 '마삼텐'이라고 불렀다('마'는 어머니에 해당하는 티베트어다).

시어머니는 큰딸 리가 외에 딸 하나를 더 얻었다며 매우 기뻐했다. 내가 도착하고 몇 달 뒤 리가가 그녀의 남편 페마왕축와 함께 여행에서 돌아왔고 우리는 친밀한 사이가 됐다. 시어머니와 리가와 나는 여러 시간 동안, 시집을 때 데리고 온 가까운 친구요, 하인인 최니돌마에 대한 이야기, 상두파첸의 어린 시절 이야기 등 많은 이야기를 나누었다. 시어머니는 또 자녀들을 출산하면서 겪었던 기쁨에 대해서도 들려주었다. 막내였던 상두파첸은 특히나 그녀에게 사랑스럽고 소중한 존재인 듯싶었다.

우리는 길가 들판에 세워진 견고한 4층짜리 목조가옥에서 살았다. 4층에는 성물을 모시는 방이 2칸 있었고, 3층에는 가족의 침실, 거실, 저장실 및 하인들을 위한 작은 방이 있었다. 내가 가장 좋아하는 방은 고급 마룻바닥과 티베트 전통 양탄자가 깔린 거실이었다. 탁자와 낮은 평상처럼 생긴 긴 의자에는 알록달록 꽃무늬 장식과 쿠션이 있어 무척이나 안락했다. 거실을 지탱하는 지주들은 빨간 바탕에 파란색과 노란색 그리고 녹색과 흰색의 화사한 무늬로 장식되어 있었다. 가장 맘에 드는 것은 2개의 창문이었는데, 창밖으로 계절에 따라 새롭게 보이는 눈 덮인 카왈로리 봉우리들을 볼 수 있었던 점이다.

가정에서의 내 역할은 주로 손님들을 시중들고 시어머니를 보필하는 것이었다. 특히 수확기가 되면 최니돌마와 함께 들녘에 나가 일을 하고 그 후엔 다 같이 축제를 벌였다. 그리고 이렇게 웃으며 지낸 시간은 그 후로도 2년쯤 더 이어졌다.

서로에게 친밀해질수록 상두파첸에 대한 애정도 그만큼 더 커졌다. 그런데도 결혼해 사는 첫해에 그이는 종종 울고 있는 나를 발견했다. 그러면 그는 내가 원할 때면 언제라도 롭바샤에 갔다 와도 좋다고 허락했다. 그리고 이런 제안을 하기도 했다. "한 달마다 친정을 방문하는 건 어떻겠소?" 하고 말이다. 상두는 나를 이해해주고 늘 내 행복을 염려해주는 그지없이 좋은 남편이었다. 내가 어떤 이유로든 슬퍼하거나 심란해하면 그는 늘 나를 우울한 기분에서 구해주었다. 여러 관점에서 볼 때 그는 내가 아직도 아주 어리다고 생각하여 너그러이 대했다. 때때로 생각이 많은 그의 얼굴을 들여다보면 그가 얼마나 많은 책임을 짊어지고 있는지 알 수 있었고, 그럴 때마다 나는 좀 더 성숙하게 행동해야겠다고 결심하곤 했다.

친정식구들과 남편은 서로 대단히 신뢰했다. 형부 페마갈첸과 남편은 우리가 결혼하기 전부터 이미 친하게 지내던 사이였고 우리는 서로 번갈아 집을 자주 왕래하면서 형부의 이야기들과 그가 게사르

그래도 내 마음은 티베트에 사네

서사시를 낭독하는 것을 들었다. 시간이 지날수록 우리집에는 양가 집안의 손님들로 넘쳐났다. 니마 오빠는 내가 남편이 없을 때 내가 가장 외로움을 많이 탄다는 것을 알고는 그때마다 자주 와주었다. 큰언니 세라마와 부모님은 더 자주 올 수 있었는데 그 두 집안은 따뜻한 달이 시작되면 산에서 함께 야영을 했다. 이렇듯 우리의 삶은 매우 행복한 듯 보였다.

그때까지 나는 티베트 영토에 중국군이 체류한다는 것이 무엇을 의미하는지 전혀 몰랐다. 어릴 적 중국 병사들이 우리 마을길을 따라 오는 것을 보고 두려웠던 적이 있었지만, 그 당시 나는 너무 어렸으므로 곧 그 일을 잊었고 앞으로라도 그와 관련된 일이 내게 닥칠지 모른다는 생각을 해본 적이 없었다. 차후에 내 결혼생활과 가족과 내가 알고 지낸 모든 이들을 위협하는 사건들이 전개되리라고는 꿈조차 꿔본 일이 없다.

그때는 알지 못했으나 내가 결혼한 그해는 이미 거대한 운명의 소용돌이가 시작된 때였다. 이미 동부에서 오래전부터 소란스러웠던 전쟁에서 중국이 승리를 거두었고 그 결과는 곧 티베트 사회의 엄청난 변혁과 무질서를 가져왔다. 어느 날 공산주의자들이 다르체도를 향해 진군해 들어왔다는 소식을 들었던 1949년 말, 그 변화의 첫 번째 징조가 나타났다.

2부

———

침략과 체포

공산주의가 가까이 오다

1950년 봄 카르체 지방의 농부들은 여느 해와 다름없이 돌을 고르고 거름을 내고 밭을 갈러 들로 나갔다. 그러나 4월 중순에 공산군이 다르체도에서 밀려온다는 소식을 들었다. 밀과 보리의 어린싹들로 들녘은 온통 생동감 넘치는 초록빛으로 가득했고 꽃봉오리들은 금세라도 터질 듯했지만, 4월의 마지막 주에 이르자 사람들의 마음은 더욱 뒤숭숭했다. 우리는 정체 모를 긴장감에 휩싸였다.

남서부 군단의 제18부대 군사들이 4월 28일 오후 카르체의 하부 지역 평야를 점령했다. 같은 날 롭바샤에도 공산군이 들이닥쳤다. 우리 가족은 이렇듯 거대한 병력이 이 지역에 온 이유가 무엇일까를 얘기했다. 이야기를 나누는 중에 갑자기 밖에서 소란한 소리가 들려왔다. 오빠 한 명이 일어서서 상황을 확인하더니 재빨리 고개를 돌리며 "중국인들이에요"라고 외쳤다. 우리는 모두 급히 문으로 다가가서 군인들로 꽉 찬 거리를 주시했다. 군기가 서린 그들의 질서정연한 모습은 너무나 놀라웠다.

그 군대는 우시창 사령관의 명령하에 카르체로 진군하고 있었다.

이 특별 사령부대의 진군은 일주일 내내 계속됐고 카르체와 그 인접 지역에 늘어난 3만 명가량의 엄청난 인명은 우리를 불안하게 했다. 우리는 이때까지도 제18부대의 52사단이 참도 지방을 향해 진군하고 있다는 것을 알지 못했다. 참도는 라싸 정부의 중앙관청과 멀지 않은 캄 지역 내에 있었다. 나중에 그들은 라싸마저도 점령할 작정인 듯했다.

공산군들은 종 부근의 카르체 사원 동쪽의 넓은 평야인 토고에서 공공연히 집결했다. 그러고는 이렇게 공고했다. "여러분을 만나게 되어 기쁩니다. 우리는 국민당 정권의 패덕으로부터 여러분을 해방하러 왔습니다. 이제 그들의 패덕은 영원히 끝났습니다. 우리는 여러분을 도와 진정한 인민의 정부를 세우고 여러분의 생활을 향상시키며 과거의 잘못을 개선하고자 합니다. 우리는 이 나라의 손님이며 이 땅의 주인은 여러분임을 잘 알고 있습니다. 우리는 의무를 완수하는 대로 고향으로 돌아갈 겁니다. 우리가 여기 온 것은 우리와 형제자매인 여러분을 돕기 위해서입니다."

우시창 사령관은 티베트의 앞잡이 상계예쉬의 안내를 받고 있었다. 그는 젊은 시절 대장정 기간부터 공산군과 한 패가 되어 티엔바오라는 중국식 이름을 쓰고 있었다. 사람들 사이에서는 이젠 그가 자기 모국어도 할 줄 모른다는 소문이 급속도로 퍼져나갔다.

사람들이 모여들자 그들은 모든 참석자들에게 고마움의 표시로 새 중화공화국의 총통인 위안스카이의 모습이 그려진 은화를 나눠주었다. '다얀'이라고 부르는 그 은화는 그들이 우리를 감화할 수단으로 던진 첫 번째 미끼였다. 군인들은 마을을 활보하며 다얀을 가지고 아이들에게 다가갔다. 하지만 롭바샤 마을의 어느 아이도 그 돈을 받을 만한 용기가 없었고 또 받고 싶어하지도 않았다. 아이들은 군인이 오는 것만 봐도 부모나 가까운 친척이 있는 곳으로 도망쳤고 자기 집 문 뒤로 숨어버렸다. 결국 군인들은 아이들 과자 값이나 하라며 부모에게 은화를 주었다.

군인들은 매우 힘들어 보였다. 단단히 무장하고 있었지만 옷차림은 날씨에 비해 너무나 얇았다. 익숙지 않은 고산지대 진군이 그들에겐 너무나 괴로운 일이었을 것이다. 일반 사병들은 영양실조에 걸린 듯했고 많은 이들이 코피를 쏟았으며, 그들의 얼굴은 강한 직사광선에 그을려 있었다. 평지에 살던 사람들에게 고산지대는 어지럼증과 두통을 유발했는데 장교들만이 고산지대에 적응하도록 산소마스크를 갖추고 있었다. 그들은 종종 물에 설탕을 타서 마시는 것으로 고통을 완화했고, 카르체 가까이에 있는 온천에서 목욕을 함으로써 조금이라도 괴로움을 달래려 애썼다.

카르체의 거리는 깃발을 펄럭이며 그들의 영웅인 마오쩌둥과 주더의 커다란 초상화를 가지고 다니면서 우리가 이해할 수 없는 구호를 외치는 공산군의 행렬로 꽉 찼다. '평화스런 티베트 해방'을 외치는 군인들은 처음에는 어떤 폭력도 사용하지 않았고 어떠한 식으로도 우릴 위협하지 않았다. 그들 중 많은 이들이 자기네 고향에서 억압을 받던 농부들이었지만 이젠 공산혁명으로 권력을 쥐게 된 것이다. 그들은 모범이 될 만한 행동과 말을 하며 우리가 자기들을 신뢰

공산주의가 가까이 오다

하기를 바랐다. 때문에 그들은 어느 누구도 해치지 않았고 여자들을 건드리지도, 재산을 강탈하지도 않았다. 무엇보다 그들은 얻는 모든 것에 대해선 그 대가를 치르겠다는 지침을 가지고 있었다. 모두들 공산주의가 달성할 거라는 아름답고 새로운 세계질서에 대한 확신으로 들떠 있었던 것이다.

처음에 그들은 종교에 대해서도 그럴싸하게 경건한 태도를 보였는데, 그 당시 우리는 그러한 태도가 우리의 신뢰를 얻기 위한 군사작전의 일부라는 것을 전혀 알지 못했다. 롭바사에 있는 우리 가족을 방문하던 어느 날 내가 산책을 나섰을 때였다. 군인 몇 명이 마을 길을 따라 걸어가고 있었는데, 거기서 그들은 큰 소리로 기도를 하고 있던 한 티베트 노인과 마주쳤다. 군인들 중 한 명이 그의 예배기를 들고 돌려 보다가 다른 병사 하나에게 그것을 넘겼다. 그러고는 노인의 염주를 살펴보고는 손가락으로 2~4개의 구슬을 하나씩 하나씩 밀어냈다. 내가 좀 더 가까이 다가갔을 땐 그들이 '옴마니반메훔', 즉 '연꽃 속의 보석 은총' 이라는 첸레직의 신성한 기도문을 반복하여 외는 소리가 들렸다. 그들 중 한 명은 종교를 실행하는 노인의 몰입을 칭송하며 그들 또한 부처님을 사랑한다고 말했다. 처음엔 이렇게 가장된 행동을 했기 때문에 몇몇 티베트인들은 공산주의자들이 정말 불교 신자들이라고 생각했다.

친척 어른들도 이에 무척 놀라워했다. 어른들의 경험으로 볼 때 이제껏 중국 행정관들 대부분이 우리 문화와 관련된 모든 것에 냉담했기 때문이다. 공산주의자들은 늘 강조했다. "우리는 한 민족입니다. 우린 여러분을 돕기 위해, 그리고 여러분이 여러분 나라를 어떻게 통치해야 할지를 가르쳐주려고 왔습니다. 그 후엔 다시 우리 고국으로 돌아갈 겁니다. 여러분이 청한다 해도 우리는 여기에 머물러 있을 마음이 없습니다." 그들은 이렇게 단지 우리가 '자결(自決) 정치'와 '자치 정치'를 실행할 수 있도록 돕기 위해 왔다고 말했다.

그들이 도착했을 때 군사령관들은 오직 통일에 대해서만 이야기할 뿐이었다. 그러나 결국 우리는 그들의 본래 목적이 계급 없는 사회이며, 이를 위해 계급투쟁을 실시하려 한다는 것을 알게 됐다. 그들은 곧 우리 사회를 갈라놓았고, 친구들 사이에 불신을 가져왔으며 누가 값진 재산과 물건을 가지고 있는지를 찾아내도록 부추겼다.

바로 그해 여름 비행기가 우리 지방에 쌀과 은화를 낙하산으로 투하했다. 중국 병사들은 우리의 전통 식량 중 주식이었던 보리를 먹지 않았다. 그들이 식량을 공중으로 공급받는 것을 보고 우리는 그들의 보병부대가 혹시 카르체 지방 앞쪽 어딘가에서 저항에 부딪힌 것은 아닌가 하는 의문을 갖기도 했다.

수확기가 되자 중국인들은 미소를 지으며 무리를 지어 들로 나와서 우리를 돕겠다고 자청했다. 누군가 무거운 짐을 지고 있는 모습이라도 보면 내려놓으라며 자기네가 짊어지겠다고 고집을 부렸다. 그리고는 "우리가 돕도록 해주세요. 우리는 가까운 사이가 아닙니까"라고 말했다. 사원을 방문할 때면 수도승들에게 이렇게 말했다.

공산주의가 가까이 오다

"아주 훌륭한 수양을 하시는군요." 그러고는 은화로 가득 찬 주머니를 헌금이라며 내놓았다.

우리 아버지는 이에 대단히 분노했고, 이러한 기부금을 받는 것을 어리석은 일로 여겼다. 아버지는 중국인들이 우리를 아이 다루듯하며 신뢰를 얻고자 달콤한 약속으로 우리 이웃을 현혹한다고 믿었다.

결국 제18부대는 참도로 계속 진군했다. 이 시기에 대규모의 제62사단은 다르체도에서 확실히 자리를 다지고 있었고, 우리 지방과 그 외 여러 지역의 모든 통치권을 맡고 있었다. 동부 캄 지방 대부분이 실로 강대한 군대로 뒤덮였다. 나이 든 어르신들은 대장정 당시 공산주의자들이 자금 부족으로 견딜 수 없어지자 먹을 것을 얻으려고 싸워야 했던 가혹한 전투를 회상했다.

중국 당국과 접촉하고 있던 갸리니마와 그 밖의 티베트 관료들은 라싸 정부와 교섭이 이루어지지 않을 경우, 달라이 라마를 쫓아내고 상계예쉬를 수상으로 임명할 거라는 계획을 듣게 됐다. 이러한 가능성은 특히 공산주의자들의 군사력의 우위성을 알게 된 카르체 지방과 냐롱 지역의 수령들에게 큰 걱정거리였다. 공산주의자들이 장제스를 망명지로 내몰고 난 이후로 그들은 매우 빠르게 세력을 키웠으므로 캄 지방에서는 대단히 걱정스러운 눈길로 그들 정부의 세계 개방화를 주시했다. 많은 이들은 그들의 뜻에 맡기면 중국인들은 곧 다시 물러갈 것이고 그러는 동안에 그들을 속여서 그들이 제공하는 것들로 이익을 얻을 수 있다고 생각했다. 그들의 이상이 정말로 티베트를 보다 좋은 사회로 만들어줄지도 모른다고 믿는 사람도 더러

그래도 내 마음은 티베트에 사네

있기는 했다. 이러한 생각을 하고 있던 이들은 누구보다 먼저 대장정 중인 당시 공산주의자들에게 협력했다.

❀ ❀ ❀

공산주의자들이 오기 전에는 카르체에 전기가 들어오지 않았다. 그들은 곧 캉사르종에 작은 발전기를 설치했다. 한 남자가 그것을 관리했으며 단단히 나사로 죄어놓은 바퀴 위에서 페달을 밟았다. 이 발전기 덕에 중국인들은 무선 송신기로 정보를 전달할 수 있었다. 약 6개월이 지나자 몇 대의 발전기가 더 공급됐고 중국인들은 종에서 선전용 영화를 방영하기 시작했다. 영화를 본 적이 없던 카르체 주민들은 처음엔 흥미를 보였으나 곧 회의감에 싸였다.

그 영화는 노동력을 보호하고 모든 서민들이 대중의 생활 수준 향상을 위해 다 함께 일하는 내용으로 새 중국을 건설한 공산당의 우수성만을 늘어놓고 있었다. 그리고 용감한 젊은 중국 병사들과 희망을 잃은 일본군의 무력함을 보여주었다. 얼마 안 가 페마걀첸은 이를 몹시 못마땅해했고 지루한 듯 한숨을 내쉬었다. 영화 상영이 끝나고 난 어느 날 저녁 내가 페마걀첸의 뒤를 따라 걷고 있을 때였다. 그가 신랄한 어조로 "이 영화를 보고 나니 정말로 내 운명이 그들의 손아귀에 놓여 있다는 걸 확실히 알 수 있을 것 같군" 하고 친구들에게 말했다.

공산주의자들은 진지하고 결의에 차 있었지만 그들의 딱딱하고 유머 없는 설교에 우린 모두 지쳐버렸다. 그들에겐 자유의사가 전혀 없는 듯했고 티베트인들에게 말할 때뿐 아니라 자기들끼리 얘기할 때에도 끊임없이 마오쩌둥의 말을 인용했다. 그들의 집회에서 공산주의의 구호와 노래를 들었으나 우리들에겐 부자연스럽고 지겹게만 여겨졌다. 우리는 묵묵히 앉아서 그 시간이 지나기만을 기다렸다.

❀ ❀ ❀

중국 관료 6명이 일정한 시간을 정해서 우리집에 들렀다. 아버지가 재판관이었던 관계로 티베트의 법률제도에 대해 이야기를 나누기 위해서였다. 그때마다 그들은 공정한 재판으로 유명한 아버지의 명성을 칭송했다. 그들은 우리 가문이 티베트 사회에서 갖는 영향력에 관심을 보였다. 이러한 방문이 이어지는 동안 나는 그들이 우리 종교에 비상한 관심을 보이는 모습을 직접 경험할 수 있었다. 관료들은 집에 들어올 때마다 집 안의 법당에 들어가도 되겠냐며 허락을 구했다. 법당에서 그들이 엎드려 절을 하고 그 외의 의식을 해내는 것을 본 우리 가족은 너무 놀랐다. 물론 그들 스스로도 놀라워했다. 의식을 끝낸 뒤 그들은 자신들이 무척이나 강한 믿음으로 숭배하는 마오쩌둥에 대한 이야기를 꺼내며 "고통에서 모든 이들을 해방시키기 위해 오신 아버지이자 티베트의 안녕과 행복에 대한 배려가 끝이 없으신 분"이라고 그를 설명했다. 그들이 말하기를 만일에 있을지 모를 우리 민족의 난관을 인지하여 마오쩌둥이 우리를 도와주라고 자기들을 보냈다는 것이었다.

아버지와 오빠들은 중국인들의 신식 무기에 관심이 많았다. 이러한 방문이 이어지던 중 언젠가 남자들이 모두 사격 연습을 하기 위해 초소 위로 올라갔을 때였다. 중국관료들은 주구마 오빠의 소총과 권총을 장교의 권총과 바꿔주었다. 그들은 훌륭한 사격수인 주구마 오빠의 능력을 칭찬하며 덤으로 탄환도 주었다. 그러면서 지금이 우리가 우정을 맺고 서로를 알기에 좋은 기회라는 점을 강조했다. 물론 아버지에게는 "우린 여기에 머물지 않을 것입니다. 오늘만 여기에 있고 내일은 떠날 겁니다"라고 약속했다. 그들이 돌아가고 나면 아버지는 여러 번 우리에게 말했다. "그들이 하는 모든 것들은 우리를 안심시켜 신뢰를 얻으려는 그럴싸한 겉치레일 뿐이다."

이러한 과정에서 중국인들은 가장 저명하고 세력 있는 티베트인이 누구인지, 사회의 권위자와 유력한 가문, 또 가난뱅이와 수도승, 주지승이 누구인지를 알아보고 다녔다. 사실 그것이 바로 그들이 우리를 방문하는 가장 큰 이유였다. 그들은 가축은 몇 필이고 불상은 얼마나 있는지 등 면밀하게 개인과 사찰의 재산을 기재했다. 그리고 결국은 카르체 지방의 모든 가정의 사유재산이 얼마나 되는지 완전히 파악했다.

⊛ ⊛ ⊛

국민당 시절, 사람들은 카르체의 하부 평야 지대에 자리한 순고샤(카르체의 종 지역 남동쪽 약 5마일 거리에 위치)란 마을의 변두리 비행장에서 노역을 했다. 강제로 의무를 부과받은 티베트인들의 노동 덕분에 그 비행장은 1951년 12월 첫째 주에 완공됐다. 노동의 대가를 받기는 했지만 티베트인들은 불만이 많았다. 여러 날 동안 집을 떠나 있어야 했고 그 때문에 자기네 밭에서 일을 할 수 없었기 때문이다. 비행장 개통행사는 굉장히 성대했다. 사실 나는 거기 없었지만, 들은 바로는 카르체 출신 및 그 외의 여러 주요 인사들이 참석했고 비행기가 최초로 착륙하는 광경이 무척이나 인상 깊었다고 한다. 그 당시 어느 누가 그 비행장의 존재가 머지않아 어떤 의미를 갖게 될지 상상이나 했겠는가. 순고샤는 이제 수천의 중국 병사와 관료들이 거주하는 거대한 대규모 주둔지가 됐다.

시간이 지날수록 이 지역에 주둔하는 병사들의 수는 엄청나게 불어났다. 그들은 카르체 지역 내의 주둔지와 다이찰 사원에서 기거했다. 롭바샤는 중국 기병대의 주요 숙소가 됐다. 일단 군사 단지가 지어지면 그 지역은 곧 주요 본영(本營)이 되어버렸다.

점령군은 학교와 병원과 가축병원을 짓겠다는 약속을 이행했다. 불우한 가정의 아이들을 위해서 카르체에 초등학교를 지었고 1952년에는 티베트 사람들이 무료로 치료받을 수 있는 병원을 완공했다. 말을 타고 병원 앞을 지나갈 때면 우리는 진찰을 기다리며 장사진을 이루고 있는 것을 자주 보았다. 그렇지만 얼마 지나지 않아 그곳은 제18부대 군인들을 구조하는 데 이용됐다.

공산주의 교사들이 학교에서 티베트 아이들에게 무엇을 가르치는지 곧 드러났다. 그들은 티베트 민족이 거대한 모국의 소수민족 중 하나에 불과하고 티베트는 보다 우수한 중국 문화권에 긴밀히 속해 있다고 가르쳤으며, 티베트인들에게 진정한 동일성을 이해하도록, 강요

그래도 내 마음은 티베트에 사네

한 채 중국의 언어와 역사, 관습을 가르치고 그를 따르게 했다. 어른들은 애당초 이를 받아들일 수 없었다. 아이들이 자신의 전통을 수치스러워하도록 가르치는 학교의 의도에 그들은 쉬쉬하며 비판했다.

※ ※ ※

1953년, 티베트의 새해 명절인 '로사르' 기간엔 카르체 지방의 사원 구역 내에 있는 첸다 광장에서 큰 축제가 벌어졌다. 그 지방의 주요 가문과 도시 거주자들 대부분이 참석했고 그 외에도 많은 중국 관료와 군인들이 자리를 같이했다. 연회 때 그들은 우리에게 말했다. "이곳은 당신네 땅입니다. 여러분의 자유를 만끽하십시오. 우리는 당신들 삶에 끼어들려고 여기에 있는 것이 아닙니다. 우리는 오늘 이 축제의 장에서 사교를 즐기려는 것뿐입니다."

그러나 이 축제 동안 특정 사람들이 사진을 찍고 있었다. 각별한 호기심을 갖고서 모든 것들을 자세히 관찰하고 기재하면서도 그들은 마치 겉으로 보기엔 별일 아닌 듯 유난히 장신구를 많이 단 사람들의 사진을 찍어댔다.

몇 달 후 중국인들은 사찰이나 그 지방 가문을 이끌어나가는 중심인물들을 선발하고 그들에게 말했다. "여러분은 여러분 사회에서 가장 유능한 인물들입니다. 그러므로 우리는 여러분을 중국으로 모셔가 우리 나라를 보여드리고 싶습니다." 그 파견단은 20~30명가량의 구성원으로 이루어져 있었다. 아버지와 카르체 지방 수령의 아들이었던 쿤가걜첸쉬바창도 여기에 포함됐다. 그들은 비행기를 타고 중국으로 갔다. 중국인들은 그곳에서 그들이 공산주의자들의 통치가 완벽히 제 기능을 다하고 있음을 확신하도록 가장 훌륭한 공장과 농업 현장을 보여주었다.

공장 견학이 계속되는 동안 그들은 몇몇 도시들을 방문했다. 그중 한 곳에서 아버지는 티베트의 불상과 탕카가 시장에서 판매되고 있는 것을 보았다. 도시를 구경하다가 한번은 아버지 일행이 파견위원단 무리에서 떨어지게 됐다. 통역자는 예전 국민당의 당원이었고 목숨을 부지하기 위해서 바로 얼마 전 공산당으로 당적을 옮긴 사람이었다. 아버지는 한 늙은 중국인에게 관심을 갖고 통역자의 도움으로 그 노인과 이야기를 시작했다. 그들이 이야기를 나누고 있을 때 국민당 포로를 실은 짐차 하나가 지나갔다. 노인이 말했다. "저기를 좀 보시오. 저 포로들은 모두 사형에 처해질 거요. 그뿐이 아니라오. 공산주의자들은 점차 모든 가정의 재산을 약탈하고 있소!" 노인의 말에 아버지는 너무나 놀랐다.

조금 있자니 여자 죄수들을 실은 트럭 한 대가 멈춰 섰다. 차에서 내린 여자들이 질질 끌려가 일렬로 세워졌다. 너무나 지독한 공포로 그들은 다리를 떨며 똑바로 서지도 못했다. 몇몇은 바닥에 쓰러지기도 했다. 그 순간 아버지는 공산주의의 진짜 의도를 분명히 알게 됐다. 아버지는 그럴싸한 말과 고상한 약속 뒤에 숨겨진 그들의 진짜 목적이 무엇인지를 간파했다. 그와 동시에 아버지의 마음에서는 그들에 대한 모든 신뢰가 사라져버렸다.

집으로 돌아오기 전 파견위원들에게는 마오쩌둥과 스탈린의 커다

그래도 내 마음은 티베트에 사네

란 초상화가 하나씩 주어졌다. 나중에 아버지는 "이 사람들은 우리나라를 떠날 생각이 전혀 없다. 물론 이 사진들을 주었을 때 난 거절할 수 없었지. 하지만 내 집에 걸어두고 싶진 않다"고 말했다. 그러고 나서 아버지는 초상화를 불에 내던졌고 우리는 말없이 그것이 불타는 것을 바라보았다.

그 후 어느 날 중화민국 총통의 초상이 새겨진 은화를 다시 반환하라는 공고가 났다. 후에라도 은화가 발견되면 중범으로 다스릴 것이라는 협박이 이어졌다. 대부분 사람들이 은화를 돌려주었으나 그것으로 반지를 만든 사람도 여럿 있었고 더러는 그것을 감추기도 했다. 이윽고 그 은화는 지불 수단으로 시장에서 더 이상 사용될 수 없다는 사실이 공포됐다. 일상생활에서 사용하기에는 너무 무겁다는 것이 중국인들이 내세운 이유였다. 그러면서 '위안'이라는 중국 지폐를 소개했다. 티베트에 예전엔 다양한 단위의 동전으로 된 고유의 화폐와 화폐 단위가 있었다. 비록 티베트에서는 대부분의 거래가 물물교환으로 이루어졌지만 말이다.

1954년 초 우리는 공개 집회에서 중국인들이 지역의 식자들로 이루어진 정치위원회를 설치할 계획이라는 통보를 받았다. 카르체 구역의 가장 저명하고 세력 있고 부유한 사람들이 그 적임자로 발표됐다. 그들은 중국인들로부터 중국 공산주의 정책의 장점을 모든 이들이 납득하도록 사회 각 곳에 영향력을 행사해야 할 임무를 부여받았다. 중국인 고문들은 새 정책의 보급을 도우라고 위원회에 지시했다. 그리고 이어서 '국민 복지를 위한 경제발전' 프로그램이 공고됐다. 중국인들은 앞으로 실시할 토지 분배에 대해 이야기하며 인민들에게 그것을 분배하려면 토지의 일부를 공산당에게 내놓아야 한다고 지주들을 설득했다. 그러나 카르체 지방의 지주들은 이 제안을 무시했다. 정치위원회 위원들의 임무는 바로 이러한 정책을 소개하고 설득하는 일이었다.

공산주의자들이 도착한 첫해엔 다양한 농기계가 주민들에게 배급됐다. 그리고 많은 티베트인들은 농기구를 구입하는 데 무이자 대부를 받았다. 중국인들은 계속해서 카르체와 그 일대에 무료로 곡식과 옷가지들을 나누어준다고 공포했다. 단 자신들의 재산과 땅을 신고하는 사람들에 한해서였다. 말하자면 이러한 조처로 '기부의 정당한 분배'를 증명하려 했던 것이다. 중국 관료들은 사람들이 이러한 분배에 만족하는지를 확인하려고 티베트인들의 집을 방문했고 많은 이들이 이 선물을 매우 기쁘게 받았다. 그들은 장차 닥칠 문제를 전혀 고려하지 않았기 때문에 서슴없이 그것들을 받아들였던 것이다. 중국인들은 자신들은 인민을 위해 늘 이런 방식으로 봉사한다고 강조했다. 사람들은 이웃의 생활 수준이나 정치적 입장에 대한 질문에도 기꺼이 답했다.

우리 아버지도 정치위원회의 위원으로 결정됐다. 중국 여인들의 사형을 목격한 이후로 아버지는 공산주의자들에 대해 분명히 반대 입장에 있었고 그들이 하는 모든 일들을 못마땅해했다. 아버지는 신

그래도 내 마음은 티베트에 사네

뢰할 만한 친구들과 은밀히 만나기 시작했고 그들에게 "이들은 좋지 않은 의도를 갖고 있소이다. 우리 사회를 몰락시킬 것이고 우리에게서 모든 것들을 빼앗아갈 것이오"라고 충고했다. 그러던 어느 날 정치위원회의 위원들은 '재교육'을 받아야 한다는 새로운 지시를 받았다.

그 당시 아버지는 몸져누워 있었다. 중국에서 돌아온 이후로 아버지는 건강한 상태가 아니었고 설사병에 시달리며 자꾸 약해졌던 것이다. 아버지의 병은 위중했다. 곧 군인 몇 명이 우리집에 와서는 아버지를 병원으로 데려갔다. 오빠들은 매일같이 아버지를 찾아갔다. 어느 날 주구마 오빠가 아버지 곁에 앉아 있는데 아버지는 둘만 있는 순간을 기다렸다가 이렇게 말했다. "더 이상 여기에 머무를 이유가 없다. 네가 모든 좋은 이들 편에 서게 된다면 좋겠구나. 모든 것들은 중국의 손 안에 있다. 이젠 희망도 거의 없어. 나는 늙었고 죽을 시간이 다가왔다." 아버지는 주구마 오빠 편으로 내 남편에게도 소식을 전했다. 카르체에서 라싸로 나와 함께 떠날 방법을 찾아야만 할 거라고. 우리에겐 라싸 지방이 좀 더 안전할 거라고 생각했던 것이다.

아버지 주변의 티베트인들과 우리 가족은 중국인들이 고의로 아버지에게 필요한 치료를 지연시켰다는 의혹을 갖고 있었다. 아버지는 매우 완고히 처음엔 어떤 약도 받으려 하지 않았으나 결국 오빠들이 그를 설득했다. 그런데 약을 복용한 후로 아버지는 더욱더 쇠약해졌고 그를 본 사람들은 하나같이 같은 생각을 했다. '그분은 이제 회복될 것 같지 않아. 아마 그들이 약에 무언가를 탄 것 같아.'

1954년 늦봄, 아버지는 병원에서 죽음을 맞았다. 오빠 주구마와 오최에게 남긴 아버지의 유언은 "중국인들이 약속하는 것을 절대 믿어선 안 된다. 그들은 곧 우리 사회를 파멸시킬 것이고 우리를 파괴할 것이다. 파국에 이르기 전에 나라를 지킬 방법을 찾아야 한다"는 것이었다.

점령군은 공식적으로 애도의 뜻을 표하면서 나의 아버지가 정말 우직하고 정직한 분이었다는 성명을 발표했다. 아버지의 임종 뒤 그들은 주구마 오빠를 억지로라도 아버지가 있던 정치위원회 자리에 올려놓기로 결정했다.

아버지의 시신은 옥외장으로 묻혔다. 우리 전통에서는 고인의 뼈와 머리카락 일부를 모아서 라싸에 있는 세라 사원 옆 경내에 매장하는 것이 빠져나간 혼령을 위해 좋다고 여겼기 때문이다. 주구마 오빠는 아버지를 위해, 그리고 정치위원회에 들어가지 않기 위해서라도 그렇게 하기로 결정했다. 중국인들은 오최 오빠가 주구마 오빠가 되돌아올 때까지 위원회에 대신 들어가겠다고 동의하자 비로소 그 계획을 허락했다.

❊ ❊ ❊

침략 직후 인민해방군은 신도로의 필요성을 역설하기 시작했다. 그것이 티베트 국민들을 위해 얼마나 유용한지, 티베트의 정치, 문화, 경제 발전을 어떻게 증진시켜줄 것인지에 대해 이야기했던 것이다. 그 후 곧 티베트의 주요 지역을 잇는 다리 건설과 옛 대상로 확

그래도 내 마음은 티베트에 사네

장을 위한 노역이 시작됐다. 정말로 그 도로가 우리에게 유용할 것이라고 믿었던 사람들도 더러 있었지만, 대부분 사람들은 그것이 무엇보다 중국 병력의 신속한 이동을 위한 것이고 티베트 전역에 군수품들을 공급하는 데 쓰일 것이라는 걸 알고 있었다. 시캉-라싸 간선도로는 쓰촨에서 시작해 다르체도를 지나 카르체를 가로질러 서부 지방으로 계속 뻗어가고 있었다.

도로가 건설되는 동안에 나는 수천 명의 중국인들을 보았다. 그들은 청두를 비롯한 그 외 쓰촨 지방의 도시에서 강제로 끌려온 사람들이었다. 그들 중에는 국민당 죄수들도 여럿 있었다. 그들은 티베트 말과 관습에 전혀 익숙지 않았고 고도차와 작업조건 때문에 무척 괴로워했다. 그들 중 많은 이들이 죽어갔다. 그 건설 계획에서 생존한 사람들은 최초의 중국 식민 이주자가 되어 공산당 통치 아래 살아야만 했다.

이 노역에 징집됐던 티베트인들은 처음엔 개별적으로 은화를 지급받았다. 그러나 좀 더 많은 인민해방군 부대가 티베트에 들어오면서부터는 티베트인들에게 지불되던 보수가 현저히 줄어들었다. 티베트인들은 파업을 했고 다시 그 건설 계획에 돌아가기를 거부했다. 끝까지 파업을 고수하자 그들은 협박을 받았고, 결국 그 노역에 징집됐던 티베트인들 중 많은 이들이 그야말로 흔적도 없이 사라져서 다시는 돌아오지 못했다. 신도로의 완공이 가까워지자 페마걀첸은 애초에 중국인들에게 공구와 식량을 대줬던 부유한 티베트 상인들을 비난했다. "그들은 도대체 무슨 일이 벌어질지 생각이나 하고 있

공산주의가 가까이 오다

을까? 그들은 정말로 우리가 먹을 차를 중국으로부터 값싼 가격에 사 오는 것만이 주요 관심사라고 생각하는 건가? 마치 중국인들이 단지 우리의 안락한 생활과 복지를 위해서 희생이라도 했다는 듯이 말야" 하고 그는 씁쓸하게 말했다.

도로가 개통되자마자 어느 날 갸리니마가 카르체를 방문했다. 그는 우리에게 냐롱 남부 지방의 몇몇 티베트인들에 대해 이야기했다. 그들은 도로 건설에 징집됐던 가족의 소식을 더 이상 들을 수 없었으며, 사실상 암도 북부 지역에 있는 주요 마을 중 하나이며 간쑤 지방에서 지린과 란저우에 이어 철도편의 종착역인 거얼무 지방으로 그들 가족이 계속해서 이송되고 있다는 것이었다.

1954년 8월에 다르체도의 도로가 개통되면서 우리는 카르체에서 처음으로 모터로 가는 차를 보았다. 옛 대상로로는 베이징에서 라싸까지 가는 데 3개월이 걸렸는데 이제는 같은 구간을 20일 안에 지날 수 있게 된 것이다. 그리고 1954년 12월 25일에 라싸 간선도로가 개통된 이후엔 카르체에서 라싸까지의 여행이 겨우 12일밖에 걸리지 않았다.

❀ ❀ ❀

그해에 달라이 라마는 중국 방문을 요청받았다. 그 당시 중국 공산당 인민회의는 헌법을 기초하고 있었는데, 달라이 라마를 비롯한 9명가량의 티베트 대표단을 초청했다. 달라이 라마는 국민을 도울 기회가 될지도 모른다고 생각하며 마오쩌둥과 만날 수 있는 이 초청

그래도 내 마음은 티베트에 사네

을 기쁘게 수락했다.

티베트 민중들 사이에는 이미 이 방문 때문에 매우 큰 소란이 일어났다. 혹시 역모가 있을지도 모른다고 상상했기 때문이다. 우리는 이렇게 자문했다. "그들이 어찌 우리에게서 우리의 눈동자와 심장을 빼앗아갈 수 있겠는가?" 어느 누구도 달라이 라마가 그 여행을 감행하는 걸 원치 않았다.

달라이 라마 일행은 자동차로 라싸에서 베이징으로 가는 긴 여행을 시작했다. 그런데 90마일이 지나자 폭풍우로 신도로가 유실되어 더 이상 자동차를 타고 갈 수가 없었다. 거기서부터는 말을 타고 최근 폭풍우 이후로 산사태와 낙석의 위협이 있던 미완성의 길을 따라 여행을 계속했다. 달라이 라마의 일행은 여기서부터는 신도로를 벗어나 옛길로 가겠다고 주장했다. 하지만 중국인 수행원들은 이것을 모욕으로 받아들였고 자기들의 계획대로 계속해 나가자고 고집했다. 결국 3명의 사람과 4필의 말이 죽었다. 드디어 도로가 끝나는 곳에 도착해서야 일행은 덜커덩거리는 지프로 이동할 수 있었다. 이런 식으로 그들이 카르체에 도착했을 때 그곳에는 우창 지방 전역에서 몰려온 5만 명 남짓한 사람들이 달라이 라마를 알현하려고 모여 있었다.

이날 카르체 사원엔 일흔에서 여든 살가량의 노인들도 많이 보였다. 이번이 그들의 생애에서 달라이 라마를 볼 수 있는 마지막 기회라고 생각했기 때문인지, 중병에 걸려 와병 중인 사람들도 건강한 친척들의 도움을 받아 달라이 라마의 축복을 받고자 이곳으로 온 것

공산주의가 가까이 오다

이었다.

성황 속에서 방대한 종교의식으로 우리의 정신적 지도자를 위험에서 구하기 위해 애쓰는 우리 민족 특유의 저력을 엿볼 수 있었다. 모두가 티베트 신들이 자비를 베풀도록 최선을 다했고, 그 여행의 성공을 비는 부단한 철야기도에서는 무려 백만 만트라가 낭송되었다. 나도 달라이 라마의 여행이 진심으로 염려스러워 신에게 그의 만수무강과 사랑으로 충만한 보살핌을 간구했다.

티베트인들은 달라이 라마에게 개인이나 문중 재산을 바칠 기회가 주어지는 것을 현실과 미래의 삶을 위한 큰 공덕으로 여겼다. 그날 달라이 라마를 알현하고자 방문했던 많은 이들도 그에게 자신의 헌물을 받아달라고 간청했다. 그들은 자신의 귀중한 물건이 언젠가는 중국인들에게 몰수될지도 모른다고 우려했다. 그렇지만 달라이 라마는 중국으로 여행 중이었기에 헌물을 받을 입장이 아니었다.

가는 곳마다 사람들이 울고 있는 모습이 보였다. 우리는 중국 정부에 철군을 요구하는 것이 아무 소용 없는 일이라는 걸 알고 있었다. 대부분 사람들은 더 이상 달라이 라마를 위태롭게 해서는 안 되며, 정말로 중국인들에게 맞설 경우 모든 주민들에게 엄청난 불행이 닥칠지도 모른다고 생각했다.

파견단이 캄 동부를 가로질러 쓰촨 방향으로 여행을 계속하던 중, 몇몇 캄파들은 중국에 도착하기 전에 달라이 라마 일행을 납치하려 했다. 그를 어떻게든 캄 지방으로 되돌려 보내기 위해서였는데, 그것은 달라이 라마의 안전을 도모하기 위한 것은 물론, 다른 한편으

그래도 내 마음은 티베트에 사네

로는 중국인들이 그를 선전도구로 이용하는 것을 막기 위함이었다.

그러나 중국인들은 이러한 시도를 미리 알아채고서 시캉-라싸 간선도로에 대규모의 군대를 배치했다. 달라이 라마가 티베트 땅에서 마지막으로 체류한 곳은 민약란가강에 있는 란가남탕 비행장이었다. 약 3만 명가량의 사람들이 그를 영접하기 위해 이곳으로 왔고 우리 가족 몇몇도 그 사이에 있었다. 모두들 달라이 라마를 만난다는 사실이 너무 기뻐 제일 먼저 축복을 받기 위해 앞을 다투었다. 그러나 혹시 있을지 모를 역모의 가능성과 아무런 도움이 될 수 없다는 절망감으로 사람들의 심경 역시 복잡했다. 그들은 달라이 라마가 헤아릴 수 없을 만큼 엄청난 곤경에 처해 있으며, 이번 여행은 마오쩌둥과의 관계를 회복하기 위해 그가 스스로 선택한 수단이었음을 알았다. 때문에 그의 결정을 존중해야 한다는 것도 알고 있었다. 그러나 달라이 라마가 되돌아올 수 있을지, 만약 그렇다 하더라도 얼마나 오랜 기간이 걸릴지를 생각하면 마음이 괴로웠다.

달라이 라마는 1년 가까이 중국에 머물렀다. 중국 정부는 그들 자신이 세계에서 가장 큰 권력임을 달라이 라마에게 끊임없이 확인시켰다. 달라이 라마는 여행 중에 여러 지방으로 안내됐다. 그곳에서 중국이 산업 발전으로 물질 면에서는 어느 정도 이익을 얻게 됐음을 눈여겨보았다. 그러나 그에겐 중국 주민들이 모두 개개인의 독특한 성향을 잃어버린 것처럼 보였다. 그들은 다들 똑같은 옷차림을 하고 있었고 그들의 행동은 지나치리 만치 규제당하고 있었던 것이다. 외국의 라디오 방송을 듣는 것도, 신문을 구독하는 것도 허락되지 않았다. 그들은 모든 정보를 국영 방송이나 정부 신문에서만 얻고 있었다.

마오쩌둥은 달라이 라마에게 단지 티베트인들을 돕기 위해서 인민해방군의 장교들을 티베트에 주둔시켰을 뿐이라며 자신들이 다른 지배력을 행사할 목적으로 온 것이 아님을 확언했다. 그는 자기네가 가지고 있는 천연자원을 이용해 티베트에 진보를 가져다주는 게 중국의 사명이라고 설명했다. 그러고 나서 마오쩌둥은 티베트 자치지구 실현을 위한 '준비위원회' 의장에 달라이 라마를 임명했다. 티베트가 지방 자치를 준비하도록 힘쓰는 것이 이 위원회의 목표라는 설명도 덧붙였다. 그러나 달라이 라마와 각료들은 공산주의 정책의 최종 목적이 티베트의 모든 부분을 중국의 복사판으로 바꾸어놓으려는 것임을 알았기에 근심에 싸였다.

드디어 달라이 라마가 다시 중국을 떠날 거라는 소문이 돌았다. 다르체도까지 온 뒤 암도를 가로지르는 북부 노선을 택할 것이라는 여정이 확정됐다. 이에 캄의 여러 지방 사람들이 달라이 라마의 축복을 받을 기회가 없어진 것에 몹시 실망하자, 달라이 라마는 그들에게 대리인을 파견했다. 그의 젊은 후견인이었던 트리장 린포체는 겔룩파 사원을 방문했고, 민도링 라마인 충 린포체는 닝마 신봉자들에게 파견됐으며, 카르마파는 카규 학파의 신봉자들에게로 파견됐다. 이 방문은 캄파들에게 새로운 희망을 불러일으켜 그들을 단결하

그래도 내 마음은 티베트에 사네

게 했다. 그리고 1955년 4월 달라이 라마는 다시 라싸로 돌아왔고 티베트 국민들은 그제야 한시름 놓을 수 있었다.

❀ ❀ ❀

1940년 초에 냐롱 지방으로 돌아온 갸리도르제남걀은, 류원후이가 '아텐'이란 이름의 한 라마승을 관할지역 관리로 임명했음을 알게 됐다. 그 직책은 관례상 갸리창 가문이 맡고 있었다. 갸리창 가문은 아텐에게 사직할 것을 청했고 그도 동의했다. 그러나 그가 수년간 일정한 특권을 갖겠다고 고집을 부리는 바람에 약 1년에 걸쳐 소송이 이어졌다. 이 상황을 해결하기 위해서 공산당 당국은 1953년 갸리도르제남걀과 아텐 라마를 다르체도의 법정에 출두시켰다.

갸리도르제남걀은 인민해방군이 티베트에 온 이상, 소수 가문의 사유재산이 결국엔 전부 몰수될 것을 알 정도로 이미 중국 공산주의에 대해 알고 있었다. 티베트 사회에서는 세력가가 죽으면 전통에 따라 그 유가족이 사원으로 엄청난 액수의 헌금을 하는 것이 관례였다. 이에 따라 갸리도르제남걀은 중국 공산당에 의해 모든 것이 수포로 돌아가지 않도록, 자신이 죽는 즉시 문중 재산을 여러 사원에 헌납하라는 지시를 남겼다.

갸리창가의 주요 구성원들은 갸리도르제남걀과 다르체도까지 동행했다. 물론 냐롱의 주요 관리로 위임됐던 갸리니마도 그 속에 있었다. 다르체도에 도착한 그들은 모두 연금됐다. 공산주의자들이 티베트의 영향력 있는 지도세력을 약화할 기회를 포착했던 것이다. 그

공산주의가 가까이 오다

리고 그들은 갸리도르제남걀을 체포했고 권력을 무력화했다. 이는 곧 중국행 여행길에 있던 달라이 라마를 뵙는 것이나, 1955년 봄 달라이 라마의 대사로서 냐롱에 파견됐던 충 린포체의 축복을 받는 것이 그에겐 허락되지 않음을 의미했다. 좀처럼 얻기 힘든 이 소중한 기회를 놓쳐버린 그는 너무나도 비통했다. 하지만 1955년 봄 갸리도르제남걀은 여전히 구류된 채로 생을 마감했다.

오최 오빠는 갸리도르제남걀의 죽음 이후 한동안 조용히 틀어박혀 지내면서 자기 자신에 대해, 그리고 그 고명한 사람에게 주어졌던 별 부러울 것이 없는 지위에 대해 깊이 생각했다. 또한 아버지의 임종 당시와 그들 두 사람이 맺어온 오랜 우정을 회상하고, 마침내는 그들 죽음의 원인이 가지는 연관성에 대해 생각했다. 아버지와 갸리도르제남걀의 삶은 너무나 다양한 방향을 향해 있었다. 하지만 그들이 생의 마지막에서 맞닥뜨린 역경은 티베트 역사에 결코 알려지지 않았던 하나의 격변을 표시하는 듯했다.

아버지가 돌아가신 후 우리의 삶도 예전과 완전히 달라졌다. 이제 우리의 운명이 아버지의 운명과 어떻게 다르게 전개될지는 스스로에게 물어볼 수밖에 없었다.

그래도 내 마음은 티베트에 사네

잊혀진 약속

카르체 다이찰 사원의 환생 라마였던 다이찰 툴쿠는 티베트의 '해방'을 눈앞에 두고 임종하면서 네 장의 문서를 남겼다. 그 문서에서 그는 앞으로 중국의 침입이 닥칠 경우 티베트 사람들이 겪을지도 모를 난관을 예견했다. 그는 죽음이 가까웠음을 깨닫고 자신의 재를 보관할 종교적 성골함인 4개의 작은 '초르텐'을 사원 구석마다 만들라고 지시했다. 그러나 중국인들이 이를 저지하는 바람에 그의 유골 위에 4개의 작은 봉분을 쌓는 것으로 만족해야 했다.

카르체에 도착하고 얼마 지나지 않아 중국인들은 다이찰 사원을 점령했고 그곳에 마을의 관청 사무소인 '시앙'을 설치했다. 그곳은 협력이라는 구실을 내세워 티베트인들과의 평화로운 교제에 힘쓰는 듯했다. 당연히 그 사원은 금세 인민해방군으로 뒤덮였다.

1955년 사원에 대한 최초의 간섭이 시작됐다. 갑자기 중국인들은 종교가 사회를 위해 하는 일이 아무것도 없다고 공포했다. 그들은 몇몇 거지들을 스님과 비구니로 분장시켜서 카르낭에 있는 사원의 승려 공동체로 보냈다. 그곳에서 그 '스님'과 '비구니'는 결혼을 할 거라고 공포했다. 중국인들은 다른 스님과 비구니들도 이러한 실례를 본받아 이제부터는 사회에서 자신의 몫을 다하라고 요구했다.

이러한 전술은 여러 사원에 적용됐다. 많은 스님과 비구니들이 자신의 신념을 지키고자 자살했다. 그 외의 몇몇 스님들은 세속인으로서의 새로운 삶을 받아들이는 척하면서 묵묵히 그들의 교리를 계속 따랐다.

카르낭에 있는 사원의 큰스님이었던 소남도르제는 우리 마을 출신으로 주구마 오빠의 친밀한 교우 중 한 명이었다. 그는 어느 날 아버지 집에 방문해서는 눈을 지그시 감은 채 들고 있던 찻잔을 내려놓으면서 침착한 목소리로 말했다. "난 평생 속세를 떠나 내 믿음의 수련을 위해 몸 바쳤다네. 억지로 나를 세속인으로 살게 할 수는 없는 일일세. 중국인의 지배하에 살면서 신앙을 잊고 사느니 차라리 죽음을 택하는 편이 더 낫네."

주구마 오빠는 친구가 염려되고 마음이 쓰였으나 작별 인사를 하려고 자리에서 일어날 때까지도 무슨 말을 어떻게 해야 할지 알지 못했다. 그 후 얼마 안 있어 소남도르제는 카르낭 사원 옆의 큰 나무에 목을 매 자살했다.

❀ ❀ ❀

1954년 여름 나는 임신을 했고 이듬해 봄에 아들 치미왕걀이 태어났다. 치미왕걀의 탄생은 우리에게 커다란 기쁨이었지만, 그 아이가 태어난 그해 봄은 정말로 뒤숭숭했다. 남편 상두파첸과 형부인

그래도 내 마음은 티베트에 사네

페마걀첸도 당시엔 더 이상 그들이 지금껏 늘 마음에 둬왔던 장사나 말 치는 일 등에 환담하지 않았다. 대신 그들은 나즈막한 목소리로 지역 정황에 대한 이야기를 나누었다. 식사 중에도 더 이상 웃음소리가 들려오지 않았고 여흥은 꿈도 꿀 수 없었다. 우리는 공산주의자들이 우리 삶의 모든 것을 파괴할 거라던 아버지의 경고를 떠올리며, 우리가 그들의 교활한 의도에 어떻게 저항해야 하는지를 이야기했다. 그러다가도 눈에 보이는 절망스런 상황에 생각이 미치면 우리의 대화는 종종 침묵으로 끝나곤 했다. 화롯불이 '딱딱' 소리를 내거나 밖에서 불어오는 바람 소리 때문에 우리의 비밀스럽고 근심스런 대화가 중단되기라도 하면, 나는 불빛에 밝게 비치는 내 가족과 친구들의 얼굴을 바라보며 당장 다음 달이나 내년에 그들의 모습을 염려하곤 했다.

페마걀첸은 사람들이 공산주의자들에 대항하기 위해서 모이지 않으면 안 될 상황이 되자 점점 더 심각해졌다. 치미왕걀과 상두파첸은 그의 친척이 부유한 상인으로 있는 라싸로 치미와 나를 보내기로 했다. 여행을 준비하는 것은 상당히 어려운 일이었으며 모든 조치가 비밀리에 실행돼야만 했다. 사람들이 중국 당국에 여행 승인을 신청한다면 거절될 것은 뻔한 일이었다. 카르체의 몇몇 종교 지역을 비롯한 그 외의 여러 지방에서는 1956년 초에 드디어 분쟁이 일어났다. 결국 우리는 늦봄이 돼서야 필요한 준비를 마칠 수 있었다.

출발을 조금 앞두고 우리 가족은 공동체를 위한 향연을 열었다. 친구와 가족들을 떠나야만 한다는 서글픈 심정은, 상두파첸이 향연

중 고기를 먹자마자 구토를 하게 되면서 곧 충격적인 엄청난 사건으로 바뀌었다. 그는 배를 움켜쥐고 비명을 지르며 바닥에 쓰러졌다. 나는 그에게로 달려갔으나 너무나 놀라 어찌할 바를 모르고 뻣뻣하게 굳어 그에게 참아야 한다고, 도와줄 사람이 올 거라고만 말했다. 과연 몇몇 사람들이 곧바로 우리 마을의 의사였던 라마승을 데리고 왔다. 그러나 상두파첸은 그가 도착하기 전에 숨을 거두었다. 그의 음식에 독을 넣는 것을 본 사람은 아무도 없었지만 사람들은 중국인들이 사주한 짓이라고 생각했다. 많은 친척과 친구들이 울면서 상두파첸의 주위에 둘러섰다. 모든 일이 너무나 순식간에 벌어져서 처음엔 아무런 생각도 떠오르지 않았지만 나중에는 너무 오랫동안 지체했다는 자책감에 빠졌다. 그 후 엄청난 무력감이 나를 엄습해왔다. 눈물을 흘리기 시작하면서 내 온몸이 마비됐다.

이때 치미왕걀의 나이는 겨우 한 살이었고 나는 두 번째 임신을 한 지 2개월째였다. 남편 없이 혼자서는 라싸로 갈 수 없었다. 그날 이후 내 삶은 한층 더 불안해졌고 너무나 빠른 변화들이 이어졌다. 남편이 죽은 다음날 나는 불안 속에서 잠을 깼다. 나는 나 자신을 진정시키려 노력하며, 아버지와 주구마 오빠가 들려주던 이야기들 내 삶을 통틀어 가장 감명 깊었던 일들을 떠올리려고 애썼다. 나는 이제까지 보살핌과 사랑만 받는 아이로 살았고, 남편과 가족들에게 종속됐던 주부로 살아왔다. 그런데 남자들이 우리집을 떠나버렸다. 나는 언젠가 오빠가 내게 올바른 마음을 품게 하려고 단호함의 가치를 일깨워주려 애쓰던 내 생의 짧은 시절을 떠올렸다. 무엇을 해야 할

그래도 내 마음은 티베트에 사네

지 알 수 없었다. 그러나 혼자 사는 여자니까 다른 사람이 알아서 해 준다든가, 보호해줄 거라는 기대를 해서는 안 된다는 것만은 분명했다. 내 슬픔은 분노로 변했고 결과를 기다리고 면밀히 관찰하는 것 외에 다른 선택이 없다는 것이 분명해지면서 결연한 책임감으로 변해갔다.

중국 정책의 교활함과 위험성을 인식하게 된 이때부터 티베트인들은 중국인들의 체류를 티베트 속담대로 나병에 견주기 시작했다. 나병은 손에서 손가락이 떨어져나가면서 서서히 죽음에 이르는 병이다.

남편이 죽은 뒤 시어머니도 병이 들었다. 나는 시어머니를 돌봐드리기 위해 시댁으로 돌아갔지만 그녀의 몸이 너무나 약해져서 이야기도 거의 나누지 못하고 몇 달을 보냈다. 결국 시어머니는 내 도움 없이는 일어서지도 걷지도 못하는 처지가 됐다.

가엾은 어린 내 아들은 이 몇 달 동안 어린애들이 부모에게 부릴 법한 어리광을 한 번도 부려보지 못했다. 나는 아이가 자신의 삶을 즐거워하고 기뻐하도록 만들어주려 애썼으나 이것은 힘들고 노력을 요하는 일이었다. 과연 다음번엔 무슨 일이 벌어질지 두렵기만 했다. 시어머니는 충격에서 회복되지 못한 채 6개월쯤 뒤 아들을 따라 돌아가셨다. 나는 다시 친정으로 되돌아갔다.

❀ ❀ ❀

1956년 봄 카르체 지방에 처음으로 이른바 '민주개혁'이 실시됐다. 사원의 재산과 가축들이 압류되고 압류품은 앞으로 '농업협동조합'의 재산이 된다고 공포됐다. 라마승들에게도 농업 경작을 비롯한 모든 노동에 참가하라는 명령이 떨어졌다. 하지만 수도승들은 예로부터 사원에서 수행해야 할 의무가 따로 있었고, 많은 미물을 죽이는 농사일은 불교의 교리에 비춰볼 때 그들에게 몹시 괴로운 일이었다.

중국인들의 강요로 수도승들은 맨손으로 비료용 분뇨를 들에 뿌리는 등의 농사일을 해야만 했다. 그뿐만이 아니었다. 중국인들은 새와 곤충과 시궁쥐 등 해충으로 간주되는 여러 작은 동물들을 죽이고 양과 염소를 잡는 일도 강요했다. 저녁이 되면 중국인들은 승려들이 죽인 동물들을 사람들에게 보여주었으며 그 수를 죽 셌다. 나도 사원에 갔다가 이런 광경을 여러 번 목격했다.

이러한 민주개혁의 근본 목적은 모든 사유재산을 국유화하고 '상부상조 단체', 즉 예닐곱 가구를 한데 묶은 작업 단위를 만드는 것이었다. 그것은 공산체제를 향한 첫걸음이었다. 이러한 개혁이 끝나면 티베트인들은 결국 해방을 맞이할 것이라고 중국인들은 선전했다.

모든 티베트인들은 사유재산에 속하는 재산과 가축, 곡식, 농기구 등을 한데 모아서 티베트 집단생산체에서 사회의 근대화와 개혁을 위해 전력을 다하여 사용하라는 통지를 받았다. 지주들은 땅의 값어치만큼의 지불을 약속받았지만 실제로는 전혀 대가를 받지 못했다. 또 다른 소유물을 가졌으리라 예상되는 사람들이 조사를 받았고, 그들은 특정한 양의 재산을 내놓아야 했다.

그래도 내 마음은 티베트에 사네

공산주의자들의 장기 계획은 우리의 모든 재산을 빼앗는 것이었다. 우리가 시캉-라싸 간선도로의 완공으로 얻었던 것, 예를 들면 차나 소금과 같은 주요 물품을 저렴한 가격에 얻었던 이득도 오래가지 않았다. 우리가 하는 일에는 늘 새로운 통제가 따랐고, 여기에는 우리의 전통 상거래를 방해하려는 대상로의 통제도 포함되어 있었다.

인민해방군은 새로운 화학비료와 살충제를 공급하면서 우리에게 매년 이모작을 하라고 말했다. 그러나 티베트와 같은 산악 지대의 토지는 매우 척박해서 윤작을 하며 몇몇 경작지를 놀림으로써 땅심을 길러야 했다. 그들이 일러준 방법으로 첫해에 수확이 증대됐다 해도 결국 땅은 과중한 부담을 견디지 못하고 소출을 내지 못했다. 인민해방군들은 보다 향상된 농업 방식을 도입해주었다고 주장했으나, 그들은 우리 지방에 맞는 농경 방식에 대해 근본적으로 이해가 부족했다.

티베트인들은 대지를 살아 있는 존재로 여겼다. 땅이나 산이나 공기에 깃든 신들이 대지를 보호하고 양식을 제공해준다고 말이다. 주변 환경과 절대 평형을 이루는 것은 예로부터 티베트 문화가 지닌 전통이었다. 우리는 필요한 만큼만 경작하고 늘 그것에 만족했다. 그러나 공산주의자들의 행동에서 우리는 탐욕만을 체험했다. 그들은 자기네 군대에 식량을 보급하기 위해서 취할 수 있는 모든 땅을 경작하려고 했을 뿐이다.

얼마 전부터 이미 공산주의자들은 사람들에게 모든 무기와 탄약을 반납하라고 설득하고 있었다. 이러한 무기들이 집에 보관돼 있으면 사회 내부에 위태로운 마찰이 생길 수도 있다고 본 것이다. 그들은 우리에게 "이제 여러분은 다른 나라와의 마찰이나 침략에 대해 더 이상 걱정할 필요가 없소이다. 우리가 앞장서서 여러분을 보호할 겁니다"라고 말했다. 우리 국민은 물론 어린애가 아니었다. 우리는 여러 세대를 거쳐 이 땅에서 살아왔고 우리 자신을 보호해왔다.

캄 지방에서는 남자들이 긴 칼을 착용하는 전통이 있다. 그러나 공산주의자들은 캄파들이 장검을 소지하는 것을 금지했는데, 서로 싸움이라도 일어나면 누군가 죽을 수도 있다는 게 이유였다. 하지만 이러한 명령은 남자들이 외세에 의존하여 보호받기를 원하지 않았기에 전혀 성과가 없었다. 그 때문에 공산주의자들은 사람들을 설득시키는 데 지방 티베트 정치위원회를 선동하려 했다. 그러나 위원회의 구성원들은 공산주의자들에게 말했다. "사람들에게 무기를 내놓으라고 주장할 권한이 우리에겐 없소이다. 그것은 티베트인 각자가 결정할 문제요."

이를 위해 대규모 집회가 소집됐고 중국인들은 오최 오빠를 앞세워 무기를 내놓으라고 권유하려 했다. 가엾은 오빠는 중국 병사들에게 둘러싸인 채 마치 포로처럼 고개를 떨구고 서 있었다. 집회는 이틀 동안 계속됐다. 두려운 마음에도 불구하고 오최 오빠는 자신의 주관대로 사람들에게 무기를 반납하라고 충고할 것을 거절했다. 결국 오빠는 고개를 들고 자기 앞에 모인 친구들의 눈을 바라보면서 "우리가 그렇게 해야 한다고 중국인들이 말했다오" 하고 말했다. 집회가 끝난 후 중국 군인들은 오빠에게 욕설을 퍼부었다. 그러고는

그래도 내 마음은 티베트에 사네

"당신이 생각하기에 무기를 내놓는 것이 좋겠다고 했어야지. 우리가 원한다고 하니까 사람들이 동의하지 않잖아"라고 말했다.

오최 오빠의 입장은 매우 곤란해졌다. 중국인들이 세력 있는 대변인으로서 그를 선택했기 때문이다. 오빠는 꼼짝없이 그들의 특사로 지목됐다. 그러나 오빠는 사람들에게 해를 끼칠 수 있는 일을 권유하는 데 자신의 영향력을 사용하는 것은, 그것도 자신의 어려움을 모면하기 위해서라면, 더욱 옳지 않다는 것을 알고 있었다. 위원회의 다른 구성원들은 강직한 성격을 가진 오최 오빠가 그들의 편에서 얘기해주길 바랐지만, 그의 한결같은 결론은 그가 결코 꼭두각시 역할에는 어울리지 않는다는 거였다.

라싸에 있던 주구마 오빠는 당시 인민해방군의 의도를 꿰뚫고 있었다. 그는 우리 가족에게 편지를 썼는데 다행히도 공산당국에 들키지 않고 우리에게 전해졌다. 그의 생각은 이랬다. "우리의 무기와 탄약들을 모두 그들에게 넘겨주어라. 우리 형제가 그들의 손아귀에 있으니 어쩔 도리가 없다. 그러나 다른 사람들의 결정까지 우리가 간섭할 권리는 없다."

다음 공개집회에서 오최 오빠는 말했다. "우리는 무기를 넘겨주기로 결정했습니다. 우리 가족에게는 다른 선택권이 없기 때문이지요. 여러분에게는 여러분 자신의 결정이 있을 줄 압니다. 스스로 결정을 내리십시오."

우리집엔 7정의 장총과 3정의 권총, 그리고 몇 자루의 칼이 있었다. 그중에는 여러 개의 탄약을 넣을 수 있는 독일식 탄창도 있었다.

잊혀진 약속

집집마다 총과 탄약이 있긴 했지만 어느 누구도 기관총은 갖고 있지 않았다.

사람들에게 무기를 내놓도록 선동하는 데 정치위원회를 이용하려던 인민해방군의 시도가 있은 뒤, 위원회의 구성원들은 카르체로 보내졌고 그곳 서부에 있는 큰 시설에 유폐됐다. 시설 출입문 앞에는 항상 감시병들이 서 있었다. 그 후로 그들은 가택연금이나 다름없이 생활하게 됐고 사회에 출입하는 것도 허용되지 않았다. 그들에게 음식을 가져다주거나 짧은 시간 동안 이야기하는 것도 절대 허용되지 않았다. 이 모두가 정식 기소도 없이 일어났다.

❀ ❀ ❀

1956년 카르체 지방에서 '탐칭'이라는 첫 번째 공개재판이 열렸다. 탐칭의 목적은 주민들을 분열시키는 것이었다. 아이들은 자기 부모를 큰 소리로 고발했고 하인들은 고용주를, 지주와 사원의 수도승들은 그들의 라마승과 주지승을 밀고했다. 탐칭에 붙잡혀온 사람은 20명이나 50명, 100명가량의 사람들로부터 비판을 받고 모욕을 당했다. 아이들과 식구들은 종종 자기 가족을 폭행하도록 강요받아서 사람들은 두려움에 떨며 다른 사람들을 괴롭혀야 했다. 그 결과로 많은 티베트인들이 죽어갔다.

모든 시민들이 탐칭에 참가하기 위해 소집된 어느 날이었다. 이 지방 출신 몇 명과 라마승이 체포됐는데 놀랍게도 우리 가문의 라마승인 카르낭쿠쇼였다. 그는 우리 도시에서 처음으로 굴욕을 당해야만 했다. 여군이 그에게로 다가갔다. 거지들은 그녀의 행동을 잘 보고 똑같이 하라는 명령을 받았다. 여군은 먼저 카르낭쿠쇼에게 무릎을 꿇라고 명령했다. 그러고는 그의 뒤로 가 종아리 위에 자신의 무릎을 꿇은 뒤 자일을 이용해서 그의 입에 재갈을 물렸다. 마치 말에게 하듯이 말이다. 그런 다음 그의 머리를 뒤로 잡아채 오줌을 부어 억지로 마시게 했다. 카르낭쿠쇼가 거부하자 얼굴에 오줌을 마구 들이부었다.

탐칭이 진행되는 동안 무릎을 꿇린 포로는 강제로 대중들에게로 끌려갔다. 몇몇 사람들은 카르낭쿠쇼가 당하는 것을 보고는 감정이 격해져서 소리쳤다. "우리 라마승께서 무슨 죄를 지어 그렇듯 무자비하게 다룬단 말입니까?" 그러자 그들도 곧 군인들에게 끌려가 트럭에 실려 감옥으로 이송됐다. 중국인들은 카르낭쿠쇼를 탄압하는 이유를 말했다. "신의 이름에 비춰볼 때 너는 나쁜 자다. 너는 엉터리 교리를 이용해 대중을 현혹하고 자신의 유익을 꾀했다."

그날 카르낭쿠쇼와 친구들의 굴욕을 직접 지켜본 모든 이들은 울음을 터뜨리며 말했다. "이제 정말 우리가 중국 공산주의자들 밑에서 괴롭힘을 당해야 할 때가 왔구나."

❀ ❀ ❀

어느 날 카르체에서 다음날 아침 열릴 공판에 참석하길 바란다는 통지가 집으로 왔다. 군인들은 오최 오빠를 포함하여 체포됐던 모든 정치위원회 위원들과 카르체 사원의 라마승들을 비롯한 그 외의 다른 주요 티베트인들을 끌어냈다. 그들은 시내 한복판으로 후송되어 사람들 앞에서 강제로 무릎을 꿇어야 했다. 그러고 나서 구타와 모욕을 당했다.

이런 폭력행사 앞에서 정규 공개집회가 열렸다. 중국인들은 우리에게 주민들을 다섯 계급으로 나누었다고 발표했다. 종교 집단, 자본가 지주, 자작농 등의 중류층 계급, 상인과 수공업자, 농업 노동자와 하인으로. 그들은 부유한 자와 가난한 자 사이에는 차이가 없어야 하며, 곧 그렇게 될 것이라고 설명했다. 사회의 부유한 자들이 헐벗은 자들의 권리를 억압해서 부를 축적했다는 주장이었다.

그들의 이데올로기도 탐칭도 우리는 전혀 이해할 수 없었다. 공산주의자들은 갑자기 우리 모두를 혼란에 빠뜨렸다. 그들을 믿었던 것은 아니지만 이런 식의 만행까지 저지르리라고는 상상해본 적이 없었다. 캄 지방의 사람들은 많은 싸움을 봐왔다. 그러면서 그들은 피할 수 없는 싸움이라면 정정당당하게 맞서 용감하게 싸워야 한다고 생각했다.

인민해방군이 우리의 적이라는 사실은 이제 분명했다. 우리는 우리 지방에 강요된 '집단생산체 구성' 계획에 반기를 들기로 했다. 혈기 왕성한 젊은 남자들이 무기와 탄약을 들고 전쟁을 준비하기 위해 숲으로 들어갔고, 마을에는 노인이나 여자, 아이들 그리고 거지와 극빈자들만 남았다.

중국인들은 몇몇 거지나 극빈자들에게 권력을 주고 이렇게 말했다. "이자들이 너희들의 모든 부를 빼앗았다. 이제 그것을 다시 찾을

그래도 내 마음은 티베트에 사네

때다. 너희들 뒤에는 우리가 있다." 중국인들은 그들에게 '호칭'을 주었고 그들은 제복을 입고 무장했다. 이제 그들은 당원으로 승격됐다. 그들 중 특히 여자 거지들에게 중국인들이 말했다. "환생 라마를 구타하면 우리는 너희에게 아주 많은 돈을 주겠다." 대부분이 이를 거절했지만 중국인들을 위해서라면 무슨 짓이든 하는 탐욕스런 사람들도 있었다.

이들 새 당원들은 '열성 일꾼'이라는 의미에서 '후르촌 첸포 (hurtson chenpo)'라 불렸다. 처음엔 총도 제대로 다루지 못하던 그들을 우린 비웃곤 했다. 그러나 그것도 아주 잠깐이었다. 우리는 얼마 전까지도 거지였던 그들이 선택해준 삶을 살아야 할지도 모르고, 그들에게 아량을 베풀어달라고 빌어야 할지도 모른다는 근심에 싸였다. 후르첸 첸포들은 이제 자신의 민족을 배반하는 일에 익숙해졌다. 그러나 그들 중 누구도 지도자가 취해야 할 태도를 알지 못하는 것은 중국인들에게 치명적인 단점 중 하나였다. 그들은 제대로 자신을 표현할 줄도 몰라서 허둥거렸다.

새 당원들은 안장깔개로 탕카를 깔고 앉아 말을 타고 지나가면서 다른 티베트인들을 비웃었다. 그들의 노래 중에는 중국인 지도자들을 독수리에, 티베트인들을 독수리 흉내를 내려고 하는 매에 비교하는 가사도 있었다. 우리가 중국인과 같이 높이 날아오를 수 있다고 착각하고 있다고 말이다. 그들은 우리를 야생 야크인 '드롱'처럼 날쌔고 우아해지려고 애쓰는 황소에 비교하거나, 호랑이 굴에 앉아서 마치 호랑이라도 되는 양 행동하는 자칼에 비유했다. 그들은 자기네

잊혀진 약속

말들을 몹시 험하게 다루었는데, 그 말들이 죽어가는 모습을 보는 것은 우리에겐 실로 가슴 아픈 일이었다.

임무를 맡기에 앞서 그들은 부유한 티베트인과 지방 지도자들이 자신들의 적이라고 완전히 믿도록 교육받았다. 그들이 맡은 주요 임무는 티베트 사회를 관찰하고 주민들 중 민족의식을 품고 있는 자를 신고하는 것이었다. 이러한 직책을 부여받은 절반 이상의 사람들은 스스로 충성스런 티베트인이라고 여겼다. 그들은 식량을 얻고 특권을 누렸기 때문에 이의를 제기하지 않았던 것이다. 1956년 우리 지방에 잘 알려져 있던 유로곤포란 한 거지는 이런 부류에서 가장 높은 관직에까지 올라갔다. 비서급으로 임명된 그는 기획위원회 회의에까지 참석할 수 있었다.

하인들과 정말로 극빈한 사람들은 이러한 직책을 받아들였지만, 대부분은 티베트 공동체를 도우려 노력했다. 그러나 티베트인에게 주어진 그럴싸한 직책은 실제로 아무런 의미도 갖지 못했다. 아무리 낮은 계급의 중국인 평당원도 대개는 티베트인보다 더 강한 권력을 가졌기 때문이다.

우리와 절친한 친구였던 쉬바창 가문 사람들이 어려운 처지에 놓였다. 모든 저명한 가문들과 마찬가지로 그들도 철저히 감시를 받고 있었다. 그들과 만나는 모든 이들도 감시를 받아야 하는 위험에 처했다. 쉬바창가의 어머니가 돌아가신 이후로 그 집안은 카르체를 떠나는 것을 잠시 미루기로 결정했다. 공산주의자들은 모두가 자유로이 여행하는 걸 허락한다고 공공연히 떠들었지만 실제로는 전혀 그렇지 않았다. 단 아주 저명한 집안에겐 활동의 자유를 제한하지 않았다. 다르체도에 주둔해 있던 중국의 주요 관료가 카르체에 왔을 때 쉬바창은 이 기회를 빌어 그에게 자신과 자신의 가족이 라싸로 성지 참배를 가겠다고 털어놓았다. 그렇게 쉬바창가는 여행을 떠났고 그 이후 다시 돌아오지 않았다. 우린 그들이 어떻게 해서든지 어디론가 도피해서 안전하게 지내길 바랐다.

공산주의자들이 카르체에 도착하자마자 캉사르의 수령인 예쉬도르제는 당국과 순리대로 이야기해보려고 다르체도로 갔다. 사람들은 그에게 카르체 자치지구의 사무총장급 직위를 주었다. 그러나 이치에 맞는 대화를 이끌어보겠다던 그의 시도는 부질없는 일이었음이 증명됐다. 이때 이후로 그와 캄에 있는 다른 지방의 수령들은 집회에 참석하여 끊임없이 임무에 관여하라는 명령을 받았다. 이러한 연유로 그들은 자기 지방으로 돌아가서 주민들에게 영향력을 제대로 행사하기가 어렵게 됐다. 그 몇 해 뒤에 일어난 문화혁명 중에 예쉬도르제 가문은 중국의 지배 아래에서 곤욕을 치러야 했다.

❀ ❀ ❀

카르체 지방의 상황은 곧 중국 군인이 산에 숨은 자들의 가족을 데려다가 산으로 끌고 가는 지경에까지 이르렀다. 그들은 가족들로 하여금 매복해 있는 남자들을 향해 "무기를 내려놓지 않으면 우리 가족이 박해를 받을 거예요"라고 외치게 했다. 숲이 너무나 울창한 데다 우리 쪽 남자들은 숲 속 지리를 훤히 알고 있어서 중국인들로

선 그들이 어디에 매복해 있는지 알아내기가 불가능했던 것이다. 그래서 중국인들은 우리 쪽 남자들이 자기 가족이 외치는 소리에 반응하길 바랐다.

그 후 곧 모든 이들이 돈, 은 장식품을 비롯한 모든 장신구, 소수의 사람들이 갖고 있던 금붙이까지 내놓으라는 요구를 받았다. 우리의 모든 반지와 팔찌, 옷에 장식된 전통 장식품, 그뿐 아니라 좋은 옷가지들까지도 압류됐다. 단지 우리에게는 오래되고 낡아빠진 옷만이 허락됐다. 군인들은 집 안 제단의 불상까지도 빼앗아갔다. 그들은 "내가 위로 던질 테니 너의 불상이 하늘로 올라가는지 보자구" 하며 비웃어댔다. 그러고는 불상을 던져 못 쓰게 만들었다.

어떤 집에선 몇몇 소지품들을 땅에 묻어 숨기기도 했다. 이런 경우 많은 이들이 붙들려 가 처벌을 받았다. 한 주민은 매를 맞고, 등 뒤로 손을 묶인 채 말뚝에 매달리는 고문을 받았다. 그 아래에는 타오르는 불에서 거센 연기가 뿜어져 나왔다. 그의 발바닥은 벌개져서 수포가 생겼고 얼굴은 온통 흙빛이 됐다. 결국 그는 의식까지 잃고 말도 할 수 없는 지경에 이르렀다. 여러 사람이 그의 양쪽 엄지손가락을 관통한 고리에 매달렸다. 그러면 그 무게 때문에 살이 찢겼다. 더 이상 고통을 참지 못한 사람이 소리쳤다. "그렇소, 내가 숨겼소이다. 어디 있는지 말할 테니 제발 내려주시오." 그러나 중국인들은 숨겨놓은 보물을 파낸 후에도 그 진술자를 석방해주지 않았다. 중국인들은 그가 더 이상 숨긴 것이 없으며 다른 정보를 갖고 있지 않다는 것을 믿으려 하지 않았다. 다음날도 그들은 다시 고문을 시작해 고통을 주었고 상처가 난 부위에 이런 식의 고문을 재차 반복했다. 그러나 그들은 만족할 만한 대답을 얻을 수 없었다.

카르체 지방에서 인민해방군들이 저지른 이런 식의 박해는 아주 흔한 일이었다. 너무나 많은 티베트인들이 죽어가자 중국인들은 대나무를 이용한 고문에 열을 올리기 시작했다. 이는 가늘고 날카로운 대나무 조각을 손톱 밑에 끼워넣는 것이었다. 대나무를 살갗이 뚫어질 때까지 아주 깊숙이 잔인하게 밀어넣었다. 살아 있는 사람을 계속 이런 식으로 위협하다 보면 고통 속에서 말을 쏟아내기 마련인데, 우연히 중요한 정보를 얻어내는 효과가 있었다.

다시 친정이 있는 마을로 돌아오기 직전, 나는 숲에서 숨어 싸우고 있는 우리 쪽 남자들을 돕고 카르체와 롭바사에서 벌어지고 있는 일에 대해 빠짐없이 정보를 제공하는 사람이 필요하리라고 생각했다. 이것이 항쟁을 위해서 내가 할 수 있는 최상의 일인 듯하여 티베트 여인들의 지하조직을 만들었다. 1956년에 우리 계획의 대부분이 수립됐으며 1년 후에 실행에 옮겼다. 우리는 서로 속삭이는 어조로만 이야기했고 거리를 지나갈지도 모를 공안을 늘 조심했다.

50∼60명가량의 여자들이 이 조직에 참여했다. 우린 낮에는 평범하게 시내를 돌아다니며 세상물정에 어두운 여자들처럼 보이려고 했다. 혹시 마주치기라도 하면 서로 모르는 듯이 행동했다. 우리는 소식을 전달할 충분한 인맥을 갖추고 있었다.

우리 조직은 군사시설과 교도소를 관찰했다. 공산주의자들은 우리가 자기네들의 모든 군사 상황을 눈여겨보고 있으리라고는 꿈에

잊혀진 약속

도 의심하지 못했다. 우리는 어떤 지도자가 군사 단지 내 어느 건물에서 일하는지, 문이 어느 쪽으로 나 있으며 새로운 병사들이 얼마나 많이 도착했는지, 그리고 그들이 어떻게 무장하고 있는지를 알아냈다. 도둑질이나 작은 싸움처럼 사소한 범행으로 체포됐다가 석방된 사람들이 우리에게 교도소에서 듣고 본 것들을 이야기해주었다.

내 임무는 연락과 의사교환을 가능하게 하고 중국 쪽에서 새롭게 일어나는 사건을 남자들에게 통지해주는 것이었다. 우리가 숲에 있는 남자들에게 보급품과 정보들을 전하는 동안에 나는 많은 여자들을 위하여 약속장소를 알렸다. 나는 자주 집을 떠날 수 없었다. 우리 집안의 유명세로 중국인들의 의심을 살까 두려웠기 때문이다. 외출할 때면 심한 슬픔을 겪어 정신이 이상해진 것처럼 보이려고 애썼다. 임신 중에 머리를 풀어헤치고 단정한 옷도 입지 않은 모습을 하고 다니니 사람들은 아데가 어쩌다 저 지경이 됐냐며 입을 모았다.

항쟁하던 티베트 지도자들 중 한 명은 바로 나의 형부 페마갈첸이었다. 오후가 지나면 그는 늘 산에서 도시 쪽으로 내려왔다. 나와 이야기를 나누고 다음 약속장소를 정하기 위해서였다. 저녁 무렵이면 몇몇 남자들이 그들의 가족과 이야기를 나누기 위해서 내려오기도 했다. 시내에 남아 있던 이들은 숲에 있는 남자들을 위해 늘 이렇게 말했다. "용기를 잃지 마십시오. 절대 포기하지 마십시오. 당신들은 이미 우리에게 너무나 많은 것을 해주었습니다. 우리는 언제나 여러분께 보급품을 대주기 위해서 노력할 겁니다." 그리고 우리는 그들에게 참파(볶은 보릿가루로 만든 주식 중 하나)와 버터 등 우리가 구할 수 있는 것들을 가져다주었다.

산에 있는 남자들을 은신처에서 나오게 하는 데 실패하자 중국인들은 비행기를 투입하기 시작했다. 공중 정찰 때문에 많은 은신처가 발각됐다. 3개 사단의 기병대가 카르체로 이동했고 그 밖의 부대들도 뒤를 이었다. 이제 티베트인들과 인민해방군 간의 전투가 본격적으로 시작된 것이었다.

죽음으로 맞선 투쟁

중국인들과 비교하면 우리 쪽 남자들의 전쟁 준비는 턱없이 빈약했다. 우리 저항군의 군수품은 민간 비축물자에서 나온 것이었고 실탄이라고는 대부분 겨우 100~200여 발만이 비축되어 있을 뿐이었다. 군수품이 조달됐지만 아직까지 자신의 장검과 단도를 갖고 싸워야 하는 사람들이 많았다. 그래서 티베트인들은 전장에서 중국인들이 죽으면 그들의 소총과 탄환을 압수하려고 애썼다. 급기야 보유하고 있던 탄약이 다 떨어지자 저항군들은 혹여 인민해방군이 그것을 사용할까 하여 자신들의 총을 부숴버렸다.

우리의 노력에도 불구하고 우리 쪽 수는 하루가 다르게 줄어들었다. 이는 중국군도 마찬가지였지만 아무리 많은 사람이 죽어도 중국 측에는 최신 무기로 무장한 새로운 부대가 보충됐다.

1956년 카르체 자치현 내에 있던 냐롱, 리탕, 카르체, 데르게, 바탕, 마르캄, 세타의 전 지역은 온통 쑥대밭이 됐다. 중국인들은 공중 정찰로 높은 산악 곳곳에 숨어 있던 캄파들을 수월하게 찾아냈다. 러시아제 비행기들이 폭격을 하려고 카르체와 청두 지방의 비행장에서 떠올랐다. 그리고 이들이 캄 지방 전역을 혼란스럽게 했고 황폐화시켰다.

그해는 티베트인들에게 아주 절망스런 한 해였다. 리탕, 바탕, 데르게, 갈탕, 창트렝 지방의 사원들이 폭파됐다. 불경을 비롯한 거의 모든 사원의 재산이 압류되어 중국으로 반출됐고, 극소수 사원의 라마승들만이 몇몇 종교 관련물들을 안전한 곳에 숨겨놓을 수 있었다. 이런 황폐화는 이제껏 경험한 적이 없었다.

상류계층에 속해 있던 티베트인들이 여럿 체포됐고 그들 중 많은 이들이 공개석상에서 총살당했다. 라마승과 수도승들이 이유 없이 체포되어 공개석상에서 모욕당했으며, 티베트인들은 발언권도 없는 공개재판에 회부되어 사형을 선고받기도 했다. 1956년과 1957년, 카르체 지방에서는 봉기에 참여했거나 숲에 있던 남자들을 도와줬다는 이유로 수백 명의 사람들이 사형에 처해졌다.

이런 사건들은 결국 캄 지방 전역에 동시다발로 봉기가 일어나는 계기가 됐고 모든 지역에는 '민주개혁'이 공포됐다. 이는 독립투쟁 속에서 동티베트 일대를 하나로 결속시켜주었다. 바탕이나 리탕 지방처럼 아주 먼 지방에 있던 수령들은 1956년 1월에 접선을 하러 올 수 없었지만, 모두들 비슷한 상황이었으므로 이들 지방에서도 똑같은 일들이 일어났다. 공산당원들의 엄격한 통제를 받던 자치현의 행태가 우리의 종교와 문화를 완전히 말살할 거라고 티베트인들은 생각했다.

1956년 봄 캄 전역의 티베트인들과 똑같은 상황이 냐롱의 주민들에게도 일어났다. 모든 마을에서 라마승들과 수령들이 탐칭이라는 인민재판 폭력을, 그리고 때에 따라서는 죽음도 감수해야 했다. 무기를 양도해줄 것을 거부했던 동나롱 지방 공무원의 친인척들이 총살당했다. 이러한 사건은 곧 티베트 전 지역에서 인민해방군들과 싸우겠다는 여론을 이끌어냈다.

중국인들의 계획에도 차질이 빚어졌다. 제18부대는 냐롱에 약간 명의 병사들을 남겨두고 참도로 옮겨졌다. 그 부대의 사단이 일정한 시간차를 두고 지나갔는데도 여러 지방을 지키기란 역부족이었다. 1956년 3월 초 2건의 중요한 전투가 있었다. 티베트 주민들이 중국 진영에 반기를 들고 습격을 감행했던 것이다. 그리고 갸리니마의 부인이었던 도르제유돈의 지휘 아래에서 그들은 암룡의 요새에 있던 중국의 수비대를 습격하여 약 한 달간이나 그곳을 포위했다. 냐롱 전역의 중국인들은 엄청난 손실을 입었다. 카르체로부터 파병된 보충부대마저도 패해서, 이 폭동을 마무리 짓기 위해 그달에만 제18부대의 최소 1만 5,000명가량의 군인들이 한 식민지에 파병됐다. 그런 혹독한 전투 이후 정세는 중국인들에게로 넘어갔으며 반군들은 산으로 밀려났다.

이 전투에 참여했던 티베트 남자들은 그 후 신도로에서 중국인들의 호송트럭을 습격하기도 했다. 티베트인들의 반란으로 말미암아 중국인들은 중무장을 한 군사들의 호위를 받아 점점 더 많은 양의 보급품을 티베트로 가져왔다. 트럭은 호송단과 함께 이동했지만 산사태를 일으켜서 이를 중단시킬 수도 있었다.

그래도 내 마음은 티베트에 사네

티베트 내부에서 반란이 일어날지도 모른다는 불안감 때문에 인민해방군은 4만 명의 군인들로 이루어진 제18부대를 계속해서 투입시켰다. 라싸 지방으로 온 캄과 암도 출신의 도주자들이 1만 명 가까이 증가했다. 대부분 스물다섯에서 서른 살가량의 남자들이었다.

❀ ❀ ❀

냐롱에는 부나탕이라는 넓은 평야가 있다. 1956년 후반 다양한 지역 출신의 패잔 저항군들이 이곳에 모여 새로운 대규모 모임을 결성하기로 뜻을 모았다. 당시 이들의 마을은 이미 상황이 너무나 곤란해져 있었으므로, 이들에게는 많은 부인네들과 아이들과 노인들이 딸려 있었다. 동부 캄 지방 출신의 티베트인들 대부분이 탄약이 바닥나 있었고 전쟁에 쓸 수 있는 건 장검뿐이었다. 불행히도 이 일파는 비행 정찰에 발각되어 중국 보병들에게 삼중으로 포위됐다.

이 싸움에 가담했던 남자들은 절망적인 상황에 놓였다. 그들은 자신뿐 아니라 가족까지 보호해야 하는 데다가 영양실조로 지칠 대로 지쳐 있었다. 전쟁터에 남은 것이라곤 공포와 절망뿐이었다. 부인들과 아이들과 젖먹이 어린애와 노인들은 투사들에게 둘러싸여 있었다. 많은 티베트인들이 이 싸움으로 죽어갔다. 죽고 난 뒤에도 그들은 자기 장검을 너무 꼭 움켜쥐고 있어서 손이 온통 핏빛으로 붉게 물들었다.

냐롱에서 오랫동안 살아온 아게이란 남자가 있었다. 우리 집안은 그와 그 부모와도 아주 친한 사이였다. 그의 어머니는 카르체 출신

죽음으로 맞선 투쟁

이었던 내 친구 페마와 데첸왕모쉬바창의 언니였다. 아게이는 부나 탕 평야에서 자신의 부모와 가족을 모두 잃었다. 그는 당시 겨우 열다섯 살이었고 전쟁에서 두 다리와 한쪽 팔에 부상을 입었다.

전투가 끝나고 나면 중국인들은 정말 모두 죽었는지 확실히 해두기 위해서 시신들을 꼼꼼히 조사하고 다녔다. 죽은 체하고 있다가 발견된 생존자들은 확인 사살됐다. 그런데 무슨 변덕에서였는지 다행히 그들은 아게이를 사살하지 않기로 했다. 아게이는 자기 부모의 시신 옆에 서서 항복의 뜻으로 두 손을 위로 올리고 서 있었다. 들녘을 둘러보니 도처에 시체들이 보였다. 마치 여기저기 나뒹구는 돌멩이 같았다. 그는 총살을 당한 티베트 부인네들의 시체를 보았다고 했다. 아직 살아 있던 아이가 울면서 죽어 쓰러진 엄마의 가슴에서 젖을 빨려고 애쓰는 모습도 보았다. 중국인들은 그 아이를 데려가버렸다. 100여 마리의 독수리가 하늘을 맴돌기 시작했다. 들판으로 흘러 들어오는 여러 개의 작은 수로는 온통 붉은빛으로 물들었고 그렇게 며칠 동안이나 핏빛으로 변해 있었다.

체포되자마자 아게이는 곧 병원으로 옮겨졌다. 중국인들은 아이에게서 더 많은 정보를 캐내려 했다. 얼마나 많은 사람들이 아직 숲에 숨어 있는지, 누가 그들을 도와주고 그들에게 정보를 가져다주는지, 그리고 아직 남아 있는 티베트 저항군이 어떤 계획을 세우고 있는지를……. 아게이는 20년의 징역형을 언도받았다. 그러는 사이에도 카르체 쪽 티베트인들은 여전히 숲에서 치열한 전투를 벌이고 있었다.

캄과 암도의 골록 국경지역에 접한 카르체의 북부지역 중 하나인 세타에는 아주 높은 산이 하나 있는데, 그 꼭대기가 늘 운무에 싸여 있었다. 그 산은 '세르기드롱리묵포(Sergyi Dromgri Mukpo)'란 이름을 갖고 있었는데 '천혜의 야크 지역'이란 뜻이었다.

그곳은 마하칼라 여신의 거처로 신성히 여겨지던 곳이었다. 1957년 어느 날 수천 명의 티베트 저항군들이 그 산기슭에 숨어 있었다. 주동자 중 한 명은 와슐토로란 유목민족의 수령이었다. 페마걀첸도 이 그룹에 끼고 싶었지만 오최 오빠가 너무나 삼엄한 감시를 받고 있었으므로 그는 카르체 인근에 머물기로 했다.

겨울이 되자 이곳에서 큰 전투가 벌어졌다. 중국인들이 평야지대에서 끌고 온 말들은 낯선 환경에 적응하지 못해 눈길에 미끄러지곤 했다. 티베트인들은 마지막 총기와 장검, 그리고 그들의 집에서 가져온 여분의 탄약으로 전투에 임했으나, 다시 비행 정찰에 발각됐다. 얼마 안 가서 탄약이 소진되자 그들은 장검만 들고 싸워야 했다. 생사가 달린 문제였지만 항복하는 캄파는 거의 없었다. 결국에는 그들 대부분이 목숨을 잃었고 몇몇 티베트인들은 체포되어 포로로 끌려갔다. 포로로 끌려간 사람들 중에는 와슐토로와 그의 아내 소남돌마가 있었다. 와슐토로는 부상을 당한 채 다른 포로들 앞에서 질질 끌려갔다. 자일에 그의 목과 팔이 감겼고 등 뒤로 양손이 묶여 있었다. 중국인들은 그를 소남돌마 앞으로 데리고 갔다. 소남돌마가 그를 대면했을 때 그는 겨우 목숨만 붙어 있는 상태였다. 그는 한마디도 하지 못하고 잠시 후 숨을 거두었다. 몇 년 후 나는 소남돌마를

죽음으로 맞선 투쟁

알게 됐고 그녀가 체포됐을 당시의 이 이야기를 상세히 들었다.

그 후 사람들이 세르기드롱리묵포 전투 현장에 갔을 때는 시선이 닿는 곳 어디에나 죽은 말과 부패한 시신과 유골들이 널려 있었다고 한다. 그곳 사방에는 시체 썩는 지독한 냄새가 오래도록 드리웠다.

❀ ❀ ❀

중국군 사령관 시안장은 당시 우리 지방을 가장 악랄하게 박해했던 사람이었다. 그는 하부 평야지역 담당관으로서 군사 및 문민행정을 담당하고 있었다(캄 지방 도처에 문민행정 담당관들은 군인 출신이었으므로 사복 대신 제복을 입었다). 그의 사택은 도시 북부 롭바샤의 드루쉬라는 중국 군사진영 외곽에 있었다. 그는 많은 시간을 자기 집에서 보냈지만 우리 지역 일등 군사 담당관이었기 때문에 위수지와 카르체의 종 지역을 종종 둘러보러 다녔다. 마을을 지나갈 때면 그는 언제나 자부심에 가득 차 뻐기는 듯한 인상을 풍겼다. 그는 늘 무장을 한 채 군인들에 에워싸여 있었다.

제1진 공산군 부대의 수행원으로 롭바샤에 온 이 공관원이 바로 카르체 주민들을 괴롭혔던 그 무시무시한 고문을 도입한 장본인이었다. 내 또래의 티베트인들은 이토록 잔인하고 냉혹한 횡포를 여태껏 경험한 적이 없었다. 그의 가슴은 돌덩이처럼 차갑고 냉정했다. 그에게서 우리는 중국인들이 우리를 미천한 미개인으로 취급한다는 것을 체험했다. 예부터 그들이 미개인을 일컫던 표현인 '만체(mantze)'란 말은 사용이 금지되어 있었으나 우리는 그에게서 수시로 그런 표현을 들었다.

이 중국 공관원의 거만한 행동과 우리를 대하는 경멸스런 태도, 그가 지시했던 끔찍한 만행들은 티베트인들의 증오심을 부채질했다. 그는 우리 지역을 불신과 두려움의 땅으로 바꿔놓았다. 그는 값비싼 금과 보석을 찾는 데만 관심이 있었기에 장식품을 어디다 숨겨두었는지를 밝혀내려고 노인들을 고문했다. 또 어느 날에는 그가 중국 측 명령에 공공연히 반대하던 카르체 출신의 한 부부를 교수형에 처하라고 명령했다. 이에 우리는 분노했다.

우리는 그의 집 위치와 보초병의 수를 파악해 숲에 있는 남자들에게 알려주었다. 1956년 말 페마걀첸과 그의 부하 4명이 시안장의 관저를 습격했다. 페마걀첸 일행은 외부에 배치된 보초병들을 불시에 덮쳐 칼로 찔렀다. 중국 장교들은 보초병들만 믿고 때마침 집 안에서 푹 쉬고 있었다. 우리 쪽의 급습에 깜짝 놀란 장교들은 벽에 걸어둔 총을 잡으려 했지만, 길고 뾰족한 티베트 전통검의 위협으로 몸을 숙이고는 손으로 머리를 감싸야 했다. 이렇게 모두 3명의 중국 장교가 목숨을 잃었다. 이 습격 소식은 순식간에 티베트 사회로 퍼져나갔고 우리에겐 희망의 물결이 일었다. 그러나 결과는 전혀 예상치 못한 방향으로 흘러갔다.

중국인들은 살해된 군 고위관을 '순교자' 또는 '자유지사'라고 추앙했고, 마오쩌둥의 훌륭한 미래상을 위해 목숨을 바친 충성스런 공산주의자로 칭송했다. 풍성한 꽃과 수식어들이 나붙은 성대한 장례식이 거행됐다. 영웅장을 치르기 위해 그의 시신은 중국으로 보내졌다. 그가 죽은 뒤 우리 지방에서는 기구를 사용한 고문이 한동안 뜸했다.

어느 날 나는 카르체에 있는 오최 오빠를 만나야겠다고 결심했다. 치미를 따뜻한 천에 싸서 안고 함께 말에 올라 오빠를 찾아갔다. 오최 오빠를 만나도록 허락된 것이 너무나 기뻤고, 조카의 모습이 그에게 용기를 북돋아주는 것을 보고 또한 흐뭇했다. 그러나 우리 둘만의 진지한 대화는 나눌 수 없었다. 치미와 내가 건물 안에 있는 동안 한 중국군이 우리를 바라보고 있었다. 아마도 그의 눈길을 끈 것은 내 처량한 옷차림 때문인 것 같았는데, 그는 엄청난 은제품과 내 아들을 바꾸자고 제안했다. 고마운 생각도 들었지만 나는 시선을 떨군 채 고개를 가로저을 수밖에 없었다. 나만 희생한다면 치미가 얼마나 좋은 삶을 살게 될 것인지 그가 설명했을 때 나는 내 무릎의 떨림을 그가 알아채지 않기를 바랐다.

나는 한 살배기 아들을 더 꼭 부둥켜안았다. 이 순간 내게 있어 이 아이가 주는 의미는 더욱 절실했다. 치미와 배 속의 아이는 남편과 함께했던 삶의 전부였다. 아이의 얼굴은 나 자신만큼이나 아버지의 모습을 닮아 있었다. 치미가 내게서 느끼는 사랑은 내 삶에 남아 있는 가장 귀중한 것이었다. 그러므로 다소 안락한 삶을 위해 그 아이를 어딘가로 보내, 자기 아버지와 자기를 있게 한 모든 유산에 대해서 아무것도 모른 채 살아가게 한다는 것은 결국 허구에 지나지 않는 삶일 뿐이며, 내게는 상상할 수조차 없는 일이었다. 나는 서둘러 밖으로 나왔고 정세가 바뀌기 전에는 결코 내 아들을 카르체에 데려

그래도 내 마음은 티베트에 사네

오지 않겠다고 다짐했다.

1957년 겨울 어느 날 공관원 살해 혐의로 오최 오빠를 비롯한 정치위원회 위원들이 기소됐다. 오최 오빠가 사형에 처해질 거라는 소식이 들려왔다. 페마걀첸은 이 소식을 듣고 4명의 부하들과 함께 항복을 결심했다. 그는 오최 오빠가 사형되는 걸 원치 않았다. 오최 오빠를 소중한 가족이자 능력 있고 열심히 일하는, 티베트 사회에 꼭 필요한 인물이라고 생각했기 때문이다. 페마걀첸은 그의 부하들과 함께 산에서 내려와 항복하며 중국인들에게 말했다. "가택연금으로 거의 대부분의 시간을 보내고 있는 내 처남이 그 음모에 가담했다는 건 있을 수 없는 일이오. 그에게 덮어씌운 음모는 사실 내가 저지른 짓이오. 저지르지도 않은 일로 그를 처형할 이유는 없잖소." 임석해 있던 인민해방군 장교는 그의 자백을 칭찬했고 오최 오빠를 곧 석방하겠다고 약속했다. 그러고는 페마걀첸을 투옥시켰다.

숲에 있던 티베트인들에게 페마걀첸의 소식이 알려지자, 이는 대단히 격렬한 전투로 이어졌고, 그러는 동안에 대부분의 마을 사람들이 목숨을 잃었다. 다행히 몇몇 사람들이 살아남긴 했지만 그들에게 남은 것은 지독한 굶주림뿐이었다.

이제는 아무 희망이 없는 듯했다. 중국인들은 우리에게서 모든 것을 빼앗아갔다. 하지만 이런 상황에서도 우리는 그들이 다음번엔 또 어떤 구실로 우리를 괴롭힐지 걱정해야 했다. 우리는 강제로 집회에 참석하여 중국 통치의 훌륭한 점에 대해 들어야 했다. 나는 아버지가 살아서 이 꼴을 보지 않는 게 다행이라고 생각하며, 주구마 오빠만은 어딘가에서 자유롭게 지내고 있을 거라는 데 감사하고 스스로 위로할 수밖에 없었다.

❀ ❀ ❀

1957년 가을, 남편이 죽은 지 6개월이 지나고 시어머니가 돌아가신 지 한 달이 지나 둘째아이가 태어났다. 나는 살아남은 주민들과 함께 가축을 몰고 절기에 맞춰 유목지역으로 되돌아왔다. 우리 중 누구도 관례에 따라 열렸던 축제에 참가하려는 이가 없었다. 우리의 친척과 친구들이 목숨을 잃거나 위험과 곤경에 처해 있었고, 앞으로 어떤 일이 우리를 기다리고 있을지, 몇 주 후에 마을로 돌아갈지, 과연 돌아갈 수 있을지도 미지수였기 때문이다.

나는 치미와 둘이서 친정 식구들과 가까운 천막에서 지냈다. 언니들이 내 출산을 도와주었고, 새로 태어난 내 딸은 타쉬칸도란 이름을 갖게 됐다. 타쉬칸도의 탄생은 첫째 치미의 출산 때 남편이 나를 위해 얼마나 마음 써줬는지를 생각케 했다. 그땐 남편이 있어서 기쁨과 고통을 함께 나누었는데 이제 나나 아이를 돌봐줄 사람은 그 어디에도 없었다. 남편을 잃었다는 사실이 더욱 실감났고 나 혼자 세상에 던져진 듯한 기분이 들었다. 남편이 이 아이들을 볼 수 없다는 사실이 얼마나 불행하고 슬픈 일인가 하는 생각만 할 따름이었다. 나는 깊은 절망에 빠져들어 내 아이들을 돌보는 것조차 힘겨웠다. 내가 천막에서 혼자 울고 있노라면 세라마 언니가 아이들을 돌봐주었다.

타쉬칸도는 피부가 곱고 유독 뺨이 붉었다. 게다가 아주 순하고 명랑했다. 내 딸을 본 사람들은 모두 "오, 너무나 예쁜 아기로군요!" 하고 말했다. 이렇듯 위험하고 불안한 막사에서 한 아이가 세상에 나왔다는 게 너무나 신기했다. 나 자신의 유년 시절을 생각해보면 내가 지금 이 아이에게 무엇을 원할 수 있겠는지, 그리고 살아가는 동안에 이 아이에게 과연 무슨 일이 일어날지 스스로 묻지 않을 수 없었다.

죽음으로 맞선 투쟁

체포

얼마 후 페마갈첸의 부하였던 로양이 고문에 못 이겨 저항운동을 도 와주었던 사람들 중 내 이름을 불고 말았다. 그전에 주구마 오빠의 조수였던 팔조르는 중국인들을 위해 티베트어 통역원으로 선발됐 다. 그는 내가 체포될지도 모른다는 사실을 알려주러 유목지역에 있 던 우리 천막에 찾아왔다. "중국에 협조하지 않으면 아마도 엄청난 시련을 당할 거야." 그러고는 내게 유리한 증언은 물론 결코 내가 중 국의 정책에 대항한 적이 없노라고 말해주겠다는 약속을 했다.

주변의 아름다운 초원을 둘러보면서 나는 이렇게 높은 산에서 자 유를 누리는 것도 이제 마지막이구나 하는 생각을 했다. 어렸을 적 엔 이곳을 떠나는 걸 상상할 수도 없었다. 친구들과 함께 모여 즐겁 게 옛이야기를 나눌 때면, 꽃과 구름과 반짝이는 별과 모닥불 위를 뒤덮던 밤하늘과 같이 나도 이 초원의 일부라는 느낌이 들 정도로 소중한 곳이었다. 꽃고리를 머리에 쓰고 즐거워하던 친구들을 생각 하면서 우리가 얼마나 순수했는지를 떠올렸다. 주구마 오빠의 따뜻 한 보살핌, 서로를 이해하려는 각별한 배려 속에 느낄 수 있었던 안

그래도 내 마음은 티베트에 사네

락함, 함께 말을 타고 달리며 웃던 광경이 스치듯 지나갔다.

나는 내 곁에 있는 사람들이 더 이상 두려움에 떨지 않기를 바랐다. 그러나 내 두려움과 불안함에 대해 털어놓을 사람은 어디에도 없었다. 남편이 공산주의자들의 손에 속절없이 죽어갔던 것처럼 나 역시 스스로 내 운명을 바꾸기 위해 할 수 있는 일이 아무것도 없었다. 그저 기다리는 게 전부였다.

매일 밤 아이들을 품에 안고 언제쯤 내가 떠나게 될지를 생각했다. 아이들의 얼굴을 똑바로 바라보면서 아이들의 모든 것을 마음속에 꼼꼼히 담아두었다. 그들이 지금 당장이라도 나를 데려갈지 모를 일이고 언제쯤 이 아이들을 다시 만날지도 알 수 없는 일이었다. 어린 딸은 이제 겨우 한 살이었다. 갓 세 살이 된 아들 치미왕걀도 나와 떨어져 지낼 수 없는 아이였다. 치미는 아버지를 기억하지 못했지만 어린 나이에도 벌써부터 나에 대해 강한 보호본능을 갖고 있었다. 만약 우리가 라싸로 달아나는 데 성공했더라면 남편과 나는 이 아이들이 어떠한 삶을 살기를 소망했을까 생각해봤다. 내가 끌려가고 나면 이 사랑스런 아이들의 운명은 어떻게 될까?

1958년 10월 16일 아침 일찍 일어났다. 치미도 곧 잠에서 깨어났다. 아이를 안고 노란색 추바를 입히고 빨간 장식끈을 묶어 옷매무새를 정돈했다. 치미는 잠이 덜 깬 눈으로 나를 바라보며 조심스레 내 머리를 잡고 서 있었다. 우리는 아직도 잠들어 있는 딸아이를 잠시 바라보며 웃었다. 갑자기 개 짖는 소리가 들렸다. 천막 문을 들어올리자 무장한 6명의 중국 공안과 3명의 티베트인이 보였다. '나를 잡아가려고 저들이 온 거구나!' 생각하자 무릎에 힘이 빠졌다. 좀 더 가까이 다가왔을 때 보니 주구마 오빠의 조수였던 팔조르가 그들과 함께 있었다.

티베트인 하나가 말했다. "너는 우리와 함께 가야 한다." 나는 아이들만 있어서 그럴 수 없다고 대답했다. 한 남자가 먼저 앞으로 다가오자 몇몇 사람들이 같이 나오면서 나를 두들겨 패기 시작했다. 그들은 나를 짓밟고 때렸으며 오른쪽 귀를 심하게 구타했다. 나는 바닥에 쓰러졌고 포승줄에 묶였다. 그들이 나를 묶고 있는데 막 잠에서 깨어난 어린 딸은 침대에 앉아서 기분 좋게 웃고 있었다. 딸아이는 우리가 놀이를 하고 있다고 생각한 모양이었다. 치미는 울면서 "엄마, 엄마" 하고 소리 치며 계속해서 내 옷자락을 잡으려고 안간힘을 썼다. 군인들은 치미를 연방 밀치더니 잔인하게도 장홧발로 짓밟았다. 위를 쳐다보니 팔조르가 하염없이 눈물을 흘리고 있었다. 그는 겁에 질린 치미를 달래려고 했으나 헛수고였다. 아이들만 남겨두고 갈 수 없다고 소리쳤지만 그들은 나를 밖으로 끌고 갔다. 사람들이 막사 앞에 모여서 중국인들에게 나를 데려가지 말아달라고 간청했다. 그러나 소용없는 일이었다. 그들은 포승줄에 묶인 나를 다이찰 사원에서 거의 1킬로미터쯤 떨어진 곳까지 질질 끌고 갔다.

친구들의 울음소리와 나를 부르는 아이들의 목소리가 아련히 들려왔다. 어린 아들은 사색이 되어 한동안 우리를 따라잡으려고 뛰어왔다. 내가 왜 현장에서 죽임을 당하지 않은 것인지 이해할 수가 없었다.

그래도 내 마음은 티베트에 사네

사원에 도착한 후 협조를 거절하자 그들은 나를 심하게 다루었다. 자기들의 말을 따르지 않는 것이 불만스러웠던 모양이다. 한 중국 공안이 말했다. "넌 일개 여자일 뿐이야. 네가 무슨 짓을 했는지 알기나 하는 거야? 이제 누가 이기나 알게 될 거다. 네가 정말 얼마나 용감하고 강한지 곧 보게 되겠지."

그들은 포승줄에 뒤로 묶인 내 손을 위로 끌어올려 천장에 매달았다. 팔이 금세라도 부러질 것 같았고 심장이 조여왔다. 그들의 비웃음을 마음속에 새기며 아무 말도 해선 안 된다고 생각했다. 갑자기 내보이는 모든 것이 빙빙 돌기 시작했고 나는 정신을 잃고 말았다. 팔조르가 나중에 말해주기를 내 입에서는 점액이 흘러내렸다고 한다.

깨어나 보니 나는 바닥에 있었다. 정신을 차리자마자 그들이 다시 다가와 내 얼굴을 쳐들었다. 그러고는 나를 뜰로 데리고 나갔다. "말도 지독하게 안 듣는군!" 그들은 나를 말등에 밀쳐올리고 다시 내 팔을 등 뒤로 묶고 다리도 묶었다. 그러고는 카르체의 한 감옥으로 데려갔다. 가는 동안 나는 균형을 잃고 계속 이쪽저쪽으로 떨어졌다. 내가 말에서 떨어질 것 같으면 그들은 계속 다시 올려 태웠다.

그들이 감옥에서 맨 처음 한 일은 추바 허리끈과 발목띠, 머리를 묶었던 비단 끈, 염주와 부적을 빼앗는 것이었다. 자살을 막기 위한 조치였다. 그러고 나서 나를 여자 죄수 감방으로 보냈다. 그곳엔 두려운 기색이 완연한 4명의 여자들이 있었다. 그들은 감히 서로 이야기도 나누지 못하고 있었다. 여자 교도관이 내가 있을 곳을 가리켰다.

체포

약 2.7×4.5미터 크기의 감방 안에는 침대나 매트리스 같은 것은 찾아볼 수도 없었다. 오직 방 한가운데 변기로 쓰이는 나무 들통 하나만이 보였다. 물도 없었다. 감시인들이 지켜보는 감방문의 작은 구멍으로 새어 들어오는 빛 이외엔 전기나 조명도 없었다. 매일 아침 10시와 저녁 5시에만 한 사람이 밖으로 나가서 들통을 비우는 것이 허락됐다. 죄수들의 식사는 정말 형편없었다. 몸을 씻을 수도 없었다.

종종 밖에서 사람들이 지나가는 소리가 들렸는데 가끔씩 아이 우는 소리도 들렸다. 그 소리를 들을 때마다 내 가슴은 항상 찢어질 것 같았다. 밤이면 도무지 잠을 이룰 수 없었고 겨우 잠이 들더라도 아이들을 껴안고 젖을 먹이거나 그들과 함께 식사를 준비하는 꿈을 꾸었다. 아침에 눈을 뜨면 제일 먼저 '아이들은 어떻게 지내고 있을까?' 하는 생각뿐이었다. 모든 것을 잃어버린 느낌이었다.

내가 끌려온 뒤 2명의 티베트인이 사형에 처해졌다. 나흘째 되는 이른 아침 나는 위층 사무실로 불려갔다. 그곳에는 5명의 공안과 통역원 한 명이 기다리고 있었다. 나는 거기서 나와 페마걀첸이 카르체 지방의 주요 폭도로 기소됐다는 사실을 알게 됐다.

고등관이 말했다. "검은 양과 하얀 양 중에서 좀 더 나은 걸 구별해야 한다. 이젠 자백해라. 모든 걸 말하지 않으면 좋지 않은 일이 생길 테니. 네 아이들은 저 밖에 있고 돌봐줄 사람도 없지 않은가? 진실을 말하면 넌 여기서 나갈 수 있다."

그들은 나를 여성 저항운동의 주모자로 기소한 상태였다. 나는 누

그래도 내 마음은 티베트에 사네

가 무엇에 관여했는지 모른다고 말했고 내가 중국인들을 미워하게 된 개인적인 동기들을 이야기했다. "우리 아버지는 우리의 행동에 대해 몇 마디 말씀을 하고 난 뒤 바로 당신네들 병원에서 돌아가셨습니다. 내 남편은 당신네들 눈앞에서 죽어갔고요. 내 형제자매들이 어떻게 지내는지 좀 보십시오. 이런 상황에서 내가 당신네들을 어떻게 생각하겠습니까? 그러니 내겐 내 행동에 다른 사람들을 연루시킬 이유가 없소이다." 그러자 상관이 말했다. "우리는 이미 네 어미와 친구들에게서 네가 무슨 짓을 저질렀는지 모두 들었다. 지금 네게 묻는 것은 그저 형식에 지나지 않아."

저항운동이 계속되면서 우리 여성 동지들 모두는 심문을 받더라도 우리가 한 일을 결코 누설하지 않을 것이며, 우리가 서로 아는 사이라는 것조차 인정하지 않겠다고 약속했다. 중국인들이 우리와 함께 활동했거나 그것에 대한 정보를 알고 있는 누군가를 대질시키기 전에는 아무것도 말하지 않겠노라고 마음먹었다.

심문을 받는 동안 나는 수갑을 차고 있었다. 발길질을 당했고 총대로 온몸을 얻어맞았다. 그들은 머리 위에 손을 얹은 채로 2개의 뾰족한 나무 삼각대 위에 무릎을 꿇게 했다. 그리고는 팔이 아래로 떨어질 때마다 개머리판으로 팔꿈치를 때렸다. 그러나 그들에게 아무것도 말하지 않겠다는 내 결심은 변하지 않았다.

첫 심문이 끝났다. 중국 심문관이 내게 말했다. "집으로 돌아가서 네 아이들을 돌볼 것인지 아니면 죽음을 기다릴 것인지 잘 생각해봐. 네 어미가 우리에게 이미 진술했던 것처럼, 너희들이 어떻게 만나고 누가 주동자이며 그 밖에 누가 그 모임에 속해 있는지만 말한다면 넌 가족에게로 돌아갈 수 있단 말이다."

그들은 내가 아이들과 어머니에게로 돌아가기 위하여 그들에게 그 모임의 모든 구성원 명단을 말해줄 것인지, 아니면 협력에 불응하여 죽을 날만 기다릴 것인지 결정하라며 사흘간의 시간을 주었다.

내가 다시 위로 불려갔을 때 심문관이 말했다. "어떤 결정을 내렸는지 이제 말해라." 나는 대답했다. "지난 사흘 동안 당신이 말한 두 가능성에 대해 숙고했소. 하지만 내가 할 수 있는 말은 아무것도 고백할 게 없다는 것뿐이오. 내가 어떤 상황에 있는지를 생각해본다면 내가 무엇을 할 수 있었는지 당신도 알지 않겠소. 나에겐 당신에게 털어놓을 이름이 하나도 없소. 나는 할 말이 없습니다." 그러자 심문관이 대답했다. "그렇다면 죽기로 결정했다는 말이로군." 통역관 예쉬도르제는 이 말을 전해주며 티베트어로 이렇게 충고했다. "당신이 아무 말도 하지 않으면 그들은 당신을 죽일 거예요." 그리고 심문관은 이렇게 말했다. "아직도 자신이 아주 용감하고 대담하다고 생각하고 있는 모양이로군." 그는 군인들에게 수갑을 채우라고 명령하고는 나를 다시 감방으로 돌려보냈다.

감방은 너무나도 지저분했다. 바닥은 차갑고 눅눅했으며 엄청난 악취가 풍겼다. 딸에게 젖을 먹이지 못하니 가슴이 퉁퉁 불어서 아팠다. 오른쪽 귀의 통증도 너무 심해서 그쪽으로는 더 이상 들을 수 없을 것 같았다. 계속해서 아이의 울음소리가 들리는 것 같았다.

수갑 때문에 사람이 두 손을 못 쓰는 게 얼마나 불편한 일인지를

그래도 내 마음은 티베트에 사네

나는 곧 알게 됐다. 일어서는 것조차 내 뜻대로 할 수 없었다. 누군가가 추바를 올려주고 몸을 가누도록 도와주지 않으면 볼일도 볼 수 없었다. 우리 감방에 있던 여자들 몇 명은 밤에 서로 몇 마디씩이라도 은밀히 얘기를 나누었다. 그들의 이름은 라가, 라모돌마, 돌마약초였다. 우리는 곧 가장 친한 동료들이 됐다.

라가는 다르게 지방의 갸폰창 가문의 딸이었는데, 갸폰창가는 잔두창과 차초창을 비롯한 5개국의 지도적인 세력가들과 친척 간이었다. 갸폰창 가문은 또한 14대 달라이 라마의 섭정대신 레팅 린포체와 매우 밀접한 관계를 맺고 있었다. 라가는 베리폰가와 결혼을 하면서 '베리라가'라는 이름을 얻었다.

라모돌마는 비구니였고 예언 능력이 아주 뛰어났다. 그녀의 고향에 있던 캄파들은 공격과 전술을 계획할 때마다 그녀에게 조언을 구했다. 언제 어느 산에서 싸움을 벌여야 할지 또는 항복을 해야 할지 어떨지. 그녀는 이러한 조언을 했다는 이유로 체포되어 감금된 것이었다.

돌마약초는 티베트인들의 무기와 탄약이 바닥난 뒤 카르체에 설치된 공산당으로부터 협력할 것을 강요당하면서 1958년에 일어난 한 사건 때문에 체포됐다. 우리 지방에 있는 티베트인들의 잔여 토지와 가축과 재산은 압류됐다. 사람들은 하루 12~14시간씩 노동에 시달렸고 노동 점수제가 정책으로 도입됐다. 매일같이 공산당원이 부여한 노동이 목록표에 제시됐고 노동자들은 점수에 따라 일정 금액을 받아서 그것으로 다시금 그에 걸맞은 곡식을 받았다. 이러한 당 정책은 사람들에게 "허리끈을 좀 더 졸라매라"고 요구했고 "좀 덜 먹고 더 많이 생산한다"는 슬로건 아래 구체화됐다. 모든 공산당원들은 당에서 정한 생산량을 채워야만 했다. 이 의무를 달성하지 못하면 그 당원의 일족은 처벌을 받았다. 하지만 당원이 의무를 초과 달성할 경우엔 더 많은 노동량이 따랐다. 노동자들은 노동 점수에 따라서 곧 일정량의 곡물이나 버터, 기름을 조금이라도 탈 수 있는 회수권을 받게 될 거라는 이야기를 들었다.

집단생산공동체들은 그들의 생산물 중 일부를 세금으로 납부할 의무가 있었고 그 외의 것들은 터무니없이 낮은 가격으로 국가에 팔아야 했다. 집단생산체의 생산물은 대부분 중국으로 이송됐다. 집단생산체제가 설립된 이후 중국인들은 그들의 취향에 따라 겨울보리를 장려하기 시작했고 결국 일반 보리를 재배하는 밭의 숫자는 현저히 감소했다. 감옥에 갇혀 있지 않던 티베트인들조차도 우리의 전통 식량 참파를 얻는 데 어려움을 겪었다.

공동 식당이 설치됐다. 그곳에서는 무꽃이 펴 쇠어버린 부분처럼 원래는 안 먹고 버리는 채소 건더기가 든 멀건 수프가 배식됐다. 집단생산체의 노동자들은 굶주리고 있었다. 아직 힘이 있는 사람들은 자기들이 얻는 것을 노약자들에게 나눠줘야 했다. 가정에서는 개인 화덕을 사용할 수 없었다. 매 끼니를 공동 식당에서 먹게 하려는 술책이었다. 그러던 어느 날 돌마약초의 집에 화재가 났다. 그녀는 불법으로 화덕을 소지했다는 죄를 뒤집어쓰고 기소되어 카르체 감옥으로 이송된 것이다.

심문을 받을 때면 죄수들은 무슨 말이든 하기 위해서 의미도 없는 일들까지 진술했다. 나흘 뒤에 나는 다시 불려 올라갔고 앞서처럼 일반 사항만을 발언했다. 심문관은 화를 내며 고문하기 시작했다. 나흘 내내 등 뒤로 수갑이 채워진 채 묶여 지냈다. 중국인들이 내 허벅지를 무지막지하게 짓밟는 바람에 멍울이 생겼다. 39년이 지난 오늘날까지도 그 멍울이 만져진다.

내가 바닥에 쓰러지자 7~8명쯤 되는 중국 공안들이 달려들었다. 예쉬도르제를 제외한 모든 사람들이 내 머리를 구타했다. 그들은 머리카락을 잡아 뜯거나 똑바로 세워서는 뾰족한 나무쐐기 위에 무릎을 꿇게 했다. 한번은 날카로운 대나무 조각을 내 가운뎃손가락의 손톱 밑에 끼워넣어서 손톱 밑에 살점이 손가락 첫째 마디 밑까지 파고들었다. 그들은 그 대나무 쪼가리를 차례차례 밀어넣으며 나를 굴복시켜 정보를 얻고자 했다. 가족과 친구들의 얼굴이 자꾸만 눈앞에 어른거렸고 이때 만약 내가 진술을 한다면 한이 없을 거라는 생각이 들었다. 결국 나는 고통으로 기절하고 말았다.

이러한 고문은 빈번하게 일어났다. 심문 때문에 위층으로 불려가서 구타당했고 다시 감방으로 내팽개쳐졌다. 모든 교도관들은 나를 가장 악랄한 죄수라고 여기기 시작했다. 매일 밤 나는 동지들을 생각했다. 우리 모두는 서로가 너무나 긴밀한 사이였다. 내가 중국인들에게 그들 중 누군가에 대해 말한다면, 그자들은 결국엔 그 모임의 다른 이들 모두의 이름과 그 밖에도 반란을 일으킨 티베트인들의 이름까지 얻으려 할 것이다. 그렇게 되면 그들도 똑같은 고문과 투옥을 겪을 것이다. 그들 역시 부모와 아이들과 남편이 있다는 생각이 들자 어떤 상황이 와도 그들을 누설하지 말아야겠다는 생각이 확고해졌다. 이렇게 무지막지한 시달림과 잔혹한 행위들이 내 친구들에게도 자행될 거라고 생각하니 참을 수가 없었다. 매일 밤 무슨 일이 있어도 입을 열지 않기로 결심을 굳혔다.

체포된 지 약 2개월 후 로양은 결국 끔찍한 고문에 굴복하여 중국인들에게 모든 것을 진술하고 말았다. 어느 날 나는 심문실로 불려갔다. 심문실로 가보니 로양이 거기에 서 있었다. 불길한 느낌이 들며 다리에 힘이 빠졌다. 그들이 내게 말했다. "자, 이제 들어보시지. 네가 말하기 싫다면 로양이 너를 대신해 진실을 말해줄 테니까."

로양은 너무 심하게 고문을 받아서 더는 정신을 차리지 못하고 있었다. 그들이 그에게 말했다. "아데에 대해 모든 걸 말한다면 곧 너를 풀어주겠다." 로양은 말하기 시작했다. "오, 아데, 자백해서 당신의 잘못을 인정하는 게 더 나을 거예요. 우리가 산에 있을 때 우리에게 중국인들에 대한 정보를 가져다준 건 당신이었잖아요. 우리가 공산당 관리를 죽였을 때도 그들의 베개 아래에는 늘 무기가 있다면서 당신은 우리와 함께 가서 싸울 것을 자청했잖아요. 페마갈첸은 거기에 동의하지 않았지만요." 그는 계속했다. "당신 어머니는 중국인들을 증오하라고 가르쳤고, 당신은 여성 동지들이 중국인들에게 저항하도록 영향을 줬어요."

로양이 말을 할 때마다 나는 그가 거짓말을 하고 있다는 의미로 한숨 소리를 냈다. 그들이 부지깽이로 내 머리를 때리며 소리쳤다.

"아직도 자신이 한 짓을 이해하지 못하고 있군!" 나는 대꾸했다. "당신들과 로양은 이게 사실이라고 우겨대겠지. 내 심장을 열어 보여줄 수도 없고. 로양이 이름을 댔다고 해도 내 맘은 변함이 없소. 당신들이 덮어씌운 죄의 결과에 다른 티베트인들의 운명까지 떠맡길 수는 없는 노릇이니. 아무리 생각해봐도 당신들에게 해줄 수 있는 대답은 하나뿐이오. 이 고소에는 그 어떤 근거도 없소. 당신들은 나를 죽이고 싶겠지만 더 이상 보탤 말이 없소. 차라리 지금 죽여주시오."

그들은 가장 위협이 되는 말을 다시 한 번 되풀이했다. "로양이 오늘 모든 걸 말했다. 아침에 우린 네 어머니를 데리러 갈 것이고 그녀도 체포할 거다." 더 이상 어찌할 방도가 없다는 생각이 들었다. 로양은 이미 모든 것을 진술했고 어머니도 잡혀와서 그에 대해 말할 것이다. 아무런 희망이 없었다.

난 시선을 들어 심문관의 눈을 바라보며 말했다. "제발, 나를 죽여주시오." 그러자 그들은 소리쳤다. "죽여달라고 말할 필요는 없어. 어차피 넌 죽게 될 테니까." 나는 다시 구타당했고 잠시 후 한 심문관이 그들에게 그만두라고 지시했다.

그가 다가오더니 물었다. "어째서 넌 아직도 네가 주동자가 아니라고 우기는 거지? 페마갈첸이 말하기론 네가 주동자라던데. 너의 어미도 인정했다. 자백만 하면 넌 아이들에게로 돌아갈 수 있다. 너의 행복에 대해 생각해라. 그렇지 않으면 곧 죽을 시간이 닥쳐올 거다."

여러 날이 지나고 다시 사무실로 불려갔다. 그들이 감방문을 두드리며 "아데, 이리 나와" 하고 불렀을 때 맨 먼저 든 생각은 '정말로 어머니를 모시고 온 것은 아닐까?' 하는 것이었다. 가슴이 목덜미까지 고동쳤다. 나는 페마걀첸이 어떠한 정보도 누설하지 않았으리라는 것을 확신하고 있었다. 그만큼 그에 대한 믿음은 절대적이었다. 그러나 어머니는 이미 연로하신 데다 죄수들이 참고 견뎌내야 할 학대와 고문으로 목숨을 잃을지도 모른다고 생각하니 걱정이 앞섰다. 두려움과 혼란 때문에 어머니는 그들이 알아내고자 하는 모든 것들을 사실대로 털어놓을 수도 있었다.

사무실에 들어서며 어머니가 없는 것을 보니 너무나 기뻤다. 한 담당관이 내 눈을 바라보며 말했다. "네 어머니가 모든 걸 우리에게 털어놨다. 로양도 네 앞에서 네 행동을 속속들이 폭로했잖아. 너는 두 갈래 길에서 하나를 선택할 수 있어. 한쪽 길은 네 어머니에게로 가는 길이고 나머지 하나는 처형당하는 길이다. 우리에게 따로 청할 필요는 없어. 네가 선택하기만 하면 처형은 이루어질 테니까."

당시 나는 수개월 동안 수갑을 차고 있어서 손바닥까지 부었고, 감방 동료들은 나를 갓난아이를 돌보듯 돌봐줘야만 했다. 그들은 음식을 먹여주었고 볼일을 보고 나면 추바를 올려주었으며 일어서거나 앉을 때마다 나를 도와주었다. 이런 일들이 머릿속에 문득 떠오르자 나는 이렇게 말할 수밖에 없었다. "정직하게 말하건대, 나는 더 이상 할 말이 없소. 물론 아이들 곁으로 조금이라도 빨리 갈 수 있다면 좋겠지. 하지만 다른 사람들에 대해 거짓을 말할 수는 없어요. 이런 수갑으로 나를 학대하고 내 마음을 고통스럽게 하니 지금 당장 죽여줬으면 좋겠소. 왜냐하면 나는 아무것도 아는 게 없고 당신네들

그래도 내 마음은 티베트에 사네

이 말하는 일에 대해서 더 이상 할 말이 없기 때문이요."

후에 나는 어머니가 체포되지 않았다는 것을 알게 됐다. 그들은 나의 진술을 받기 위해 어머니의 이름을 이용했을 뿐이었다.

카르체의 감옥에 있던 내내 페마걀첸과 나는 서로 볼 수 없었다. 처음에 그는 중국인들이 만들어놓은 아주 작은 건물에 감금되어 있었다. 그 후에 그는 나와 그리 멀지 않은 감방으로 이송됐다.

우리 감방에 새로 죄수 부모얄루가 왔다. 그녀도 우리처럼 자기 남편의 저항운동을 도와주다가 잡혀온 것이었다. 체포될 당시 그녀는 무척이나 겁에 질려 있었고 그간 겪은 일들로 매우 불안에 떨고 있었다. 나보다 조금 나이가 많았던 그 가련한 여인을 보면서 그녀가 나보다 더 도움이 절박하다고 느꼈다.

우리 감방의 위생 상태는 점점 더 열악해졌다. 우리에겐 몸을 씻는 것조차도 허용되지 않았다. 당시 나는 머리를 11년 만에 감게 되리라고는 생각지도 못했다. 갈아입을 옷은커녕 달거리를 처리할 만한 것조차도 없었다. 추바의 여기저기에 그것이 흘러서 마르면 나중에 문질러서 없애야 했다. 물론 빨래를 할 기회도 없었다. 그 더러운 옷 한가지로 결국 5년 동안을 버텨야만 했다.

모욕적이고 치욕스런 상황이었다. 우리는 일상의 밝은 빛과 신선한 공기에 익숙한 사람들이지만, 그때 위안이 됐던 것은 우리 모두가 똑같은 상황에 처해 있다는 것 하나뿐이었다. 우리의 겉모양과 몸 상태는 짐승과 다를 바 없었지만 인간성을 파멸시킬지도 모를 정세에 어떻게든 스스로 굽히지 않겠다는 결심만은 더욱 굳건해졌다.

우리는 최선을 다해 서로 도왔고 어둠 속에서 기적 같은 일이 일어
날 그날이 밝기만을 기다렸다.

⊛ ⊛ ⊛

어느 이른 아침 그들이 내 이름을 불렀다. 문 앞에는 4명의 경찰
관들이 서 있었다. 밖은 아직도 캄캄했다. 그들이 내게서 수갑을 풀
더니 등 뒤로 다시 채웠다. 사형장으로 데려가려는 것인지도 모른다
는 생각이 들었다. 어머니와 아이들을 다시는 볼 수 없겠지만 동지
들이 그들을 돌봐줄 거라고 믿었다. 계단을 올라 밖으로 나가는 동
안 나는 고개를 숙이고 있었다.

문득 고개를 들어 군중을 바라보았다. 10명의 티베트인은 모두
남자였고 나처럼 수갑을 차고 있었다. 무장한 보초병이 탄 트럭이
구내로 들어왔다. 우리는 짐짝처럼 그 트럭에 내동댕이쳐졌다. 보초
병들이 트럭 앞쪽을 지키고 있었고 우리는 포승줄에 한데 묶여 있었
다. 트럭은 우리를 롭바샤로 이송했다. 놀랍게도 그곳에는 우리 마
을 주민 수보다도 훨씬 많은 수천 명의 사람들이 모여 있었다. 롭바
샤 출신의 사람들이 우리 앞에 서 있었다. 니마 오빠와 우리 모임 사
람들도 여럿 보였다. 그들은 모두 울고 있었다.

무릎을 꿇은 우리는 고개를 들지도 못했다. 아는 얼굴을 찾아보려
고 고개를 들 때마다 경찰이 나를 구타했다. 나중에 내 친구가 말한
바로는 그들은 그 자리에서 나를 본 뒤로 식사를 할 때마다 나를 떠
올렸고 밤에는 잠을 이루지 못해서 애를 먹었다고 했다.

나를 때리라는 명령을 받고 시댁의 사환들이었던 최니돌마, 봄비, 소남규르메가 앞으로 끌려나왔다. 이들 세 사람이 이날을 위해서 일주일 내내 정신교육을 받았다는 건 나중에야 알게 됐다. 사람들이 그들에게 말했다. "아데는 중국 장교 살인 혐의가 있는 반혁명분자다. 이 일은 탐칭을 받아 마땅해." 그러나 그 세 사람 중 어느 누구도 나를 때리려 하지 않았다. 그중 한 사람이 그 자리에서 자신의 의사를 밝혔다. "그녀의 남편이 아직 살아 있다면 어쩌면 우린 그에게 폭행을 저질렀을지도 몰라요. 하지만 이 여자는 어떤 식으로든 우리에게 해를 입힌 적이 없습니다." 그 자리에 한 중국 여군이 앞으로 불려나왔다. 그녀는 내 옆을 지나가면서 성난 눈으로 나를 노려보더니 뒤로 와서는 내 머리채를 세게 잡아당기며 계속해서 무릎으로 목덜미를 찼다. 또한 여러 차례 내 오른쪽 눈에 주먹을 휘둘러 상처를 입혔다. 끔찍스런 고통을 느꼈고 귀에선 이명(耳鳴)이 들렸다. 옛 사환들이 나를 구타하기 거부하자 화가 치밀어올랐던 게 분명했다. 우리 11명은 모두 일렬로 무릎을 꿇었다. 모두가 차례대로 죄목을 뒤집어썼고 구타를 당했다. 우리들 중에는 카르체 지방 출신의 부수령이었던 장님 팔덴(그는 왼쪽 눈이 멀어서 이러한 별명으로 잘 알려져 있었다)과 우리집 가까이에 살던 롭바샤 출신의 체왕타쉬도 있었다. 이들 역시 숲에서 싸우던 남자들을 도와줬었다. 그 밖에도 3명의 대승들이 굴욕을 당해야 했다. 집회는 이른 아침부터 정오가 다 되도록 계속됐다.

아침나절 동안 우리를 묶었던 포승줄이 풀리고 고문 집회가 끝난

체포

뒤, 내가 추바를 털려고 하자 감시병이 화를 내면서 포승줄로 다시 내 팔을 감아 줄을 바짝 조여 양쪽으로 잡아당겼다. 팔에 피가 통하지 않았다. 그렇게 우리는 다시 형무소로 되돌아왔다.

감방에 되돌아오기 전에 그들은 우리를 모두 한 방에 밀어넣었다. 나는 포승줄을 풀려다가 그만 기절하고 말았다. 의식을 차려보니 보초병이 나를 응시하고 있었고 체왕타쉬가 저쪽에서 나를 정면으로 바라보고 있었다. 그의 뺨에는 눈물이 흐르고 있었다.

감방으로 되돌아오자 내 손에는 다시 수갑이 채워졌다. 오른쪽 눈은 부어 있었고 맞아서 퍼렇게 멍이 든 왼쪽 눈으로만 보아야 했다. 라가는 그런 내 눈을 지극히 보살펴주었고 필요할 때마다 나를 도와주었다. 그녀는 곁에서 내 몫의 참파를 개어 식사 때마다 도와주었고 너무도 친절히 대해주었다. 물론 우리에겐 서로 도와주는 것이 허용되지 않았지만 어쩔 도리가 없었다.

며칠 후 다시 사무실로 불려 올라갔다. 그들은 내 어머니가 자백했다는 말로 위협했고 다시 생각해보라며 감방으로 돌려보냈다. 그러고 나서는 곧 다시 소환해서 이렇게 말했다. "네 처지와 감방 밖의 사회 상황을 이제는 충분히 알았겠지. 넌 이 사회의 적이야."

물론 사람들이 나를 그들의 적으로 생각한다고는 생각지 않았다. 그리고 무엇보다 내 친구들은 내게 해가 될 짓을 할 리가 없었다. 그것은 술책일 뿐이었다.

심문은 나흘 주기로 계속됐다. 나는 계속해서 무죄를 주장했다. "난 이미 내가 알고 있는 것을 모두 말했소이다. 내 두 아이를 돌봐

그래도 네 마음은 티베트에 사네

줄 사람이 아무도 없어요. 무엇 때문에 내가 일부러 그 아이들을 남겨두려고 하겠습니까?"

어느 날 아침 부모얄루와 나는 감방 밖으로 불려나가 위층으로 올라갔다. 그들은 내 수갑을 풀어주었는데 수갑이 살 속 깊이 파고들어 그것을 푸는 것마저 쉽지 않았다. 그런 다음 그들은 등 뒤로 두 손을 한데 묶었다. 우리는 군사 본부가 있는 은밀한 장소로 이송됐다. 우리가 도착했을 때는 이미 엄청난 군중들이 모여 있었다. 저쪽 끝에 있는 사람들이 작은 점같이 보였다. 내 목에는 약 20×10센티미터 정도 되는 표지판이 걸렸다. 우리는 군사 건물 앞 광장으로 옮겨졌다. 그곳에는 30명 정도 되는 다른 죄수들이 내몰려 있었고 모두 포승줄에 묶여 일렬로 무릎을 꿇고 있었다.

잠시 후 웅성거리는 소리가 들리더니 페마걀첸이 끌려나오는 모습이 보였다. 그 역시 앞가슴에 표지판을 달고 있었다. 그에게는 빨간색 글자와 십자 표시가 있었지만 내 것에는 십자가 없이 검은색 글자만 있었다. 페마걀첸은 내내 미소를 짓고 있었다. 보초병들이 그의 양쪽에서 한 손으로는 그를 잡고 다른 손으로는 총을 받쳐 주위를 겨냥하고 있었다. 그는 그런 보초병들을 이리저리로 뿌리치고 있었다. 그 무리가 우리에게로 다가왔고 우리는 일어서 합류해야 했다. 페마가 줄 맨 앞에 섰고 나는 바로 그 뒤에 있었으며 다른 죄수들이 뒤를 이었다. 정해진 곳에 이르자 페마와 나는 떨어지게 됐고 그들은 잠시 우리를 서로 마주보고 무릎 꿇게 했다. 그를 묶고 있던 포승줄이 목을 지나 팔을 감은 다음 팽팽하게 뒤쪽으로 이어져 등 뒤로 손을 묶고 있는 것이 보였다. 그는 목에 감긴 포승줄 때문에 말을 할 수도, 제대로 숨을 쉴 수도 없었으며 얼굴은 부어 있었다. 우리가 서로 마주보고 있는 동안 그는 내게 줄곧 웃어 보였다. 체포된 이후 나는 변기로 쓰는 양동이를 비울 때나 멀리서 겨우 두어 번 페마를 보았을 뿐이다. 우리는 얘기를 나눌 만큼 서로 가까이 다가갈 수 없었다.

"오늘 우리는 페마걀첸을 사형에 처할 것이오. 아데타폰창에게는 평생 고통을 주기로 결정했소. 이제 이 여자에게는 노동혁명에 16년간 복무하라는 형이 선고될 것이오"라는 소리가 확성기에서 흘러나왔다. 그런 다음 중국인들과 맞서 반란을 일으켰던 그 밖의 사람들에게도 반동이니 폭도니 하는 죄목으로 비난하기 시작했다. 다른 사람들은 5~6년 또는 9~10년형을 언도받았다.

페마걀첸과 나는 일어서라는 명령을 받았다. 우리가 일어서자 중국 음악이 확성기에서 들려오기 시작했고 "오늘 우리는 우리 지도자의 죽음을 복수하려 합니다"라는 소리가 흘러나왔다. 페마에게 말했다. "서둘러 삼종기도를 올리세요." 그는 고개를 끄덕이며 침묵을 지켰다.

잠시 후 두 발의 총성이 울렸다. 그러고는 페마가 내 앞에서 쓰러졌다. 그의 깨진 머리 파편과 핏줄기가 내 옷으로 뿜어졌다. 그는 뒤에서 총을 맞은 것이었다. 겨우 서른세 살의 나이로 1959년 늦겨울 오전 11시경에 그는 그렇게 처형됐다.

그 순간 나는 아무것도 느낄 수 없었다. 중국인들에게 나도 죽여

달라며 청했지만 그들은 이렇게 말했다. "아니, 우리가 널 죽이게 되면 너도 페마걀첸처럼 될 거야. 순식간에 지나가버리겠지. 우린 네가 평생 동안 고통받길 원해. 자, 이제 누가 이겼는지 보시지." 그 후 확성기에서는 이렇게 알리고 있었다. "너희들은 오늘 너희가 공산주의를 따르게 되면 어떻게 되는지, 또한 페마걀첸이나 아데타폰창 같은 작자들을 따르면 무슨 일이 일어나게 되는지를 보았을 거다. 누가 너희를 도와줄 수 있는지 말해봐라! 미국이 너희들을 도와주러 올지 아니면 달라이 라마가 도와주러 올지, 이제 두고 보면 알겠지. 우리 말을 들으면 너희는 행복한 생활을 할 것이고 그렇지 않으면 페마걀첸과 똑같은 처형이 기다리고 있을 것이다."

부모얄루는 그 사형 집행을 보고 너무나 놀란 나머지 주저앉아서 걷지도 못했다. 2명의 보초병이 그녀를 양쪽에서 붙잡고 내가 체포될 때처럼 질질 끌고 갔다. 우리가 감옥으로 되돌아왔을 때 그녀는 감방 안으로 참혹하게 내동댕이쳐 있었다. 그들이 분명 장홧발로 그녀를 마구 짓밟았을 것이라고 생각했다. 낮은 목소리로 물었다. "그들이 널 어디로 데려가서 때렸니?" 그녀가 대답했다. "그들은 날 때리지 않았어. 그런데 내 발에 아무런 감각이 안 느껴져. 발을 못 쓰게 될 것 같아." 그러나 얼마 뒤 그녀는 다시 원기를 회복했다.

선고를 받고 나자 심문은 더 이상 이어지지 않았다. 감방 동지들과 함께 어두운 감방에 앉아 무료하게 하루하루를 보냈다. 한동안 한쪽 눈이 멀게 될지도 모른다는 두려움도 있었지만 다행히 눈은 회복됐다. 때때로 우리는 용기를 내어 밤늦게 서로 속닥거리기도 했다. 하지만 많은 얘기를 나누는 것은 불가능했다.

　우리는 밖에서 들려오는 소리에 귀를 기울였다. 감옥에서는 아주 작은 소리도 큰 의미가 있었다. 가까이 다가오는 발자국 소리는 누군가가 고문을 당하리라는 것을 의미할 수도, 또는 식사로서 일상의 끔찍스런 지루함이 깨질 수 있다는 것을 의미했다. 새들의 지저귐은 날이 밝았다는 것을 뜻했다. 소리의 울림이 작은 정보원인 셈이었다. 트럭 소리는 보다 큰 변화가 준비됐다는 걸 의미했다. 아이들과 가족 걱정 그리고 페마걀첸에 대한 기억이 나를 괴롭혔다. 사형되기 전에는 그가 감방에서 움직일 때 내는 쇠사슬 소리를 듣고서 그가 살아 있다는 걸 알았다. 하지만 더 이상 그 소리를 들을 수 없었다.

그래도 내 마음은 티베트에 사네

당신이 평생 당할 고난을 우리가 보살펴주겠소

1959년 6월 말에서 7월 초의 일이었을 것이다. 어느 이른 아침 한 교도관이 김이 모락모락 나는 죽과 홍차가 담긴 그릇 2개를 가져왔다. 음식 배당량이 적었던 탓에 우리는 늘 차를 많이 마셔 배를 채웠다. 차를 마시고 있는데 밖에서 트럭이 다가오는 소리가 들리더니 갑자기 교도관이 죄수들의 이름을 부르기 시작했다. 우리 감방에서는 나와 부모얄루가 소환됐다. 그들은 우리를 구내에 소집해 있던 죄수들에게로 데리고 가서 트럭에 타라고 지시했다. 다른 죄수들은 죄다 남자들이었다. 그들 중에는 나의 탐칭 때 자리를 같이했던 카르체 출신의 지방 부수령인 장님 팔덴도 있었다. 함께 체포된 사람들 대부분은 고승들이었다. 우리는 2명씩 묶였다. 나는 나이가 지긋한 고승과 묶였는데 잘 모르는 사람이었다. 트럭의 앞쪽에는 기관총으로 무장한 군인이 앉아 있었다. 그리고 2명이 더 트럭으로 올라오더니 뒤쪽에 보초를 섰다.

트럭이 시동 소리를 냈다. 그러자 병사들은 트럭 옆에 있던 다른 사람들에게 몇 마디 외쳤다. 이윽고 트럭은 남동쪽을 향했다. 모두가 뒤를 돌아보며 우리 뒤로 스쳐 지나가는 군인들과 카르체 수도원과 골짜기, 그리고 마침내 카왈로리 봉우리가 사라지는 것을 바라보았다. 이 여정은 꼬박 하루 동안 계속됐다. 트럭은 단 한 번도 정차하지 않았다. 트럭에서 그것도 라마승과 수도승들 앞에서 오줌을 누는 것이 여자들에게는 무척 수치스러운 일이었다. 그리고 예의도 아니었기에 트럭이 덜커덩거릴 때마다 우리는 애써 곤혹스런 생리적 욕구를 견뎌야 했다.

물론 우리는 차를 그리 많이 마시지 않았다. 이렇게 떠나리라는 걸 눈치 챘기 때문이다. 10시간 뒤에야 트럭은 속도를 줄였고 쓰촨-라싸 간 도로를 벗어났다. 나는 몇몇 연로한 수도승들이 가여웠다. 트럭에서 아래로 오줌을 누면서 그들이 부끄러워하고 있음을 알았기 때문이다.

트럭이 한 숙소 입구에서 멈췄다. 교도관 하나가 우리가 내리는 것을 거드는 동안 다른 2명은 우리에게 총을 겨누고 있었고 우리는 한데 묶인 채 그 건물로 끌려갔다. 그들은 우리를 다 세고 나서야 오줌을 눠도 좋다고 허락했다. 손이 한데 묶여 나란히 트럭을 타고 왔던 라마승으로부터 한 젊은 중국 교도관이 나와 부모를 풀어주었다. 그리고 우리를 건물 뒤편으로 데리고 가더니 볼일을 봐도 좋다고 허락했다. 우리가 안으로 들어가자 중국인 주인은 우리에게 식사와 따뜻한 차를 가져다주었다. 부모알루와 나는 먹거나 마시려 할 때마다 우리의 동작을 잘 조정해야 했다. 묶여 있던 손을 제대로 움직이는 데 익숙지 않았기 때문이다. 그날 밤 우리는 아래로부터 온기가 들어오는 높은 옥상 테라스에서 잤다. 다음날 중국인들의 시끄러운 목소리에 일찍 잠에서 깨기가 무섭게 우리는 개머리판으로 얻어맞아야 했다. 부모얄루와 나는 다시 남자들과 묶였다. 그리고 모두 트럭에 올라 다시 출발했다. 오후 늦게 우리는 높은 산을 가로지르는 좁고 꼬불꼬불한 길을 따라서 서서히 아래로 내려올 수 있었는데, 그제야 골짜기에 마을이 하나 보였다. "저기 좀 보시오" 하면서 옆에 앉아 있던 라마승이 턱으로 진로를 슬쩍 가리켰다. "우리는 다르체도로 가고 있어요."

트럭이 나취 사원 구내로 들어섰다. 한때는 이 지방에서 가장 큰 사원 중 하나였던 이곳은 이제 황폐해질 대로 황폐해져 감옥으로 쓰이고 있었다. 대략 60여 명에 이르던 수사 출신 죄수들 중에는 학식이 있는 게쉐(수사의 교육과정에서 가장 최고 위치에 도달한 수도승)와 환생 라마승들과 일반 수도승들이 있었는데 그들은 예전에 집회실로 쓰이던 곳에 감금되어 있었다. 한편 일반 남자 죄수들은 구내 주변에 있는 방에 감금되어 있었다. 전에는 신성한 '참' 무용극이 상연되던 곳이었다.

도착하자마자 우리는 곧바로 김이 오르는 반죽 한 덩이와 차 한잔을 받아 먹었다. 그러고 나서는 형무소 사무실로 보내져서 등록을 마쳤다. 저녁 무렵 나는 여자들이 있는 감방으로 보내졌다.

몇 가지 소지품들을 가지고 다니는 데 성공한 재소자들도 더러 있었지만, 이곳 역시 침구류라고는 아무것도 없었다. 유감스럽게도 나는 걸치고 있던 옷이 소지품의 전부였다. 추바는 침대였고 소매는

당신이 평생 당할 고난을 우리가 보살펴주겠소

베개로 쓰였다. 잠자리에 들어 주위를 돌아보았다.

약 1.8×4.4미터 크기의 방이 16명의 여자들을 위한 감방으로 쓰이고 있었다. 여자들이 양쪽으로 8명씩 누워 있었고 약 45센티미터 정도 되는 공간이 각자의 잠자리로 주어졌다. 방 가운데에는 나무로 된 변기 양동이가 있었다. 소변이나 대변을 보고 싶어도 공간이 부족했다. 많은 죄수들이 형편없는 식사 때문에 설사를 했다. 악취 또한 엄청났다. 잠을 청하려고 누우면 이런 삼엄한 감옥에서 으레 풍겨나오는 익숙한 악취가 코를 찔렀다. 첫날 밤 나는 이 비좁고 싸늘한 자리에 몸을 맡겼다. 문득 지난 24시간 동안의 영상이 눈앞에 떠올랐다. 그렇지만 피곤이 내 산만한 생각들을 압도해 나는 곧 깊은 잠에 빠져들었다.

그 다음날 그리고 그 후로도 죄수들은 아침 7시면 기상 소집됐다. 8시면 작은 그릇에 멀건 죽을 얻어먹었고 9시엔 구내에 집합해서 2줄로 늘어선 교도관들 사이를 지나 일터로 호송됐다. 4시간가량 일을 한 후에야 우리는 먹을 것을 받았다. 점심 식사 후 교도관들은 한 시간씩 휴식을 취했지만 죄수들은 계속해서 4시간을 더 일해야 했다. 나의 첫 번째 임무는 형무소 신축을 위해 돌을 나르는 일이었다. 그 사원은 이곳으로 이송된 100여 명의 죄수들을 수용할 만큼 크지 않았기 때문이다. 약 800명가량의 남자들이 나최에 감금되어 있었고 여자 수감자들의 수도 약 300여 명에 이르렀다. 1959년 여름 중순 그곳에 구류된 티베트인은 총 1,200명이었다.

우리는 채석장에서 교도소 옆의 건축현장까지 약 1킬로미터 거리

그래도 내 마음은 티베트에 사네

로 돌을 끌어 날랐다. 돌은 나무판자를 이용해서 옮겼는데 가죽끈을 댈 몇 개의 구멍을 뚫어 돌을 4개까지 얹을 수 있었다. 가죽끈 하나로는 널빤지를 단단히 묶고 나머지 끈으로 팔을 묶었다. 채석장에서 일한 첫날 나는 이 도구를 이리저리 뒤집어보았다. 그러자 곧 교도관들이 내게 달려와 때리기 시작했다. "왜 이리저리 뒤집어보는 거야? 이유를 대. 그것으로 무슨 짓을 하려고 했지?" 나는 대답했다. "나는 이런 걸 본 적이 없었소. 한 번도 해본 적이 없는 일인데 도대체 어떻게 하는 건지 누구에게 알아봐야 한단 말이오?"

나는 다른 사람보다 젊고 건강한 편이었기에 그 일이 크게 부담스럽지 않았다. 그러나 그 외의 일들은 마음이 몹시 괴로웠다. 우리는 매일 연로한 라마승들이 무거운 돌을 끌어 나르며 짓밟히고 개머리판에 맞는 광경을 지켜봐야 했다. 불교가 도입되면서 티베트인들은 그날그날 양식을 얻는 것보다 훨씬 중요한 것들이 삶 속에 존재하고 있다는 것을 알게 됐다. 우리는 생명의 총체를 이해하기 위해 애썼으며 모두의 안녕과 더 나은 삶을 위해 기도했고 덕망 있는 행동을 하기 위해 애썼다. 라마승들은 굳건히 맹세하고 부처의 진리에 대한 명상과 진지한 연구에 몸을 바쳤다. 그들은 불교의 근본 교훈을 암기하여 익히고 이러한 교리가 실제로 어떻게 실생활에 옮겨지는지를, 정신을 함양하려면 학문 토론으로써, 그리고 영을 풍성히 하려면 명상을 함으로써, 익히면서 일생을 보냈다.

이렇듯 우리의 존경을 받던 라마승들이 이제는 중국인들로부터 천대를 받고 있는 것이다. 무엇보다도 그것을 막을 방도가 없다는

당신이 평생 당할 고난을 우리가 보살펴주겠소

것이 가슴 아팠다. 형무소 밖에 있는 티베트 주민들도 그 장면을 목격하고는 울음을 터뜨렸다. 교도소에서 돌을 나르며 나는 바깥세상을 눈여겨볼 수 있었다. 자유롭게 지내는 사람들의 모습도 보였다. 가족과 함께 살던 행복했던 시절을 떠올리며 자신에게 되물었다. '우리가 지금 왜 이런 고통을 겪어야 하는 것인가?' 눈물을 흘리며 계속해서 나 자신에게 되물었다. '어떻게 이런 수난과 만행이 이 세상에서 일어날 수 있는가? 이렇듯 무자비한 소행의 의도는 과연 무엇인가?' 중국인들은 티베트에 들어와서 우리의 재산과 소유물과 우리가 살아가는 방식과 종교와 그리고 우리의 모든 희망과 꿈을 빼앗아갔고, 이제는 급기야 우리를 노예로 만들었다. 그러고는 반항을 한다는 이유로 우리가 나쁘다고 주장하고 있다. 이런 상황에서 우리가 할 수 있는 일이란 과연 무엇인가?

감방 동지들은 승왕과 신께 기도하는 것 외에 이러한 고난에서 살아남을 방법이 없다는 것을 알고 있었다. 밤마다 기도밖엔 할 것이 없었다. 시간이 흐르면서 우리는 사원에 있던 불상과 그 밖의 값나가는 물건들이 이미 중국으로 반출됐다는 것을 알게 됐다. 점토로 된 입상들은 깨졌고 돌로 된 사원의 성골함은 헐렸으며 나무로 된 성물과 종교 문서들은 불태워졌다. 이 사원을 잘 알고 있던 수도승과 라마승들, 그리고 좀 더 일찍 이곳에 온 죄수들은 다른 죄수들에게 이곳에서 무슨 일이 있었는지를 쉬쉬해가며 설명해주었다. 모든 이들은 새로운 소식을 기다렸고 자신이 관찰한 것과 다른 사람이 알고 있는 것을 서로 나눌 기회를 찾고 있었다.

그래도 내 마음은 티베트에 사네

우리가 돌을 나르는 동안, 교도관들이 딴전을 피우는 틈이라도 생기면 부모얄루와 나는 낮은 목소리로 소곤거렸다. 우리는 카르체의 교도소에서 무슨 일이 일어났는지, 누가 최근에 사형을 당했는지 몇 마디 말만으로 정보를 나누었다. 왜냐하면 우리는 이리저리 눈치를 살펴야 했기 때문이다. 대부분의 여자들이 자기 아이들을 애타게 걱정하고 있었고 아이들의 행방을 궁금해했다. 그곳에는 캄 지방 각 곳으로부터 그리고 암도 지방과 심지어 라싸 지방처럼 여기서 한참 떨어진 티베트의 여러 지역 출신 여인들이 있었다. 그들은 트럭에 차곡차곡 쌓이듯 실려와서 거얼무와 지린으로 이송됐다가 그곳에서 화물열차를 타고 청두로 옮겨진 다음 다시 트럭을 타고 다르체도로 이송되어온 것이었다. 우리는 다른 지방의 사투리를 이해하려고 노력했다. 암도 지방 출신의 어떤 여자는 암도 지방에 대해 슬그머니 묻고 다녔다. 라싸 출신 사람들과 우창 지역의 다른 도시 출신 사람들도 자기네 고향 소식을 알고 있을 법한 사람들을 찾아다녔고 유목민들도 그렇기는 마찬가지였다.

우리 모두는 힘든 노동과 굶주림으로 쇠약해 있었다. 형무소에서의 식사는 열악하고 형편없었다. 아침, 점심, 저녁 모두 늘 질 나쁜 보리나 옥수수 가루가 섞인 귀리로 만든 작은 죽 한 그릇이 고작이었다. 얼마 안 가서 빈사 상태에 있던 죄수들은 풀과 나무뿌리까지 먹게 됐다.

그곳에 온 지 2~4개월이 되던 어느 날, 그들은 사원 구내의 저녁 집회로 우리를 내몰았다. 그들은 툽텐다르계라는 한 티베트인을 앞으로 끌어내 바닥에 무릎을 꿇게 했다. 중국인 의사가 죽은 죄수의 장딴지를 먹으려고 하는 그 굶주린 죄수를 현장에서 잡았다는 것이 었다. 시체는 얼마 전 시체 처리장으로 쓰이는 한 오두막에 버려진 것이었다. 툽텐다르계는 구타당했고 모두가 보는 앞에서 엄청난 모욕을 당했다. 자신의 행동에 대해 변명을 하라는 요구를 받자 그가 대답했다. "나는 아무것도 먹지 않았어요. 시체에는 살과 뼈밖에 없었는데 그런 걸 물어뜯기엔 내 이가 너무 약해요." 그 후로 우리는 분명한 명령을 받을 때를 빼고는 시체를 버리는 곳에 출입할 수 없었다.

집회에서 돌아온 후에도 우리는 방금 목격한 일을 도저히 믿을 수 없었다. "아주 느리지만 우리 주위의 모든 것에 무슨 일이 일어나는 것 같기도 하고, 우리가 달라지는 것 같기도 하고, 아무런 존재감도 소리도 못 느낄 것 같아요" 하고 부모가 속삭였다. "현실이라고 하기엔 믿기지 않는 일들이에요."

너무나 약해졌다는 느낌이 든 어느 날 오후 나는 돌을 나르다가 졸도하고 말았다. '쏴쏴' 하는 물소리에 눈을 떠보니 이미 아침이었다. 어디에 있는 건지 기억이 나지 않았다. 눈을 들어 울퉁불퉁한 천장과 판자벽을 바라보았다. 머리가 몹시 무거웠고 몸을 움직이기가 힘들었다. 주위를 둘러보니 내가 죄수들의 시체를 두는 오두막에 와 있었다.

눈앞에 애들과 어머니의 얼굴이 스쳐 지나갔고 불현듯 고독과 공포감이 밀려왔다. 사람이 그만큼 고통을 겪게 되면 그리 쉽게 눈물이 나오지 않는 법이다. 나는 눈물을 흘리지 않았다. 하지만 오두막의 광경은 너무나 무서웠다. 눈동자는 검게 변색되고 광대뼈까지 돌출된 시체들은 마치 해골처럼 보였다. 썩은 살에서 나는 역겨운 악취가 나를 압도했다. 사람들은 코를 틀어막고서야 그 오두막 주변을 지나갈 수 있었다. 잠시 두려움에 떨다가 어떻게든 몸을 움직여봐야겠다고 생각했다. 그러다가 마침내 시체 더미에서 내려오는 데 성공했고, 한쪽 구석에 무릎을 꿇고 앉았다. 잠시 후 시체를 치우는 사람들의 목소리가 들렸다. 그들이 임시변통으로 만들어놓은 문을 열자 내 얼굴로 빛이 쏟아졌고 그들은 정말 놀라는 기색이었다. "도대체 이게 어떻게 된 일이야? 당신 여기서 얼마나 오래 이러고 있었지?" 그들이 물었다.

나는 한마디도 대답할 수 없었다. 그러나 한 티베트인이 그의 동료들에게 말했다. "저 여자 말야, 어젯밤 우리가 옮겨왔던 마지막 더미와 함께 여기로 던져진 게 분명해." 그들 중 2명의 남자가 나를 부축해 일으켰다. 한 남자가 계속 시체 쪽을 가리키며 나직하게 말했다. "자 보라구. 옷을 벗기면 저 시체들의 뼈는 아직 살갗으로 덮여 있을 거야. 머리만 무지 크게 보이는군." 이런 광경에 익숙해 있던 남자들이었지만 아직도 두려움에 질려 있는 게 분명했다. 그들 중 한 사람이 나를 보며 말했다. "이리 오시오. 차가 돌아올 때까지는 저쪽 양지에서 좀 편히 앉아 있어도 좋을 거요."

다르체도 외곽에는 세 갈래 길이 만나는 지점이 있었다. 서쪽 길로는 민약타고가 민약란가 지방으로 이어져 있었고, 동쪽 길로는 갸

당신이 평생 당할 고난을 우리가 보살펴주겠소

위타고가 중국 쪽으로 뻗어 있었으며 북쪽 길인 야그라타고는 산을 넘어 카르체 지방으로 이어졌다. 이들 세 길에는 모두 남 몰래 다른 체도로 잠입하거나 이 도시 밖으로 빠져나가는 것이 불가능하도록 감시하는 군사초소가 있었다.

교도소에서 그리 멀지 않은 북쪽 길에서는 죄수들이 텅 빈 갱도를 파고 있었다. 사형을 당했거나 굶어 죽은 시체들이 그곳으로 던져졌다. 매일 최소한 10~15명가량의 사람들이 굶어 죽었고 24시간 내내 트럭이 이 시체 더미들을 갱도로 나르고 있었다. 갱도가 꽉 차면 그들은 갱도를 막고 다시 새 갱도를 파기 시작했다.

며칠이 지나 다시 정상적으로 움직일 수 있게 되자 나는 돼지우리에서 일해야 했다. 돼지사료를 훔쳐 먹을 수 있었던 덕분에 몸 상태는 곧 좋아졌다. 중국인들은 돼지고기를 유달리 좋아했으므로 모든 형무소와 강제노동수용소에는 돼지우리가 있었다. 그들은 돼지를 길러서 잡아먹었다.

많은 라마승들이 굶주림으로 고통받고 있었다. 우리에게 요구된 육체노동은 노인들이 감당하기에는 정말 힘겨운 일이었다. 마침내 가장 연로한 라마승들은 감방에 감금됐고 그보다 좀 젊은 라마승들이 일터에 배당됐다. 연로한 라마승들의 식사 배급량이 현격히 줄었다. 나는 돼지사료를 조금 훔쳐내서는 라마승들이 변기 양동이를 비울 때 눈에 띌 만한 곳에 갖다놓기 시작했다. 교도관들이 조금 떨어져 있기라도 하면 그들에게 신호를 보냈고 그러면 그들이 돼지사료를 가지고 가서 먹었다.

이러한 상황에서 어느 날 우리 가문의 라마승이었던 촘펠걈초 린 포체를 만났다. 그는 아버지와 주구마 오빠와 아주 친분이 두터운 사이였다. 아버지가 돌아가신 후 그는 우리 가족에게 편지를 써서 티베트의 미래를 염려하며 우리 고장을 떠날 준비를 할 때가 된 것 같다는 아버지의 충고를 알려주기도 했다.

그 편지는 다이찰 사원에 있던 한 라마승이 우리에게 전해주었다. 그러나 편지가 우리에게 도착했을 때는 유감스럽게도 도망치기에는 너무 늦은 시기였다. 우리의 정신을 이끌고 지도했던 스승이 곤경에 빠지는 걸 원하지 않았으므로 우리는 그 편지를 없애버렸고 그것에 대해서는 누구에게도 발설하지 않았다.

1957년 냐롱 지방의 모든 라마승들은 중국인들로부터 암룡 요새 에서 열리는 한 집회에 참석하라는 지시를 받았다. 중국인들은 집회 에 참석한 사람들 중에서 가장 존경받던 라마승들을 선발하여 여자 들이 입는 옷을 강제로 입히고, 장시간의 탐칭에서 굴욕을 가했다. 촘펠걈초도 그들 속에 포함되어 있었다. 당시 냐롱에는 60여 개 남 짓한 사원이 있었다. 그 사원들은 거의 같은 비슷한 시기에 포위되 어 모든 수도승과 라마승들이 체포됐다.

촘펠걈초에게 이상한 일이 일어났다. 그가 수갑을 찰 때마다 그것 이 저절로 풀어지는 것이었다. 교도관들에게 더 많은 구타를 당할까 두려워, 고의로 그랬을 거라는 혐의를 받을까 두려워 그는 스스로 다시 수갑을 채우려 했지만 헛수고였다. 그는 교도관에게 그것을 채 위달라고 부탁했지만, 수갑은 이내 풀어져버렸다. 결국 그는 수갑을

당신이 평생 당할 고난을 우리가 보살펴주겠소

찰 수 없게 됐다.

⊛ ⊛ ⊛

죄수는 탐칭을 받기 전에 심문을 받았다. 심문은 심문받는 사람을 웃음거리로 만드는 것에서부터 시작됐다. "네가 무슨 짓을 했는지 고백하기만 하면 넌 내일 당장이라도 집으로, 아이들 곁으로 갈 수 있어"라고 한다거나 "망명을 시도하거나 공산당과 마오쩌둥을 반대하는 티베트인의 명단을 주기만 하면 너를 석방해주겠다"는 특혜들을 늘어놓으며 교도소 내에서 스파이 노릇을 하도록 몇몇 죄수들을 투입했다.

어느 날 한 티베트인 스파이가 라마승들에게 추가 식량을 주었다면서 나를 고발했다. 이 일로 나는 나춰 사원에서 처음으로 탐칭을 받았다. 나는 죄수들의 무리 속에서 앞으로 끌려 나갔고 담당관들은 뾰족한 나뭇조각에 무릎을 꿇게 했다. 그들은 내게 어떤 비난이 쏟아졌는지를 말해주고는 그것이 사실인지 물었다. 아무 반응을 하지 않는 게 상책일 것 같아 조용히 있었다. 그들이 욕을 퍼부으면서 때리기 시작했는데, 통역원 말로는 범죄자를 도와줬으므로 마오쩌둥의 적이라는 것이었다.

그들의 명령에 따라 다른 죄수 9명과 함께 군용트럭 차고를 청소하다가 나는 두 번째로 탐칭에 회부됐다. 트럭들이 불상이나 그 밖의 성물들을 싣고 가는 것이 눈에 띄었고, 그들은 곧 중국으로 옮겨질 것이 분명했다. 죄수들 대부분은 고개를 드는 것조차 두려워했지만, 우리 몇몇은 될 수 있는 대로 유심히 주위를 살폈다. 우리는 몇몇의 다른 죄수들에게 우리가 본 것들을 설명해주었다. 어떻게 된 영문인지 그것이 중국인들 귀에 들어가 다시 탐칭에 회부된 것이다.

그리고 세 번째 사건이 일어났다. 나는 데르게 지방 출신의 새로 온 티베트인 2명을 만나게 됐다. 전쟁에서 다리에 부상을 입고 낙오된 사람들이었다. 어느 날 내가 돼지우리에서 일을 하고 있는데 누군가가 "아로 아로!" 하고 부르는 소리가 들렸다. 캄파 사투리로 그것은 '여보세요'란 뜻이다. 주위를 둘러보았으나 처음에는 어디에서 나는 소린지 확인이 되지 않았다. 그런데 다시 "아로 아로!" 하는 소리가 들리는 것이었다. 돼지우리 옆 건물의 작은 창문까지 가서 그 소리가 나는 안을 들여다보니 다리에 붕대를 칭칭 감고 있는 두 남자가 보였다. 그들 중 한 명이 내게 물었다. "혹시 주구마타폰창의 누이 아닌가요?" 오빠와 나는 너무나 닮아서 우리를 본 사람들은 우리가 혈족지간이라는 걸 금방 알아봤다. 오빠가 죽었을지도 모른다는 불길한 생각에 나는 울기 시작했다. 그러자 그 부상자가 말했다. "울지 말아요. 승왕께서는 무사히 망명하셨고 당신 오빠 역시 무사히 도주했답니다. 그들은 지금 인도의 자유지역에 있어요. 안타깝게도 우린 그들을 따라갈 수 없었지요. 중국인들이 국경을 폭격하는 바람에 다리에 총상을 입었거든요. 중국인들이 우리를 붙잡아 주사를 놔줘서 지금 이렇게 목숨을 부지하게 됐지요. 우리를 도와주려고 그런 게 아니라 그들은 우리를 심문할 기회를 잡은 겁니다. 그게

당신이 평생 당할 고난을 우리가 보살펴주겠소

바로 우리를 살려준 이유지요." 두 남자는 내게 자신들의 곤궁한 처지를 하소연했다. 그래서 나는 기회가 생길 때마다 그들의 방에 먹을 것을 가지고 가서는 그들의 가슴이나 손이 닿을 만한 곳에 던져주었다.

교도소 내에 있던 티베트인들 중에는 달라이 라마의 행방에 대해 아는 사람이 없었다. 그가 자유지역에 무사히 도착했다는 것 그리고 오빠가 자유롭게 지내고 있다는 소식을 듣고 나니 너무나 행복했다. 우리는 달라이 라마의 운명을 염려하며 긴 시간을 보냈다. 우창 지방 출신의 죄수들에게서 라싸의 상황이 더욱더 악화되어 점점 더 불안해지고 있다는 소식만을 들었기 때문이었다. 우리 모두는 그의 안전을 위해 신께 기도를 올렸다.

1954년 후반 이후로 나는 오빠를 보지 못했다. '민주개혁' 선포가 있기 바로 전 우리에게 전달됐던 한 통의 편지가 마지막 연락이었다. 몇 해 동안 오빠가 죽었을지도 모른다는 엄청난 두려움을 견뎌왔었다. 언젠가는 오빠를 만날 수 있을 거란 희망이 긴 세월과 혹독한 밤들을 견디는 데 힘을 주었다. 어쩌면 꿈이 실현될지도 모른다는 생각이 들자 나는 아버지가 가르쳐주었던 유명한 속담 하나를 읊조리기 시작했다. "오늘 아무리 눈이 많이 온다 해도 걱정하지 마시오. 폭설이 오고 난 후엔 다시 태양이 빛날 테니까."

달라이 라마가 안전하다는 기쁜 소식을 다른 죄수들에게 전해줄 방도가 없었다. 돼지들을 돌보면서 나는 때때로 잠시 일손을 멈추고 이 두 줄의 속담을 노래하고는 다시 일을 시작했다. 이 노래를 들은

160

죄수들이 그 문구를 이해하기 위해 내게로 가까이 다가왔다.

유감스럽게도 한 죄수가 중국인들의 약속 즉 "우리에게 새 소식을 주기만 한다면 너를 석방시켜주겠다"라는 말에 넘어가고 말았다. 그는 교도소 사무실 수행원에게 나를 신고했다. "그 여자의 노래에는 뭔가 의미가 있어요. 죄수들은 그 노랠 들으며 매우 기뻐한답니다. 그녀가 비밀을 갖고 있는 것 같아요." 그러자 몇몇 공관원과 교도관이 내 작업장으로 왔다. 그들은 작은 사료통을 빼앗고 그 위에 무릎을 꿇으라고 했다. 그런 뒤 한 교도관이 강제로 팔을 들게 하려고 팔꿈치를 때렸다. 결국 4시간 동안이나 이렇게 강제로 무릎을 꿇고 앉아 심문을 받았다. 담당관들 중 한 명이 말했다. "첫째, 너는 돼지에게 줄 사료를 라마승들에게 나눠줬어. 둘째, 차고 청소나 하라고 보냈더니 일은 하지 않고 트럭 안에 무엇이 있는지 조사해서 그걸 다른 죄수들에게 떠벌리고 다녔고. 셋째, 너는 노래로 다른 죄수들을 선동해 더욱 결의를 다지도록 독려했지. 그 노래에는 어떤 뜻이 있는 거지? 더 나은 시대가 뭐라고 생각하는가 말이다."

나는 그 노래가 내가 어렸을 적 아버지가 가르쳐주었던 것으로 자연을 찬양하는 것 외에 아무런 의미가 없다고 태연하게 말했다. 그러고는 그들에게 반문했다. "모든 걸 잃어버린 지금 우리에게 과연 더 나은 시대가 올까요?" 그러자 담당관이 대답했다. "너는 죄수들 중 가장 악질이야. 우리의 개혁에 매우 완곡하게 반항하고 있지. 여기 이 형무소에 있는 여자들 중에서 넌 가장 가혹한 형벌을 받게 될거다. 태도를 바꾸지 않는다면 분명히 처형당할 거야." 그러고는 이

당신이 평생 당할 고난을 우리가 보살펴주겠소

렇게 충고했다. "잘 생각해보는 게 어때." 자리에서 일어나니 무릎이 시퍼렇게 부어오르고 피가 나 견디기 어려웠지만 어떻게든 작은 감방으로 발을 끌며 가야 했다. 나는 내 행동의 결과를 잘 생각해보라는 경고를 받고 며칠간 독방 생활을 해야 했다.

감방 동료들에게로 다시 돌아갔을 때 부모얄루와 나는 기회를 살펴 이야기를 나누었다. 나는 그녀에게 용기를 주고 싶었다. 우리는 다른 죄수로부터 부모 언니의 남편도 무사히 달아나서 네팔에 살고 있다는 소식을 듣게 됐다. 달라이 라마가 무사히 망명했으니 보다 나은 시대를 희망해도 좋을 거라고 그녀에게 말했다. 달라이 라마와 그를 따르는 티베트인들은 아마도 외국의 후원을 얻어 이 땅에서 공산주의자들을 몰아낼 수 있을 것이며 언젠가는 다시 예전처럼 자유롭고 행복하게 살 수 있을 거라고 말이다. 촘펠걈초는 내게 확신을 주고 기운을 북돋아주려고 노력했다. 언젠가 그는 이렇게 말했다. "우리가 이런 경험을 하는 것은 우리 업보의 소산입니다. 그러므로 우리의 증인이 진실하다는 믿음을 갖고 기품 있게 견뎌내야만 합니다."

✿ ✿ ✿

우리는 2시간씩 걸리는 저녁 시간 재교육 집회에 몹시 진저리를 쳤다. 그 집회에서 죄수들은 갖가지 이유로 괴롭힘을 당했다. 어떤 죄수는 만트라를 입에 담았다 하여 체포됐고 어떤 사람은 열심히 일하지 않았다고 꼬투리를 잡혔다. 때때로 '통계집회'가 열리기도 했

그래도 내 마음은 티베트에 사네

는데 거기서 공관원들은 그들이 손에 넣었다는 갖가지 폭탄들에 대해 떠벌렸다. "미국에게는 이런 무기가 없어. 이런 걸 갖고 있는 건 우리뿐이다." 우리는 그들의 얘기를 거의 믿지 않았다. 일본에 투하된 원자폭탄의 엄청난 파괴력을 이미 들어 알고 있었기 때문이었다. 중국인들은 또한 그들의 부대가 "어느 곳에 도달했다"거나 "모든 곳을 손에 넣었다"라는 말도 떠벌렸다. 예를 들면 "우린 새 유전을 발견했다. 그곳엔 기름이 물처럼 콸콸 흘러넘치고 있지. 모든 게 남아돌 만큼 충분하다구. 비축물이 남아돌고 있다니까"라는 식이었다.

또 이런 말도 했다. "우린 티베트에서 갖가지 약재들을 발견했다. 그 약초들을 이용해서 너희 국민들이 돈을 벌도록 해줄 거야. 우리 약재는 아주 유명해서 전 세계로부터 주문이 쇄도하고 있어." 우리는 그들이 티베트 사람들에게 돈을 줄 거라는 말을 믿지 않았다. 그들은 중국이 수출로 얼마나 돈을 많이 벌어들였으며 세계 각곳으로부터 얼마나 많이 주문을 받고 있는지를 자랑했다. 이러한 집회의 의도는 세상에 그 어느 것도 공산당이 지배하는 중국과는 견줄 수 없다는 것을 심어주려는 의도였다. 정치, 경제, 군사 면에서 다른 어떤 나라도 중국과 어깨를 견줄 수 없다는 것을 세뇌시켜야만 했던 것이다. 그것이 교화의 원칙이었다.

창수뒤라는 교도소장은 티베트어를 유창하게 할 줄 아는 몇 안 되는 공산당원 중 한 명이었다. 그는 쓰촨 지방 출신으로 국민당 명문가의 아들이었으나 공산주의 점령 이후 어찌된 영문인지 고위직 장교 자리에 올랐다. 20대 후반의 그는 둥그스름한 얼굴과 날카로운

당신이 평생 당할 고난을 우리가 보살펴주겠소

눈매를 하고 있었다. 그리고 젊고 매력 있는 여자 죄수들에게 관심을 보였다. 이런 여자 죄수들은 그의 방을 청소하고 빨래를 하라는 명목으로 자주 그에게로 불려갔다. 이런 일을 하는 동안 그는 여자들을 여러 차례 농락했다.

나도 그중 한 명이었다. 나 외에도 3명이 더 이러한 임무에 선발됐다. 리탕 지역에 이웃한 링카르쉐 지역 출신이었던 낭초왕모와 차트링 지역 출신이었던 돌카르와 양첸이 바로 그들이다. 우리는 교대로 불려가서 농락당했다. 그는 욕을 보인 후에 임신을 방지하기 위해서 우리에게 강제로 사향수를 마시게 했다. 우리가 반항을 하기라도 하면 무거운 형벌을 주겠다거나 심지어는 죽여버리겠다고까지 위협했다. 우린 잠자코 순종하는 수밖에 도리가 없었다.

이것은 우리에게 가장 끔찍스런 치욕이었다. 우린 모든 것을 잃었다. 가족과 아이들의 운명에 대해서도 전혀 아는 바가 없었다. 우리 민족은 노예가 되어버렸다. 이것이 우리가 견뎌내야 할 가장 큰 역경이었다. 우린 약해졌다. 창수뒤가 증오스러웠다. 그 작자는 뻔뻔하고 상스러웠으며 우리에게 치욕과 절망감을 불러일으키는 발언을 일삼았다. 군법상으로도 폭행은 법에 저촉됐지만 우리를 변호해주겠다는 사람은 아무도 없었다. 고관에게 이 일을 신고한다는 것은 절대 있을 수 없는 일이었다. 먹을 것도 없이 감방에 갇힐 것이 뻔했기 때문이다. 게다가 가장 높은 자리의 고관이 바로 창수뒤 바로 그 인간 아니던가.

우리를 위로할 수 있는 것은 아무것도 없었다. 우리는 처형이라도

그래도 내 마음은 티베트에 사네

당하는 기분으로 그에게 불려다녔고 한 사람이 불려 나가면 남은 사람들은 한탄스런 처지에 눈물을 흘리며 좋은 쪽으로 서로를 위로해주려고 애썼다.

얼마 후 창수뒈는 우리가 누군가에게 밀고를 할 수도 있을 거라는 불안감을 갖게 됐다. 우리가 채소를 훔쳐내는 것을 알게 되더라도 그는 안중에 없을 거라는 생각이 들었다. 가장 발전하고 앞선 막강한 정부가 우리를 해방시켜줄 거라며 중국인들이 우리에게 설교를 하는 저녁 수업 시간에 우리는 앉아서 이러한 일들을 생각하곤 했다.

나를 위로해주려고 촘펠걈초는 종종 이런 말을 했다. "달라이 라마가 무사히 망명할 것이라는 점을 항상 생각하세요. 이 암울한 시대를 우리가 이겨낸다면 그들은 우리의 종교와 문화를 말살할 수 없을 거예요. 결국엔 티베트 불교의 가르침이 관철될 겁니다."

어느 날 교도소에 이상한 일이 일어났다. 고승 7명이 같은 날 사망한 것이었다. 이 일은 외부 영향의 결과로 일어난 것이 아니었다. 그들 스스로가 내린 결정인 듯했다. 중국인들은 이 사건을 놀랍게 받아들였다. 그들 중에는 촘펠걈초와 카르체 지방 근처 롱바차 지역과 냐계 지역 출신이었던 통코르샵드룽이 있었다.

❀ ❀ ❀

1960년 가을날 아침 우리의 노역은 중단됐다. 트럭이 구내로 들어오더니 여러 명의 의료진들이 차에서 내렸다. 그들은 우리의 제반

당신이 평생 당할 고난을 우리가 보살펴주겠소

사항, 즉 어느 지방 출신이며 몇 년형을 받았는지 등을 물은 뒤 우리를 일렬로 집합시켰다. 그들 앞에 기록지가 있었으니 물론 우리들에 대해 이미 모든 것을 알고 있었을 테지만 그들은 우리가 진실을 말하는지 알아보기 위해서 물었던 것이다. 체포되거나 형벌을 받고 감금된 모든 티베트인들에 대해서는 전 교도소와 강제노동수용소에 문서가 따라다녔다.

다음날 아침 의사와 공무원들은 죄수들과 면담하고 체력 검사를 했고 우리 모두는 구내로 소집됐다. 그들은 모든 죄수들이 빨리 와서 모여야 한다는 말로 "지코로(Ji kho lo)"라고 소리쳤다. 그들은 "너희들 중에 호명된 사람은 이쪽으로 가라"고 말했다. 300명의 여자들 중에 나는 호명된 100명에 속했다.

그들이 말했다. "호명된 너희들은 모두 아주 좋은 곳으로 가게 될 거다. 그곳에선 과일만으로도 배부를 것이다. 다른 음식 따위는 필요 없어." 이 이야기를 믿고 기뻐하는 죄수들도 몇몇 있었지만 나는 혼잣말로 중얼거렸다. "다 거짓말이야. 또 무슨 만행을 저지르려구." 나는 그들의 말을 한마디도 믿지 않았기에 아무 말도 하지 않았다.

우리는 다른 죄수들과 접촉할 수 없었다. 나는 다시는 만나지 못할 내 친구 부모얄루에게 간신히 시선을 보냈다. 우리가 소지하고 있는 것이라곤 기껏해야 옷 한두 벌과 그릇 한 개나 컵 한 개가 전부였다. 그렇게 우리는 이별을 준비했다. 내가 가진 것은 몸에 걸치고 있던 옷과 컵 하나뿐이었다.

앞뒤 양쪽에서 군인들의 감시를 받으며 우리는 두 줄로 열을 맞춰 다르체도를 떠났다. 우리는 5~6명 또는 7명으로 한데 묶였다. 어떤 죄수도 이 대열에서 벗어날 수 없었다. 우리는 착숨이라는 다리에 도달하기까지 온종일을 걸었다. 밤을 보내기 위해 이곳에서 머물렀다. 얼마 있자니 군인들이 모두에게 뻑뻑한 죽과 김이 나는 반죽 덩어리를 하나씩 주었다. 얼어붙을 만큼 추워서 잠도 오지 않는 그 밤을 나는 기도로 지새웠다.

내 유일한 바람은 이 다리에서 뛰어내려 자살하는 것이었다. 보초병들은 이런 시도를 꾀하는 모든 이들을 사살하라는 명령을 받았다. 물론 내 계획을 실제로 실행하는 것이 불가능했다. 그것은 나와 함께 묶여 있는 다른 사람들을 위태롭게 만드는 일이었기 때문이다. 우리는 그 다리를 건넌 후에도 나흘을 더 행군했다. 목적지인 고탕갈고에 도달하기 위해 험준하고 좁다란 길을 수없이 지났다. 그리먼 곳은 아니었지만 모두들 먹지 못해서 완전히 지쳐 있었다.

당신이 평생 당할 고난을 우리가 보살펴주겠소

고탕걀고에서

나흘째 되는 날 우리는 좁고 울퉁불퉁한 돌길을 따라서 높은 고지로 올랐다. 갑자기 보초병들이 한쪽을 가리키며 소리쳤다. "고탕걀고다!" 우리는 거대한 산맥의 자태에 압도되고 말았다. 오후 늦게야 가파른 내리막길로 접어들었다. 드디어 우리 발 아래로 저 멀리 3개의 산에 둘러싸인 채 세상과 차단되어 있는 강제노동수용소가 눈에 들어왔다. 산은 야생 그대로의 모습이었다. 내리막길로 들어서자 골짜기에 위치한 수용소의 재소자들이 보였다. 그들은 그곳에서 마치 개미군단처럼 움직이고 있었다. 드디어 우리는 문에 들어섰다.

모든 죄수들이 티베트인들인 듯했다. 나중에 알게 된 사실이지만 이곳엔 약 400여 명가량의 중국인 죄수들도 있었다. 푹 들어간 눈에 날카롭게 튀어나온 광대뼈 때문에 죄수들의 얼굴은 마치 해골 같아 보였다. 모두가 이상하리만큼 느릿느릿 움직이고 있었다. 맨 처음 든 생각은 '오, 이 사람들은 죽으려고 이곳에 왔구나. 다들 아귀 소굴에서 온 것 같군' 하는 것이었다.

교도소는 높은 콘크리트 벽으로 에워싸였고 그 위에는 일정한 간

그래도 내 마음은 티베트에 사네

격을 두고 첨탑이 서 있었으며, 그곳에 보초병들이 배치되어 있었다. 다르체도에서 우리 일행으로 내몰렸던 200명의 남자들에게는 무슨 일이 일어났는지 모르겠으나, 여자들은 맨 먼저 나무판자와 짚과 나뭇가지로 지어진 오두막으로 보내졌다. 우리는 모두 지칠 대로 지쳐서 좁은 자리를 찾아 그대로 누워버렸다. 두렵고 불안한 마음으로, 우리가 이 불운한 고탕걀고의 사람들처럼 되어가는 데 과연 얼마나 걸릴 것인가 하는 생각을 해보았다. 다르체도에서 경험한 불행한 기억들은 우리 앞에 직면한 가혹한 현실 앞에 퇴색돼버렸다. 이렇게 이송됐다고 해서 자비가 베풀어지리라고는 기대하지 않았지만 우리는 냉혹한 운명 앞에 경악을 금치 못했다.

그날 저녁 늦게 우리는 네모난 콘크리트 건물로 보내졌다. 거기에는 10~20명가량의 죄수들이 수감된 방들이 있었다. 우린 굶주림과 추위에 떨면서 밤을 지새웠다. 그러나 어느 순간 다리의 통증이나 공복감도 잊고 깊은 잠에 빠져들었다.

도착한 다음날 아침 우린 다시 큰 방으로 보내졌다. 그곳에서 우리는 옥수수와 귀리로 만든 희멀건 죽 한 접시를 받아들었다. 이것이 이 수용소에 머물러 있던 동안 줄곧 우리가 먹은 주식이었다. 나와 동료들은 우리 주위를 둘러보고는 좀 이상하다는 생각을 했다. 아무리 둘러봐도 정상인으로 보이는 이가 없었다.

"이곳은 도대체 뭐하는 곳이죠?" 하고 내 옆에 있던 여자가 물었다. 가장 가까이 있던 냉담한 표정의 죄수 일행에게 말을 걸어보려고 했지만 그들은 늘 저만큼 떨어져 앉았다. 우리도 그들 중의 한 명이 될 것이라고는 상상도 하기 싫었다.

우리가 도착할 당시, 이미 이곳에는 많은 죄수들이 있었다. 내 생각으로는 어림잡아도 1만~1만 3,000명가량은 될 것 같았다. 게다가 이 수용소는 겨우 1959년 초반 이후에 설립된 것이었다.

서둘러 식사를 하고 나니 한 중국 공관원이 우리에게 연설을 했고 그동안 우리는 열을 지어 서 있어야 했다. 그의 말은 확성기를 든 한 티베트인 보초병을 통해서 우리에게 통역됐는데, 이 수용소에서 우리가 해야 할 일들을 설명하고 있었다. "우리의 지도자이신 마오쩌둥과 중화인민공화국에 대해 저지른 범행을 용서받을 수 있는 기회를 주기 위해서 너희들을 이곳 광산으로 이송했다. 구습과 악덕에서 해방되는 것, 새로운 것에 자리를 내주기 위해 옛것이 타파돼야 한다는 사실이 얼마나 중요한지 너희들은 아직도 이해하지 못하고 있다. 마오 주석의 지도 아래 곧 새로운 세계질서가 도래할 것이다. 그리고 너희들은 특권을 부여받을 것이며 그 특권에 대한 몫이 할당될 것이다. 이제 이 광산에서 일함으로써 너희들은 인민공화국을 위해 자기 몫을 다할 기회를 갖게 된 것이다." 그 공관원은 잠시 말을 중단하더니 새로 온 죄수들의 얼굴을 바라본 후 손뼉을 치며 "집합!" 하고 소리쳤다.

곧이어 무장을 한 보초병들이 우리를 근방의 광산으로 데려갔다. 고탕걀고는 청두 지방에서 그리 멀지 않은 국경지역이었다. 이 수용소에 가까이 위치한 산기슭에는 큰 갱도가 파헤쳐져 있었는데 그곳에서 연광이 채굴됐다. 갱도에는 많은 죄수들이 일을 하고 있었다.

우리 일행은 그곳의 입구에서 더는 들어갈 수 없었다. 갱도 안에 있던 죄수들이 어깨에 가죽을 대고서 연광 조각이 든 막대에 연결된 두 개의 바구니를 갱도 입구 밖에서 기다리는 사람들에게로 날라왔다. 사람들은 우리에게도 비슷한 바구니들을 주면서, 광산 아래 흩어져서 일하고 있는 죄수들에게로 나르라고 했다. 광산 가까이에서 보니 갱도 안에 있는 몇몇 죄수들은 망치와 쇠말뚝을 가지고 있었다. 이러한 공구는 광산의 벽에서 광석들을 부숴내는 데 사용되고 있었다. 광산에서 뿜어내는 기계 소리는 들리지 않았는데, 수용소 바로 주변에서 흐르던 미친 듯이 날뛰는 두 개의 강물 때문에 그런 것도 같았다. 물소리가 워낙 시끄러워 고탕갈고에 사람들은 큰 소리로 이야기를 해야 했다.

첫주 동안은 그 누구와도 이야기를 나누지 않았고 내게 명령을 하는 사람 외에는 아무도 내게 말을 걸지 않았다. 그 다음 주에는 산 아래쪽 약 0.5킬로미터쯤 떨어진 곳으로 일을 하기 위해 이송됐다. 하늘색 빛이 나는 연광이 포함된 원석은 아주 단단해서 부수기가 어려웠다. 산에서 연광석을 아래쪽으로 옮기면 10명의 죄수들이 돌에서 연광을 채굴하라는 명령을 받아 연광석이 가루가 될 때까지 망치로 두들겼다. 이때 얻어지는 연광은 착삼카, 중국어로는 루칭캉으로 옮겨져 중국으로 보냈다.

일을 하는 동안 죄수들은 말을 하지 않았다. 그들은 할당받은 순정 납 생산량을 달성하기 위해서 자기 힘을 절약하고 있었다. 자신의 할당량을 채우지 못한 죄수들은 끼니를 절반만 받거나 아무것도 얻어먹지 못했다. 공관원들은 늘 이렇게 말했다. '너는 네 일을 열심히 하지 않았어. 그러면서 어떻게 먹을 것을 얻길 바라는 거지?'

죄수들은 건강한 이들과 건강을 해쳐 곧 죽게 될 듯한 사람 두 부류로 나뉘어 있었다.

노동 시간에 볼일을 보고 싶으면 죄수들은 "파오 가오 지에 쇼우(Pao gao jie shou)!"라고 부르고 나서 교도관들이 자기 쪽을 바라볼 때까지 기다려야 했다. 교도관들의 이름을 입에 담는 것조차 허락하지 않음으로써 그들은 우리가 보잘것없고 열등한 존재임을 각인시키려 했던 것이다. 남녀를 불문하고 죄수들은 교도관의 시선을 끌어야만 볼일을 보러 갈 수 있었다. 그렇지 않으면 교도관이 일일이 참견할 때까지 기다려야만 했다. 종종 이 일로 주의를 끌려다가 무시를 당하면, 그야말로 보초병 옆에서 볼일을 봐야 했다. 이런 그들의 태도에 사람들은 진저리를 쳤다.

강제노동수용소의 시간표는 아침에 4시간 일하고 점심을 먹고서 다시 4시간을 일하고 매일 저녁마다 2시간씩 재교육을 받도록 되어 있었다. 이때마다 우리는 "마오쩌둥은 우리 모두의 아버지이십니다"라는 말을 들어야 했다. 그들은 마오쩌둥을 "아버지"라고 불렀다. 그 이유는 그가 거지와 불쌍한 사람들을 도와주었기 때문이라고 했다. 그리고 그들은 이렇게 말했다. "이 세상에 다른 어떤 지도자도 그런 일을 하지 못했어. 전 세계 사람들은 외치고 있지. 우리도 마오쩌둥 같은 지도자를 원하고 있으며 중화인민공화국은 세상에서 가장 진보한 나라라고 말이야. 그 때문에 미국과 러시아가 중국을 좋아하지

그래도 내 마음은 티베트에 사네

않는 거야. 너희들 중에는 달라이 라마가 외국으로부터 원조를 얻을 수 있을 거라고 생각하는 사람도 있을 테지만 그건 꿈에도 이루어질 수 없는 일이야. 달라이 라마도 더 이상은 방법이 없어 미국인들에게 도움을 청했겠지. 하지만 미합중국도 이름뿐이야. 미국은 사실상 종이호랑이에 불과하거든. 그림만 보면 아주 무서워 보이지만 물에 던지면 곧 녹아 없어지지. 색깔도 바랠 테고 말야. 행복해지고 싶다면 공산당을 따라야만 해. 중국 공산당에 대해서 증오와 원한을 갖고 있다면 자기 발등에 돌을 던지는 거나 마찬가지야." 이것이 바로 그들이 부단히도 사람들에게 주입시키는 이야기의 핵심이었다.

저녁마다 있던 공산주의 사상수업과 아울러 우리는 또한 빈번히 모욕을 당했다. 많은 이들이 강제로 탐칭에 끌려갔다. 중국인들은 정치범들을 아주 혹독하게 다루었다. 그들이 진짜 나쁜 범죄를 저질렀기 때문이 아니었다. 첫 한 달 동안에 집회에서 그들은 티베트인 죄수들을 끌어내서 이렇게 말했다. "이 남자는 그전에 자신의 이익을 위해서 범죄를 저질렀다. 하지만 지금은 자신의 잘못을 인정하고 완전히 교화되어 더 이상은 공산주의의 진보에 반항하지 않고 있어. 게다가 '악성분자와 유해한 행동'에 맞서 싸우며 자기네 감방에서 반동 성향을 가진 죄수들이 무슨 말을 했는지 그 정보들을 우리에게 주기로 약속했다. 우리는 그를 석방시킬 생각이다." 정말 그 죄수는 다른 사람들이 보는 앞에서 석방됐다.

수감되어 있는 동안 나는 여수호신 돌마에게 기도를 하고자 여러 차례 시도해보았으나, 시간이 지날수록 아버지가 가르쳐주었던 스물한 줄이나 되는 긴 기도에 집중하기가 어렵다는 것을 깨달았다. 내 추억은 몇몇 기도의 장소에 머물러 있었다. 어쩌면 허기가 내 정신력을 약화하는지도 몰랐다. 나는 쉽사리 기억을 살려내지 못했다. 너무나 낙담스런 일이었다. 게다가 교도관이나 다른 죄수들의 방해를 받지 않는 자유 시간에 기도를 한다는 것은 불가능한 일이었다.

　　언젠가 한 환생 라마승에게 조언을 구할 기회가 있었다. 카퉁시투는 닝마 학파의 라마승으로 본래는 참도와 데르게 지방 사이에 있던 카퉁곤파란 사원 출신이었다. 그는 라싸에서 연구를 계속하다가 그곳에서 체포됐다. 나는 종종 그가 멀리 떨어져서 일하는 것을 보았고, 상황을 받아들일 줄 아는 그의 침착함에 위안을 얻었다. 다른 죄수들과의 교제는 각별히 조심하고 있었지만 그의 눈빛을 보면 나는 그가 다른 죄수들을 위해 기도하고 있다는 것을 알 수 있었다. 그의 눈은 평범하고 무관심한 다른 죄수들의 눈빛과 달리 사슴의 눈빛처럼 고요하고 깊었으며 자신의 주위에서 부탁하는 것들을 관심과 자비로움으로 감싸안고 있었다. 처음에는 그에게 다가갈 용기가 나지 않았으나, 곧 그에게 폐가 되지 않을지도 모른다는 확신을 갖게 됐다. 그는 내 손을 잡고 내 눈을 들여다보며 부드럽게 말했다. "이런 상황에서는 마음먹은 대로 기도에 전념할 수 없어요. 제가 당신께 짧은 기도문을 가르쳐드릴게요. 그러면 똑같이 당신을 바치는 기도

그래도 내 마음은 티베트에 사네

로 암송할 수 있을 거예요. 이런 곳에서 당신의 주요 관심사가 영적 실행이라니 저도 무척 기쁩니다." 그러고서 그는 9줄로 줄인 돌마에 대한 짧은 기도문을 가르쳐주었다. 그 후 곤궁과 고독의 세월 속에서 그 기도문은 나의 안식처가 됐다.

❀ ❀ ❀

수개월간의 노동으로 나는 점점 더 쇠약해졌고 한 번은 일주일 내내 잠에 빠지기도 했다. 일은 의무적으로 하면서도 먹을 것은 아주 소량만 배급하는 체제여서 많은 사람들이 굶어 죽고 있었다. 무엇이든 감행해야 할 것 같은 생각이 들었다. 마침 총을 찬 한 교도관이 내 감방에 들어오더니 말했다. "거기서 뭐 하는 건가? 다른 사람들은 모두 일하러 갔는데 왜 너는 안 갔지?"

나는 대답했다. "나는 아무것도 할 수가 없소. 힘이 없어요. 속은 비었고 그래서 일을 하는 게 불가능해요." 그는 내 머리채를 감방문 쪽으로 잡아당기더니 총을 들어 위협했다. 그가 총을 높이 쳐든 순간 갑자기 '이제 나는 죽게 되는구나' 하는 생각이 머릿속을 스쳤다. 당시 나는 이미 끔찍한 고통을 겪은 터였다. 형부의 사형을 바로 눈앞에서 보았고 카르체와 다르체도에서 구금과 고문을 경험한 바였다. 그 순간 '이런 만행에 나 자신을 내맡기느니 차라리 나를 죽여줬으면 좋겠다'는 생각이 들었다.

나는 추바의 윗도리를 찢어 가슴팍을 내보이며 소리쳤다. "자, 어서! 나를 쏴봐, 쏴보라구!" 그 교도관은 어안이 벙벙해져서 방아쇠를 당기지 못했다. 그 대신 그는 나를 바닥에 때려눕히고는 장홧발로 허리와 정강이를 짓밟았다. 몸을 둥글게 움츠린 채 그 시간이 지나가기를 기다렸다. 그의 마지막 발길질이 끝나자 정적이 엄습해왔다. 몇 초 동안 그는 거기 서서 나를 내려다보더니 감방을 나가며 문을 잠가버렸다.

나는 노역을 하지 않기로 결심했다. 어차피 모두가 굶어죽게 된 바에야 살려고 아등바등하는 것은 부질없는 짓이었다. '나는 여기서 죽게 될 거야.' 이것이 내가 할 수 있는 유일한 생각이었다. 그래서 내 윗도리의 옷자락 끈을 찢었고 이것으로 108개의 매듭을 지어서 염주를 만들었다. 아직 할 수 있는 일이란 내 신앙을 실천하는 것이 전부라고 생각했다. 이 시기 독방 생활을 하면서 나는 힘닿는 데까지 돌마의 기도문을 읊었다. 기도문을 읊다가 의식을 잃으면 다시 의식을 차려 걸어보려고 애쓰며 만다라를 읊고, 또 그러다가 바닥에 쓰러졌다.

이때부터 내가 다시 일을 하기로 결정하기까지 그들은 먹을 것을 전혀 주지 않았다. 그들은 말했다. "일을 하면 먹을 걸 주마." 어느 날 문득 내 불행의 종말을 억지로 만들지 말아야겠다는 생각이 들었다. 그 수용소에 있는 나와 같은 처지의 다른 사람들에 대해 생각하게 됐고 가족에 대해, 그리고 내가 다르체도에서 시체들 속에 내던져졌을 때 가족들을 두 번 다시 볼 수 없을 거라는 사실이 얼마나 두려웠었는지를 떠올렸다. 나는 다시 일터로 가기로 결심했다. 달리 어쩔 도리가 없었다.

그 수용소에는 냐롱 지방 출신의 수감자가 한 명 더 있었다. 이 죄수는 내가 죽여달라고 교도관을 자극했던 사실을 알고 있었다. 내가 독방에서 나오기 전 어느 날 그는 노역을 그만두기로 결심했던 모양이다. 그가 볼일을 보고 와도 되겠냐며 허락을 청했을 때 보초병은 일반 죄수들을 돌보느라 돌아다보지도 않은 채 허락했다. 그 티베트인은 은밀히 보초병이 배치되어 있는 곳 뒤편으로 갔다. 그러고는 볼일을 보는 대신 뾰족한 돌로 보초병을 때려눕히고서 자신의 추바를 벗어 던졌다. 그는 군인의 제복을 입고 그의 총을 빼앗아 도주하는 데 성공했다.

많은 수색대들이 파견됐으나 그를 찾아내지는 못했다. 집회가 열렸고 공관원이 그 남자를 선동했다며 나를 모략했다. "이년은 일하러 가는 걸 거부했어. 그리고 우리에게 총으로 쏴달라고 악을 썼지. 정말 악독한 년이지만 우린 이년을 죽이는 대신 고생을 좀 해보라며 이곳으로 보냈지." 그러자 "우린 이미 그 죄수를 찾아 죽였다"고 어떤 한 고관이 발표했다. 하지만 우리는 그들이 거짓말을 하고 있다는 걸 알았다. 만약 도주한 죄수를 찾았다면 그들은 여느 때처럼 그 시체를 가지고 와서 모두에게 보여주었을 것이다.

나는 점차 몇몇 수감자들을 알게 됐다. 그들은 아직 모든 걸 포기하지 않고 있었고 또한 내게 선뜻 말을 걸어왔다. 일부는 내가 노역을 거부해서 처벌을 받았다는 게 알려졌기 때문인 듯했다. 중국인들은 유독 나를 귀찮은 존재로 여겼으므로 늘 모든 교제에 조심해야 했다. 새로운 죄수들이 오면 그들과 얘기를 해도 괜찮은 건지 그들이 어디에서 왔으며 체포된 이유가 무엇인지를 알아보는 데 매번 2~4주의 시간을 들였다.

운좋게도 한 중국인 수감자와 친해졌다. 그녀의 이름은 시였다. 그녀는 청두 지방에서 국민당의 편을 들던 대단히 부유한 가문 출신이었다. 좀 특이한 데다가 다소 쌀쌀맞은 구석이 있긴 했지만, 늘 그렇지만은 않았다. 그녀는 괴로움으로 가득 차 있었다. 나는 먼저 내가 어떻게 체포됐는지를 이야기했다. 시가 체포되기 전 그녀의 오빠는 타이완으로 도주하는 데 성공했다고 한다. 공공연하게 공산주의자들을 비판하다가 '반동사상가'로 낙인 찍혔던 것이다. 공산주의자들은 그 가족을 악질 반동으로 치부하고 나서는 모두 체포하고 재산을 몰수했다. 결국 그들은 '자본주의 계급의 혁명반동분자'라는 비난을 받았다. 시를 처음 만났을 때 그녀는 상당히 뚱뚱한 편이었다. 그러나 나중에는 우리 모두와 똑같이 여위어버렸다. 그녀는 늘 말했다. "내가 한창 때는 말야, 사람들이 나를 '꽃돼지'라고 불렀는데 지금은 살가죽하고 뼈만 남았군."

지시를 따르지 않는 걸 보고서 시는 내게 관심을 갖었다. 어느 날 그녀는 내 팔을 잡고 중국말을 할 줄 아는 티베트인의 도움을 빌어 이렇게 말했다. "당신이 교도관에게 죽여달라고 했을 때 그 작자는 무지 당황했을 거예요. 그들은 당신을 오래도록 괴롭히라는 명령을 받았거든요. 그렇게 당황하는 꼴을 보니 정말 기분이 좋더군요. 그 자가 당신의 감방에서 나왔을 때 얼굴이 온통 새빨개져서는 건물 벽에다 대고 분풀이를 하는 꼴이라니……. 그 당시 내가 그자에게서

그래도 내 마음은 티베트에 사네

멀리 떨어져 있었던 게 천만다행이었지요."

우리는 정말 좋은 친구가 됐다. 시는 나에게 매우 친절했다. 그녀는 남 돕기를 좋아했고 내게 중국말을 가르쳐주었다. 일을 할 때도 어떤 대상을 가리키며 중국어로 말해주었다. 예를 들면 양동이를 가리키며 나에게 가져오라는 식이었다. 이런 공부는 이후 고탕갈고를 떠나 다른 두 곳의 강제노동수용소로 옮겨가고 우리가 감금된 내내 계속됐다. 이 공부가 유용했다는 것은 곧 입증됐다.

시는 늘 공산주의자들의 반대 입장에 있었다. 어느 날 포로들은 중국과 소련의 관계가 나빠졌다는 소식을 들었다. 예전엔 아주 긴밀한 관계를 유지하고 있었지만 공산주의 이론을 실행하는 데 이견이 생겼던 것이다. 아마도 당시 이 두 나라는 공산주의를 통해 세계를 제패하는 데 서로 다른 생각을 갖고 있었던 것 같다. 결국 그 두 나라 간의 외교관계는 완전히 단절되고 말았다. 중국 공산주의자들은 러시아를 '수정주의자'라고 불렀다. 왜냐하면 돌연 러시아가 혁명을 완수하기 위한 방법으로 권력 이외에 또 다른 것이 있다고 했기 때문이다. 이러한 소식은 국민당 포로들에게 새로운 희망을 심어주었다. 그들은 공산주의자들의 힘이 어떻게든 약해지기를 바라고 있었기 때문이다.

✦ ✦ ✦

어느 날 동이 트기도 전에 우리 중 30명가량의 수감자들이 소집됐고 조금 먼 곳으로 일하러 간다는 통지를 받았다. 약 50명 정도 되는 군인들이 인솔하는 대로 우리는 어둑한 새벽녘 그 수용소를 떠나 산속으로 행군했다. 군인들은 줄을 이탈하면 높고 험준한 이 길에서 떨어져 죽을 거라고 우리를 위협했다. 다행히 우리는 서로 한데 묶여 있지 않았다. 행군을 하는 동안 시와 나는 계속 나란히 걸었다. 이 행군 도중 다른 티베트인들을 만난다면 그들은 우리의 모습을 보고 무엇을 느낄까 하는 생각을 해보았다. 저 멀리 길가에 집 몇 채가 늘어서 있긴 했지만, 밖에 나와 있는 사람은 아무도 없었다. 우리의 목적지는 고탕곤파라는 큰 사원이었다. 사원 구역으로 들어서자 섬뜩한 느낌이 들었다. 보존 상태는 아주 양호했으나 사원 특유의 모습이 보이지 않았기 때문이다. 수도승도 거의 없었고 건물은 텅 비어 있었다. 사원은 그 지방 집단생산체의 공식 창고로 이용되고 있었다.

우리는 강제노동수용소에 밀을 조달하기 위해서 파견된 처음이자 마지막 일행이 됐다. 그 이유는 우리가 배고픔을 참지 못하고, 일하는 동안 남몰래 곡식들을 날것으로 먹어 치웠기 때문이다. 우리가 곡식을 먹는 걸 알아챈 교도관들이 욕을 퍼부었다. "너희들, 일은 하지 않고 도둑질만 하고 있냐!" 그들은 소리를 지르고 때리기까지 하면서 우리가 주워 모을 수 있는 가능한 한 많은 양의 밀을 들고 일렬로 소집하게 했다. 시는 울분을 터뜨렸다. 그녀는 바닥에 침을 뱉고 욕을 했다. "공산주의 아래 사느니 차라리 돼지로 태어나는 게 더 낫겠군. 우린 모두 굶어 죽을 거야, 짐승에게는 최소한 곡식이라도 조금 던져줄 테지만."

우리는 저녁이 되어서야 수용소로 돌아올 수 있었다. 그렇게 멀리 걷는 데 익숙지 않아서 물을 아주 많이 마셨다. 곡식을 날것으로 먹었기 때문에 배는 더부룩하게 부어올랐고 무거운 곡식 꾸러미를 들고 오느라 무척 지쳐 있었다. 우리 중 많은 이들이 다음날 설사로 곤욕을 치렀다. 그날 밤 나는 위경련이 일어나는 것을 참으며 잠을 청하다 꿈속으로 빠져들었다. 꿈속에서 나는 홀로 사원의 문으로 들어가 누군가를 부르고 있었는데 아무 대답이 들려오지 않았다. 나는 어두운 법당이며 집회실, 부엌과 정원을 이리저리 뛰어다녔다. 내 외침에 대한 대답이 주변에 깔린 적막뿐이란 것을 깨닫자 집주인이 과연 어디로 갔는지 그리고 그들에게 무슨 일이 일어났는지가 궁금했다.

사원에 다녀오는 동안 캄 지방 타오 지역의 출신이었던 위가라는 젊은 비구니 스님에게 관심을 갖게 됐다. 그녀는 원정 내내 아무 말도 하지 않았다. 그녀는 슬픔에 찬 눈으로 조용히 주변에서 일어나는 일들을 바라보았다. 그녀와 말을 해볼 수 있기를, 그녀를 어떻게든 도와줄 수 있기를 바랐다. 하지만 과연 무슨 말을 해줄 수 있었겠는가!

모든 이들이 어떠한 위로에도 감동을 느끼지 못하는 듯했고 가소로워하는 것 같았다. 각자 자기 내면의 좋은 점을 이끌어내야 했다. 우리는 같은 고통으로 괴로워하긴 했지만 스스로를 구제해줄 방법을 각자 찾아야 했다. 위가는 채소밭에서 돌을 고르라는 명령을 받았다. 그때 나는 더 이상 일을 할 상태가 아니었지만 종종 채소밭

고탕갈고에서

으로 보내졌다. 돌아다닐 수도 없을 만큼 너무 몸이 약했기 때문에 그냥 그 자리에 앉아 이따금씩 저 멀리 떨어져 있는 위가를 바라보 곤 했다.

위가는 늘 교도관들로부터 저만치 떨어져서는 계곡에서 가까운 농장 쪽으로 가려고 했다. 교도관들이 바라보면 그녀는 고개를 숙 이고 돌을 골라내는 데 열중하다 보니 그렇게 됐다고 둘러댔다. 그 렇게 약 일주일 정도가 지나갔다. 어느 날 그녀는 계곡 가까이까지 가는 데 성공했다. 교도관들은 그녀에게서 너무나 멀리 떨어져 있 었으므로 그녀를 따라잡을 수도 없었다. 마지막으로 그녀는 내 쪽 을 바라보더니 이내 교도관 쪽을 흘깃 보고는 빠른 물살 속으로 뛰 어들었다.

여느 다른 죄수들과 마찬가지로 그녀도 심한 우울증에 빠져 있었 다. 중국인들이 티베트의 종교를 비난했고 수도승과 비구니들에게 는 특히 더 심한 모욕을 했기 때문이다. 게다가 굶주림까지 더해졌 었다. 우리의 신앙은 인간의 몸으로 태어난 것이 귀한 복이며 자살 은 가장 나쁜 죄악 중 하나라고 가르쳤지만, 그녀는 과연 이러한 조 건에서 삶을 연명하는 것이 최상의 길인가 하는 생각을 했을 것이 다. 그 당시 다른 모든 죄수들은 그녀의 행동에 공감할 수 있었다.

1960~1962년까지는 가장 혹독한 고난의 시기였다. 우리들 중 어느 누구도 사람이 그렇게 살 수 있으리라고는 상상해본 적이 없었 다. 기근이 만연해 있다는 얘기가 들렸지만 우리는 그 원인을 알 수 없었다. 우리는 중국이 티베트에서 목표했던 보충 수확이 어떻게 된

것인지 궁금했다.

❀ ❀ ❀

고탕갈고의 부엌에서는 커다란 목제 그릇에 음식이 배식됐다. 몹시 쇠약해진 수감자들은 지팡이에 몸을 의지하고 걸어야 했지만, 자기 몫의 음식만큼은 받기가 무섭게 다 먹어치웠다. 접시를 들고 움직일 때마다 으레 음식이 바닥에 떨어졌다. 비틀거리는 몸을 추스르다가 넘어지기 일쑤였고 그러면 음식은 바닥에 쏟아졌다. 죄수들이 이리저리 비틀거리며 똑바로 서려고 애쓰는 모양은 죽음의 춤을 추는 모습을 연상케 하기도 했다.

음식을 나눠주고 나면 요리사는 죄수들이 앉아 있는 중앙으로 와서 그 목제 그릇을 두드렸다. 그러면 남은 음식을 낚아채려고 건강 상태가 제일 좋은 죄수들이 앞쪽으로 몰려들었다. 많은 이들이 조금이라도 더 얻어먹으려고 자신들의 손을 나무구멍 쪽으로 뻗었고 손을 핥아먹었다. 어떤 사람들은 손가락만 빨기도 했다.

그때마다 몇몇 죄수들이 그 그릇을 이쪽저쪽으로 잡아당겼다. 그들은 교도소 직원들의 비웃음 속에서 아귀다툼을 하며 마지막 남은 한 톨까지 먹겠다고 안간힘을 썼다. 그 사이에서 바둥거리기엔 너무나 몸이 약해져 있던 나는 이러한 장면을 그냥 지켜볼 수밖에 없었다. 정말 분노가 일었지만 내가 할 수 있는 건 아무것도 없었다.

당시 대부분 사람들이 이미 자기 신발 밑창의 가죽까지도 먹어치운 상태였다. 우리는 돌로 신발을 찧어 바느질 솔기를 푼 다음, 가죽으로 된 밑창을 두들겨 연하게 만들었다. 기회만 되면 우리는 그 가죽을 씹어댔다. 먹기에는 약간 단단하다는 느낌이 들었지만 여러 조각으로 나뉘어 이 사람에서 다음 사람에게로 전달됐다. 결국엔 이 가죽도 사람이 삼킬 수 있을 만큼 아주 부드러워졌다.

교도소 직원들이 죄수들의 희생을 즐기기 시작하면서 우리는 고탕갈고에서 가장 힘겨운 충동을 참아내야 했다. 종종 교도관들과 공관원들은 찻잎을 바닥에 쌓아놓았다. 그 근방에는 많은 차나무가 산재해 있었다. 모든 죄수들은 그 찻잎을 몇 개라도 훔쳐 먹으려고 애썼다. 그러나 힘이 너무 없어 찻잎에 손을 대다가는 넘어지기 일쑤였고 그렇게 서로 엉켜 다툼이 벌어졌다.

결국 한 사람이 그 차 더미에 손을 댔고 사람들은 그의 얼굴이며 입이 찻잎 때문에 시커멓게 물드는 꼴을 볼 수 있었다. 그러면 공관원들과 교도관들은 손뼉을 치고 서서 양쪽의 죄수를 응원하는 것이었다. 그자들은 웃으며 환호성을 질렀고 이 장면을 가리키며 축배를 들었다.

텐진투타라는 이름으로 알려진 한 티베트인 교도관이 있었다. '투타'는 소위 계급에 해당하는 직위였다. 인민해방군에 입소하기 전까지만 해도 그는 캄 지방 바탕 지역의 거지였다. 텐진은 수감자들에게 매우 친절했고 우리가 채소나 돼지사료를 훔치는 것을 봐도 못 본 척 넘어갔다. 중국인들이 죄수들의 희생에 재미있어 하고 있을 때면 그는 멀찌감치 서서 언짢은 표정을 짓고 있었다. 주먹을 불끈 쥐고 얼굴에는 분노를 띤 채…… 냉혹한 인간은 아닌 게 분명했

그래도 내 마음은 티베트에 사네

을 그가 과연 무슨 생각을 하고 있을지 나는 늘 궁금했다. 그는 안락하고 안정된 직위를 갖고 있었으나 자신이 이탈해 나온 자기 민족의 수난을 늘 염두에 두고 있는 듯했다. 텐진투타는 중국 공산주의자들이 했던 약속 즉 '해방'의 증인으로서 홀로 그렇게 서 있었다. 나는 그러한 그가 전혀 부럽지 않았다.

❀ ❀ ❀

수용소 내에 몇몇 중국인 수감자들은 땅속에 있는 두 종류의 벌레를 파내서 잡아먹었다. 정말로 잡기 어려운 진드기도 있었다. 그러나 여러 수감자들은 이 벌레를 잡아서 터뜨려 빨아먹었다. 이렇게까지는 할 수 없었던 사람들은 조그만 온갖 푸성귀들을 뜯어 입에 우겨넣었다. 독성이 있는 풀인지 없는 풀인지는 신경 쓸 여력이 없었다. 채소밭의 감시가 삼엄했으므로 그곳에서는 때를 봐가면서 뭐라도 잡아야 했다. 극심한 굶주림은 사람들을 미치광이로 만들고 있었다. 겨우 몇 시간밖에 되지 않았고 불편했지만 사람들은 잠결에서나 굶주림의 고통을 잊을 수 있었다. 그러나 그때조차도 우리는 먹는 꿈을 꾸었다. 밤이면 종종 죽어가는 수감자들이 혼수상태에서 외치는 비명 소리가 들렸다. "맛 좋은 참파를 조금만 얻어먹을 수 없을까요? 빵 한 조각, 아니 차 한 잔만이라도 좀 주세요." 그렇게 그들은 달라이 라마에게 외치며 마지막 순간까지 그의 축복을 구했다.

처음에 우리는 영양실조에 수반되는 자기통제에 대한 무기력증과 권태로움 앞에 엄청난 불안감을 느꼈다. 수용소에서 서로 이야기를

고탕갈고에서

나누기란 어려운 일이었다. 그리고 조금 시간이 지나면서는 우리 스스로가 너무 허약해져서 기회가 있다 하더라도 힘을 아끼기 위해 조용히 있는 것이 더 낫겠다고 생각했다. 결국 끊임없는 굶주림과 살을 에는 듯한 추위의 고통과 그 결과로 약해진 몸이 우리의 생각을 무디게 만든 것이다. 생각할 수 있는 것은 겨우 몇 가지뿐이었다. 어떻게 하면 넘어지지 않고 제대로 설 수 있을까, 어떻게 하면 한 걸음이라도 더 내디딜 수 있을까, 어떻게 하면 잠자는 동안 얼어붙을 것 같은 이 추위에서 벗어날 수 있을까……

종종 아침에 잠에서 깨어나면 옆에 있던 동료 수감자가 싸늘하게 죽어 있기도 했다. 끝까지 버틸 수 있는 한 가지 방법은 작은 목표를 세워두는 것이었다. 나는 추바의 안감을 찢어서 매트리스를 하나 만들었다. 온종일 작은 덤불이나 부드러울 만한 것들을 찾아서 매트리스 안에다 그것들을 채워넣었다.

⊛ ⊛ ⊛

내 친구들과 가족들은 5년 동안이나 나를 볼 수 없었다. 그들은 마침내 내가 고탕갈고로 이송됐다는 것을 알게 됐고, 니마 오빠가 용기를 내어 나를 방문하고자 혼자서 여행을 감행했다. 강제노동수용소 입구에서 교도관들은 죄수들에게는 어떤 방문도 허용되지 않는다며 그를 돌려보내려 했다.

그런데 수용소에는 국민당계 중국인 의사가 한 사람 있었다. 그는 아주 친절한 남자였다. 어떤 이유에선지 그는 내 신변에 대해 관심

그래도 내 마음은 티베트에 사네

을 갖고 있었다. 그는 오빠가 왔다는 소식을 듣고 출입문으로 가서
는 잠깐이나마 내가 니마 오빠를 볼 수 있도록 손을 써주었다. 그렇
게 해서 나를 본 니마 오빠는 눈물부터 흘렸다. 나도 이런 상황에서
오빠가 나를 봐야 한다는 사실이 너무나 괴로웠다. 오빠가 집에 돌
아가서 우리 마을 사람들에게 내가 사는 모습에 대해 소상히 이야기
한다면 그들은 더 이상 내가 살아남으리라는 희망을 가질 수 없을
것이다.

누이동생에 대한 마지막 기억이 될지도 모를 모습이 거의 알아보
기조차 어려운 몰골인 데다가 굶주림에 이미 반쯤은 죽은 거나 다름
없는 모습이라는 현실이 나를 슬프게 했다. 잠깐 동안 오빠의 손을
잡고 그저 바라보는 것밖엔 아무것도 할 수 없었다. 수용소 상황에
대해서는 어떤 말도 할 수 없었다. 물론 오빠는 상황을 알아차렸을
것이다. 그렇게 오빠와 내게 할애된 짧은 시간은 지나가버렸다.

티베트인들에게는 원래 죄수들을 방문하는 것이 허락되지 않았지
만 찾아오는 이들이 있었고 그들은 우리를 위해 음식을 넣어주었다.
이따금씩 방문객들이 지명한 죄수들은 넣어준 음식을 조금 받기도
했다. 물론 아무것도 받지 못하는 경우도 빈번했다. 공관원들은 니
마 오빠가 가져온 사식을 허락하지 않았다. 그때 그 의사가 걸어오
더니 말했다. "내가 음식을 맡아두었다가 아데에게 조금씩 주겠소."
그는 나를 자기 사무실로 불러 말했다. "이제는 좀 마음을 가라앉히
고 공관원이나 교도관들과 다투지 마세요. 당신이 평범한 수감자로
있어야 내가 당신을 도울 수 있을 거요. 만약 당신이 끝끝내 그들과

다투려고 한다면 아무것도 해줄 수가 없어요."

처음에 그는 버터가 든 참파를 조금 주었다. 그러고는 이렇게 덧붙였다. "한 번에 많이 먹으면 당신은 죽을 수도 있어요. 당신 오빠가 가지고 온 음식은 내가 맡아두었다가 조금씩 주겠소." 내가 다른 죄수들에게로 되돌아왔을 때 그들이 말했다. "오, 아데에게서 참파 냄새가 나요." 몇몇 죄수들이 내게로 와서 물었다. "뭘 좀 얻어먹었나요? 댁의 오빠가 먹을 것 좀 주던가요?" 순간 내가 너무 이기적이라는 느낌이 들었다. 내 마음은 무척 혼란스러웠다. 다들 극심한 배고픔을 견디고 있다는 걸 잘 알고 있었기 때문이었다. 내가 어디로 가는지 모두들 눈여겨보고 있었다.

결국 나는 그 의사에게 가서 내 사식을 가지고 죄수들 모두를 위해 무언가를 마련해달라고 하는 수밖에 없다는 결론을 내렸다. "불가능한 일이오. 당신 식량은 그다지 많은 양이 아니라오." 작은 주머니 안에는 참파와 버터, 작은 고깃덩이와 치즈, 약간의 찻잎이 전부였다. 그에게 말했다. "이것들을 한데 모아서 모두를 위한 걸쭉한 수프를 만들면 어떨까요?"

그러자 그가 물었다. "당신, 정말로 전부 다 주어도 괜찮겠소?" 정말로 괜찮다고 대답했다. 그리하여 그는 음식 만들 준비를 했다. 그가 나를 도와주기 위해 어떤 수단과 방법을 썼는지는 모르겠지만, 그는 주임의사였고 중국인들에게서 존경받고 있었다. 그는 요리에 쓸 큰 냄비를 준비하더니 자신이 나를 도와 요리를 했다. 식사는 주방에서 나눠주었다. 그 의사는 가운을 입은 채로 거기에 서서 내가

그래도 내 마음은 티베트에 사네

수감자들에게 수프 접시를 나눠주는 걸 잠자코 바라보았다. 수프가 아직 뜨거웠는데도 수감자들은 기쁜 얼굴로 즉석에서 그것을 다 마셔버렸다. 그들의 얼굴이 발그레하게 상기됐다. 많은 이들이 접시를 핥아먹고 나서도 물에 부셔 헹궈 마셨다. 그들은 고마움을 전하며 내 손에 입을 맞췄다. "죽기 전에 언제 또 이런 음식을 먹어보겠어요. 당신이 우리에게 그것을 주셨군요."

고탕걀고에는 라싸 지방 출신의 라마승들이 여러 명 있었다. 내게 돌마 기도문을 가르쳐주었던 카통시투라도 그들 중 하나였으며 그역시 수프를 나눠줄 때 그 자리에 있었다. 그는 말했다. "티베트가 독립되어 있었을 때는 유복한 가문들이 식사며 차를 큰 사원에 기부하는 것은 관례였지요. 엄청난 재산이 있었기에 가능했던 일입니다. 그러나 오늘 당신이 자신의 음식을 모두에게 나누어준 것은 대단히 의미 있는 일입니다. 당신의 행동은 칭찬받아 마땅하며 당신은 꼭 살아남게 될 거예요. 그러나 우리에겐 죽음만이 있을 뿐이에요. 우린 이러한 만행에서 벗어날 길이 없어요."

수용소에는 라싸에서 체포되어 암도 지방의 강제노동수용소로 왔다가 고탕걀고로 이송돼온 한 티베트인이 있었다. 그는 늘 모자를 쓰고 있었다. 너무 몸이 약해서 제대로 서거나 걸어다니지도 못하는 사람이었다. 어떤 이유에선지 그는 늘 나를 바라보고 있었다. 내 옷은 그 당시에도 여전히 누더기였다. 추바 앞자락은 항상 신발에 밟혀 비틀거렸고 그 때문에 앞자락이 너덜너덜했다. 신발 밑창은 이미 오래전에 먹어치운 상태였다.

이 남자도 수프를 조금 얻어먹은 죄수들 중 한 명이었다. 그는 힘이 없어 손으로 자기 모자를 쥐지도 못했지만 있는 힘을 다해 천천히 모자를 움켜쥐었다. 그러고는 모자를 벗어 합장을 하며 그것을 내게 내밀었다. 그 모자가 어떤 라마승의 것일 거라고 생각하며 매우 기쁘게 받았다. 왠지 성스러운 느낌이 드는 모자였다. 그날 저녁 늦게서야 나는 그 모자 가운데에 단추처럼 딱딱한 무언가가 있음을 감지했다. 모자를 벗어 주의 깊게 살펴보니 돌돌 말아서 실로 매놓은 종잇조각이 있었다.

풀어보니 그것은 달라이 라마의 초상화였다. 그 후로 나는 그 모자를 늘 쓰고 다녔다. 교도관들이 그것을 탐내지 않도록 일부러 지저분하게 만들었다. 만약 내가 따뜻하고 좋은 모자를 쓰고 다니는 걸 보았더라면 그들은 늘 그랬듯이 그 모자를 빼앗아갔을 것이다. 너무나 값진 이 선물은 내게 희망을 가져다주었다.

※ ※ ※

고탕갈고의 교도소장은 마쿠창이란 자였다. 그는 군사행정의 최고 사령관일 뿐만 아니라 강제노동수용소의 인사권까지 쥐고 있었다. 마쿠창은 나타날 때마다 마치 자기가 이 세상에 마지막 남은 지도자라도 되는 양 소란을 피웠다. 그는 죽어가는 굶주린 백성들 위에 군림하는 왕처럼 보였다. 게다가 정말 뚱뚱한 데다가 혈색이 좋았다. 그의 외모는 해골 같은 티베트인들과 강한 대조를 이루고 있었다. 굶어 죽기 직전인 우리의 얼굴은 더 이상 인간의 형상이 아니었다. 게다가 황달로 얼굴빛마저 변해 있었다. 수용소 그 어디에도 씻을 만한 데가 없었고 새 옷을 얻어 입을 길도 전혀 없어서 우리 모두에게는 악취가 풍겼다. 마쿠창은 지나갈 때마다 향수를 뿌린 수건으로 코와 입을 막았다. 1962년 마쿠창이 전임됐다. 그의 자리에 취임한 사람은 페이라는 인물이었다. 이들 두 사람을 거쳐갔던 여러 문서들 중에는 또한 죄수들의 명부가 있었다. 마쿠창은 페이에게 3년 동안 무려 1만 2,019명의 죄수들이 사망했다는 정보를 인계했다. 텐진투타가 우연히 그들의 대화를 엿듣고는 의사에게 가서 이러한 정보를 전해주었다. 이 두 사람은 그 엄청난 수에 놀랐다고 한다. 다른 죄수들은 텐진이 순찰하던 도중 의사에게 보고하는 것을 듣게 됐다.

얼마 후 우리는 카통시투의 죽음을 지켜봐야 했다. 그와 감방을 함께 쓰던 수감자들은 그가 가부좌를 한 채 숨을 거두었다고 말해주었다. 그의 시신은 '무드라'라는 예식, 즉 손동작을 취하고 명상을 하며 앉은 채로 이른 아침에 발견됐다. 시신은 마치 불상과도 같았다. 그 소식을 듣고 나는 맨 먼저 그 거룩한 눈동자와 그가 보여준 친절한 모습을 떠올렸다. 그가 심어준 용기와 그의 목소리가 생각났다. 그가 했던 말이 정말 현실이 되리라고는 상상조차 할 수 없었다. 나는 어떻게든 살아남을 거라던. 우리가 경험한 것들은 아무런 질서도 정당성도, 의미도 없는 것처럼 보였다. 그러나 그와 그의 침착하고 담대했던 말씀은 평생 동안 결코 잊지 못할 것 같았다.

❀ ❀ ❀

　고탕걀고에 수용되어 있는 동안 내 머릿속에는 늘 3가지 주제가 맴돌고 있었다. 달라이 라마와 망명 중인 티베트인들에 대해 생각했으며, 그들이 지원을 얻어 티베트의 독립을 되찾는 일이 성공할지 궁금했다. 또한 내가 체포됐다는 것과 숨진 모든 죄수들에 대해서도 생각했다. 그리고 남겨두고 온 내 피붙이와 아이들에 대해서도 생각했다. 언젠가는 그들을 다시 볼 수 있을까? 어미는 죄수들 속에서 굶주리고 있는데 아이들은 어찌 지내고 있을까? 더불어 보다 좋은 시대가 오기를, 그래서 자유인으로서 수용소를 떠나 아이들 곁으로 돌아가기를 바랐다. 그러나 자유에 대해 상상할 때면 자유를 누릴 가능성이 그리 크지 않다는 느낌이 들었다. 왜냐하면 내 주위 사람들이 모두 죽었고 어쩌면 나 역시 여기서 죽게 될 운명이었기 때문이다. 내가 다시 이송될 당시 고탕걀고에는 겨우 60여 명의 죄수들만이 목숨을 부지하고 있었다.

　1963년 어느 날 그들은 나머지 죄수들을 한데 모으더니 이렇게 말했다. "너희들은 이제 다르체도로 돌아갈 것이다. 짐을 꾸려 출발할 준비를 해라." 1960년 나와 함께 이곳으로 이송됐던 100여 명의 여자들 중에서 나를 포함해서 겨우 4명만이 살아남았다. 지역 당국은 죄수들이 너무 약해 빨리 죽어버리자 광산에 더 이상 이익이 되지 못한다고 여겼던 것이다.

　골짜기에서 가파른 오르막길로 올라가라는 교도관들의 지시를 기다리는 동안에도, 우리는 힘들게 지팡이에 몸을 의지하고 있었다.

그래도 내 마음은 티베트에 사네

사나운 물소리가 귀를 울렸다. 출발 명령이 떨어지자 우리는 두 줄로 출발했다. 모두 작은 여행가방 하나만 들고 있었다. 우리는 천천히 죄수들의 묘지를 지나쳐 갔다. 내 유골도 이곳에 묻힐 뻔했었다. 묘지를 지나가면서, 숨진 동지들에게 낮은 소리로 말했다. "당신들도 조금만 더 버텼더라면 오늘 우리와 함께 갔을 텐데……." 티베트의 모든 신들께 그들의 명복을 빌었다.

티베트에선 사람이 죽으면 대개 49일 동안 고인을 위한 애도의식을 행한다. 우리 문화에서는 정식 매장이 영혼을 속세의 혼란과 속박에서 자유롭게 한다고 하여 무척 중요한 것으로 여겼다. 이곳을 지나가면서 죽은 자들의 극락왕생을 위해 기도했고 평생 그들을 위해 기도하겠노라고 다짐했다. 같은 고통을 견딘 그들은 우리에게 피붙이나 다름없었다. 이곳을 지나는 모든 티베트인들이 깊은 슬픔에 잠겼다. 그들은 바로 이 불행한 죽음의 증인들이었다. 우리가 할 수 있는 일이라곤 황량하고 공허한 묘지를 지나면서 눈물을 흘리는 것뿐이었다.

잠시 길을 걸어 올라가다가 고개를 돌려 뒤를 돌아보았다. 수용소는 이제 내 눈에서 완전히 사라지고 없었다. 나와 다른 생존자들은 불확실한 운명의 길을 향해 계속 나아갈 따름이었다. 인생무상을 생각하니 가슴이 공허했다. 그리고 얼마 전까지만 해도 듣던 목소리를 더 이상 들을 수 없다는 현실에 위대한 라마승 총카파의 『신주의 본체』에 나오는 한 기도문이 떠올랐다. 그 기도문은 불자의 길에 대한 것이었다.

과거에 살았던 귀하고 천한 이들을 가만히 살펴보노라면 그들의 이름밖엔 남은 것이 없음을 알게 되나니. 그리고 지금 살아 있는 모든 존재들도 매일 죽어가게 된다네. 지금 내 처지와 집과 혈육과 친구들과 재산과 심지어는 이 육신마저도 분명 모든 것들은 사라지게 되나니, 나는 이 슬픈 현실 속에서 어디에 귀의해야 하는가?

진정 가치 있는 훌륭한 삶은 찾기가 쉽지 않고, 설령 그것을 찾을지라도 그것은 너무나 불안정해서 풀대롱에 매달린 이슬방울만큼이나 빨리 없어질 것이로다.

우리 스승들은 세상 무상의 본질과 개개인의 삶이 얼마나 쉽게 부서질 수 있는가를 집중하여 가르쳤고, 우리 민족은 늘 이러한 교훈으로부터 무언가를 배우는 것을 중요하게 여겨왔다. 물론 각자의 능력대로. 이러한 고통과 혼미한 좌절이 어떻게 시험대에 오른 것인지는 알 수 없었지만, 끊임없이 묵상하면서 나와 다른 모든 이들을 위해 힘과 가르침을 달라고 티베트의 신께 기도했다.

이러한 실행에도 불구하고, 너무나 많은 사람들이 여전히 이해하기 어려운 이유로 참혹한 패배와 고통과 고뇌의 세월을 보낸다는 사실이 내 마음을 무겁게 했다. 그들의 영혼이 이승에서 누리지 못했던 자유를 얻었으면 좋겠다.

3부

———

호수에 피어오른 연꽃

돌 위에 물 붓기

고탕걀고 출신 여생존자 3명을 비롯해서 그 외에 60~70명가량 되는 티베트 여인들과 함께 나는 한동안 나취 사원에 수용됐다. 이곳에 감금됐던 라마승들 대부분이 죽고 없었지만 갓 들어온 수감자들이 많아 수용소 단지는 확장됐다. 수용소장도 창두쉬가 아닌 새 인물로 교체됐다. 1962년에 이러한 자리 이동이 있었을 당시 이곳의 총 수감자는 2,319명이었다.

한 친구가 두 번째 추바를 얻어 입게 해주었다. 5년 동안이나 나는 옷을 갈아입지 못하고 있었는데 이때부터는 달거리가 있는 날에는 헌 옷을, 평상시에는 새 옷을 입게 된 것이다. 새 추바를 입게 됐다는 사실이 너무나도 기뻤다. 헌 옷은 그사이 누더기가 다 되어 있었다.

다르체도의 한 사원 교도소에서 재편성된 뒤 우리는 다시 민약란가 인근에 있던 체톡 지방의 쉬마차 강제노동수용소로 이송됐다. 민약란가는 다르체도에 있는 행정관청의 지배를 받는 5개 관할지구 중하나였다. 이 지방은 현재 중국식 이름인 '싱두키아오'란 이름으로 알려진 곳으로 다르체도에서 서쪽으로 약 4시간 거리에 있었다. 이 들 두 지방 사이에는 '귀라'라는 중요한 협곡이 하나 있었다.

민약란가의 내륙으로는 21개에 달하는 교도소와 강제노동수용소 가 있었다. 이들 중 쉬마차 수용소는 귀라의 바로 아래쪽, 민약과는 동쪽으로 약 1킬로미터 거리에 위치하고 있었다. 이곳은 달라이 라마가 1954년 중국 방문 길에서 티베트에 마지막으로 머물렀던 군사 공항과 아주 가까웠고, 공산주의의 침공전에는 티베트인들에게 아름다운 명소로 알려져 있었다. 축제 때면 이곳에서 소풍과 승마를 즐기거나 여러 공연들을 벌였다. 그러나 지금은 공항과 교차로(남북 으로 카르체와 리탕 방향으로 갈라지는 곳) 사이 길 양옆으로 6개의 수 용소가 진을 치고 있다. 쉬마차, 누판뒤, 사야뒤, 와다뒤, 미안펜창, 켄유가이조가 그 수용소들이다. 이들 모두는 싱두키아오 교도소 소속이었다.

쉬마차 수용소에는 이미 라싸와 제쿤도 출신의 여수감자들이 50 명가량 있었다. 한눈에 봐도 이곳 형편은 고탕걀고보다 훨씬 좋아 보였다. 예전엔 돌아누울 자리도 넉넉지 못해서 서로 바짝 붙어 잠을 자야 했다. 밤사이 옆 사람이 죽어도 다음날 아침이 될 때까지 시 체 옆에서 그냥 누워 살아 있던 육체의 체온이 서서히 떨어지는 것을 느끼기도 했다. 하지만 쉬마차에서는 최소한 잠자리만큼은 편안 했다.

당시 거의 모든 죄수들이 온갖 천으로 기운 누더기를 입었다. 티 베트어로는 그것을 '타타'라고 하는데 '얼룩말 같은'이란 뜻이다.

그래도 내 마음은 티베트에 사네

강제노역을 할 때면 종종 가시덤불에 옷이 찢기기도 했다. 우연히 수풀에서 천 조각 하나라도 발견하면 우리는 그것을 감방으로 가지고 와 옷에다 덧붙여 꿰맸다.

건강한 죄수들은 채소밭에서 일해야 했고, 연로하거나 병든 사람들은 감방에 갇혀 손으로 물레질을 해야 했다. 채소밭에서 일을 하면서 우리는 채소를 훔쳐 먹을 수 있었다. 추바 앞단에 비밀 주머니를 달아 교도관이 보지 않을 때는 채소를 찔러넣었다. 하루 일과가 끝나면 교도관들은 우리가 채소를 훔쳤는지 알아내고자 조사를 했지만, 우리의 비밀 주머니는 찾아내지 못했다. 우리는 감방으로 돌아와서 몸져누워 있는 사람들이나 보잘것없는 교도소 식사 외에 아무것도 먹지 못하는 사람들에게 그 채소를 갖다주었다.

이 수용소에는 몇몇 국민당계 중국인들이 일을 하고 있었다. 죄수였던 그들은 자기네 형기를 마치고 나서도 돌아갈 집이 없자 자유로이 출입이 가능한 월급쟁이로 계속 일을 하고 있던 것이다. 그들의 임무 중 하나는 외부로부터 수용소 농장에 뿌릴 거름을 가져오는 것이었다. 때문에 그들이 가까이 지나가면 우리는 시장에서 무언가를 좀 구해달라며 그들을 설득했다. 주로 작은 버터나 당밀, 바늘 같은 것들을 사다 달라고 부탁했는데, 교환 조건으로 갖고 있던 옷가지라든가 이런저런 소소한 물건들을 내주어야 했다.

어떻게 알았는지 니마 오빠는 내가 이곳으로 이송된 얼마 뒤 돈을 조금 보내왔다. 나는 받은 돈 중 10분의 1을 내게 가장 값진 재산이 된 바늘을 사는 데 썼다.

돌 위에 물 붓기

이곳으로 오기 전 나는 함께 붙잡혀온 몇몇 여자들밖엔 몰랐다. 그러나 그 후로 여기 있는 모두와 함께 지내면서 서로에 대한 이해심을 갖게 됐다. 그것은 우리가 온갖 만행을 함께 경험했기 때문이었다. 우리 모두는 금세 자매만큼이나 가까운 사이가 됐다.

병이 나서 몸져누운 사람은 강제로 털실 뽑는 일을 하면서도 "내 친구가 뭐라도 좀 갖다주겠지"라는 희망을 가질 수 있었다. 그리고 채소밭에서 뭐라도 훔쳐 먹을 수 있던 여자들은 "감방에서 친구가 기다리고 있어. 뭐라도 좀 가져다줘야 해. 기다리고 있을 거야. 내가 아무것도 갖다주지 못하면 실망할 거야" 하고 말했다.

우리는 썰렁하고 딱딱한 콘크리트 바닥에서 잠을 자야 했다. 추위를 견디기 위해 우리는 진짜 매트리스를 만들기 시작했다. 수감자들은 걸어다니면서도 혹 쓸 만한 것이 있을까 하여 늘 바닥을 보고 다녔다. 죽는 사람이 생기면 우리는 그 옷가지들을 나눠가졌다. 누구도 미신 같은 것에 신경 쓸 겨를이 없었다. 아무리 작은 천 조각이라도 우리에겐 귀중했다. 이렇게 천을 모아서 매트리스를 만들어나갔다. 나는 고탕걀고에서 가져온 추바 안감의 자투리 천을 비롯해 구할 수 있는 온갖 천 조각들을 이용했다. 마침내 매트리스 커버를 완성했고 우리는 그 안에 지푸라기를 채워넣어서 딱딱한 바닥의 냉기를 견딜 잠자리를 만들었다.

쉬마차 수용소에서는 3년을 살았다. 고탕걀고에서와는 달리 이곳에서는 어느 누구도 굶주리지 않았다. 그 3년이란 시간 동안 내 건강도 아주 좋아졌다. 신선한 채소를 섭취할 수 있었기 때문이다.

그래도 내 마음은 티베트에 사네

중국인 친구였던 시도 쉬마차로 이송됐다. 우리는 둘 다 아직도 살아 있다는 것에, 그리고 우리들의 건강이 계속해서 좋아지고 있다는 데 감격했다. 시는 여전히 투덜거리며 공산주의자들의 소행을 불만스러워하긴 했지만, 나는 하루가 다르게 훨씬 더 자주 웃고 있는 그녀를 발견할 수 있었다. 그것은 우리들의 생활이 점점더 나아지고 있다는 징후와도 같았다.

예쉬돌마는 이곳에서 나의 가장 절친한 친구였으며 체링유덴과도 아주 가까운 사이가 됐다. 그들은 정말 믿음이 가는 친구들이었다. 교도소 규범을 어겼던 일이나 우리가 저질렀던 일들을 전부 안심하고 털어놓을 수 있는 사이였다. 만약 누군가 붙들려가 형벌과 고문을 당하는 경우가 생기더라도, 우리는 서로에 대해 발설하지 않을 거라는 확신이 있었다.

예쉬돌마는 다르체도 북부지방 출신으로 두 형제의 아내였다. 그녀의 남편들은 다르체도 지방에서 가장 큰 사원이었던 샵텐 사원이 붕괴되고 그곳의 수도승과 라마승들이 체포되자 1955년부터 2년여에 걸쳐 공산주의 정책에 대항했다. 두 남편은 그 지방 출신 남자들과 힘을 모아 산에서 벌어졌던 격렬한 전투에 참가했고, 그녀는 나와 내 동지들처럼 남자들이 잠복해 있는 산으로 올라가서 새로운 소식과 정보들을 전하는 일을 했다. 이 때문에 그녀는 체포되어 10년형을 선고받았던 것이다.

체링유덴의 부모님은 형무소에서 굶어 죽었다. 부모님을 보내고 난 어느 날 체링유덴이 산기슭에서 가축들을 지키고 있을 때였다.

돌 위에 물 붓기

그녀는 문득 인민해방군들이 자신의 가축을 몰수해갈지도 모른다고 생각했고, 가문의 재산이나 자신의 재산 때문에 목숨을 부지하지 못할지도 모른다고 걱정을 했다. 그녀에게는 자기 재산을 지킬 방도가 없었기 때문이다. 그래서 그녀는 가축 전부를 숲 속에 숨어서 중국군과 싸우고 있던 남자들에게 주기로 결심했다. 그 가축들을 전해주면서 그녀는 남자들이 당분간만이라도 굶지 않아도 된다는 생각에 안심했다고 한다.

예쉬돌마, 체링유덴 그리고 나, 우리 셋은 같은 감방을 썼다. 예쉬돌마는 아주 나이가 많았기 때문에 밖에 나가 일을 하지 않았다. 그녀는 온종일 감방 안에 갇혀 양모로 실을 짜며 첸레직의 기도문을 조용히 암송했다. 반면 체링과 나는 채소밭에서 일을 했다. 감자를 파종하면서 우리는 심어놓은 감자 중 일부를 훔칠 수 있었다. 감자가 큰 경우엔 각 모종에서 남몰래 조금씩 가질 수 있었지만 이것들을 날것으로 먹으면 소화가 잘되지 않았다. 다르체도에 있던 시절, 나는 돼지사료와 이런 날채소를 먹고 장에 탈이 난 적이 있었다. 그 후로 음식을 먹을 때마다 늘 통증에 시달렸다.

수감자들은 무나 상추, 감자 등의 채소와 찐빵 한 덩어리를 얻어 먹었다. 체링과 나는 농작물을 손에 넣을 수 있었으므로 식사를 절반만 먹고 나머지는 예쉬돌마에게 나눠주었다.

우리 세 사람 외에도 감방에는 많은 여자들이 살고 있었기 때문에 우리는 함께 하는 모든 일들을 신중히 했다. 교도관들은 재소자들에게 동료 죄수들의 이야기를 엿듣도록 끊임없이 몰아댔고 누가 누구

그래도 내 마음은 티베트에 사네

와 친하게 지내는지 신고하도록 했다. 그러나 우리는 감시의 눈을 피해 가끔 사사로운 이야기를 나누곤 했다. 그때 내가 친구들에게 한 맹세를 지금도 생생히 기억한다. "언제가 그날이 오면, 나는 우리가 중국인들의 지배 아래서 경험했던 모든 일들을 이야기할 거예요. 여기서 나가게 된다면 이러한 일들을 알리도록 힘쓸 것을 약속합니다."

교도소와 두 수용소에서의 끔찍한 세월이 지나고 건강이 회복되면서 용기가 생겨났다. 이제는 혼자서도 추바를 입을 수 있었다. 몸을 가누기 위해 지팡이를 짚을 필요도 없었고 자리에 앉았다 일어섰다 할 수도 있었다. 1년 전만 해도 거의 불가능해 보이던 일이었다.

❀ ❀ ❀

종종 교도관과 공관원들은 술에 취해 죄수들에게 욕지거리를 해댔다. 어떤 공관원은 손에 술병을 들고 탁자 위에 올라가 우리에게 소리를 지르기도 했다. 또 그들이 말하는 동안에 우리는 고개를 숙인 채 그대로 있어야만 했다. 그들은 수감자들 중에서 예쁜 여자들을 뽑아 자기들의 목욕 시중을 들게 했다. 그러면서 여자들을 강간하는 것은 당연지사였다. 내가 쉬마차에 온 지 처음 몇 달 동안에만도 2명의 여자가 임신을 했다. 사태가 점점 심각해지자 이들 남자 교도관과 공관원들은 다른 곳으로 발령이 났고 그 자리에 여자 공관원들이 부임했다. 하지만 욕설과 횡포만은 여전했다.

고탕갈고를 제외하고 내가 있던 모든 형무소에서는 죄수들이 매 식사 전에 선전가를 불러야 했다. 〈샹쉬리후〉는 이런 노래들 중에 하나였다. '리후'는 전쟁에서 많은 티베트인들을 죽였던 한 중국 병사의 이름이다. 우리는 그의 소행을 노래로 찬양해야 했다. 노래를 불러야만 음식이 배식됐다. 어떤 노랫말은 이런 얘기들을 떠벌리고 있었다. "중국 공산당에 반대하는 세계의 모든 민족들은 구겨진 휴지에 불과합니다." 나는 이러한 식전 행사에 심한 적대감을 느꼈기에 이 지루한 노래를 부를 때면 입만 뻥긋뻥긋거렸다.

중국인들은 집회에서 우리가 티베트의 장래와 우리의 삶에 대해 마오쩌둥이 했던 발언의 중요성을 다룬 그 연설을 열광하며 듣기를 강요했다. 때문에 우리는 장시간의 노동을 마치고 피곤함에도 불구하고 졸지 않고 연설에 집중하고 있다는 인상을 주기 위해 안간힘을 쓰면서 근육과 관절이 뻐근함을 참아내야 했다. 그와 더불어 자주 머리를 끄덕여야 했는데 그래야 불손한 태도로 연설에 임했다는 낙인을 면할 수 있었다.

❀ ❀ ❀

1966년 나는 예쉬돌마와 체링유덴과 함께 누판뒤란 곳으로 이송됐다. 이곳은 민약란가에 있는 싱두키아오 수용소 중에 가장 큰 여자 수용소였다. 내게는 수감 생활 내내 카르체 때부터 있었던 행적 기록이 따라다녔다. 다르체도, 고탕걀고, 쉬마차 그에 이어 누판뒤까지……. 그래서 중국인들은 어디에서나 내가 그들의 규범을 위반했다는 사실을 알고 있었다. 자리를 옮길 때마다 나는 간절히 소망했다. "오, 새로운 곳에서는 사람들이 나를 몰라보기를!" 그러나 당

그래도 내 마음은 티베트에 사네

국은 늘 내 행적을 통보받았고 나를 본보기로 삼아 징계하도록 의무화하고 있었다. 돌이켜보면 이 끈질긴 고난이 알지 못하는 사이에 긍정적인 작용을 한 것 같기도 했다. 내 행동 때문에 겪었던 고난이 어떤 이들에게는 경고가 되기도 했지만 또 어떤 이들에게는 용기가 됐던 것이다. 공산주의 사상을 받아들일 것을 거절한 데 대해 처벌을 받으면서도, 그것이 그들로 하여금 서로를 돕고 우리를 끊임없이 하등인으로 치부하던 주장에 굴하지 않겠다는 새로운 결심을 다시금 가져다주었다.

누판뒤에 있던 수용소에는 8개의 감방에 각각 여자 수감자들이 10명씩 있었다. 또한 이 수용소에 있던 모든 수감자들은 아침에 4시간, 점심 식사 후 다시 4시간을 채소 농장에 나가 일했다. 저녁에는 2시간에 걸친 집회가 있었다. 영양상태는 조금 더 큰 찐빵을 얻어먹어서인지 쉬마차에 있을 때보다 약간 더 좋아졌다.

일어나서 씻고 아침을 먹자마자 우리는 교도관들에 의해 오전 일 교대 작업을 위해서 들로 끌려 나갔다. 맨 먼저 점호가 있었다. 이때 모든 죄수들은 일렬로 줄을 서 있어야만 했다. 우리가 밖에 나갈 때마다 매번 얼마나 많은 죄수들이 일을 하기 위해 나갔고, 얼마나 많은 보초병들이 우리와 같이 동행했는지가 낱낱이 기재됐다. 다시 돌아올 때도 똑같은 점호와 감시가 있었다. 남자 부대에는 많은 죄수들이 도주를 시도했다는 이유로 감금돼 있었지만 여자 부대에는 그런 일이 잘 없었다.

오전 작업이 끝나면 오후 휴식을 위해 수용소로 되돌아왔고 형무

돌 위에 물 붓기

소 직원들은 한 시간 동안 잠을 잤다. 우리는 이 시간을 자기 일을 하는 데 썼다. 예를 들면 옷과 매트리스를 꿰매거나, 잠자리에 쓸 새 지푸라기와 천을 찾았다. 또 갖고 있는 것들을 서로 나눠가졌다. 천이 없는 사람에게는 헝겊 조각을 조금씩 나눠주었고 거동이 불편한 노인들에게는 그들이 필요로 하는 것들을 챙겨주었다. 나는 예쉬돌마가 필요로 하는 것이 있는지 알아보려고 그녀를 찾곤 했다. 휴식 시간이 끝나는 오후 2시가 되면 우리는 다시 들로 나갔다.

일요일이면 교도소 직원들이 소풍을 즐겼기 때문에 우리는 아침 10시와 저녁 5시에 식사를 해야 했다. 그 사이 배고픔을 대비해 우리는 찐빵을 절반씩 간직해뒀다. 간혹 숨진 죄수들의 몸에서 말라비틀어진 빵 조각이라도 발견하면 산 사람들은 그것을 순식간에 먹어치웠다.

기회가 될 때마다 나는 예쉬돌마와 체링과 함께 교도소에서 일어난 일들을 이야기했다. 체링은 매우 겁이 많은 여자였다. 반면 예쉬돌마는 용감했고 많은 위험을 맛본 사람이었다. 이들 두 사람은 자기네가 믿을 만한 사람은 나뿐이라고 생각하고 있었다. 그들은 교도소에서 자행되는 부정에 맞서 당국과 싸우지는 않으나 늘 그러한 일들을 내게 알려주었다.

저녁 식사로 옥수수죽을 먹고 나서 수감자들은 2시간 동안의 사상교육에 참여할 것을 명령받았다. 때때로 공관원들은 나를 때리면서 도대체 태도가 달라진 것이 없으며, 아무도 나 같은 사람을 좋아하지 않을 거라고 말했다. 그러고 나서 다른 죄수들에게 이렇게 말했다. "만약 너희가 태도를 바꾼다면 중화인민공화국의 일원으로서 편안한 삶을 누릴 수 있을 것이다."

이 집회를 담당했던 사람은 교도소 고위급 직원과 누카수라는 여자였다. 그들은 우리의 이름을 부르는 법이 없었다. 대신 '여자 악마' 또는 '뱀의 악령'과 같은 뜻을 담은 말로 "니우구이쉐쎵(Niu gui she sheng)"이라고 불렀다. 우리를 인간의 형상을 취했으나 정체가 발각되면 결국 악령으로 돌아가버리는 마귀라고 표현했던 것이다. 한편 마오쩌둥은 이 표현을 중화인민공화국의 적을 일컫는 데 썼고, 티베트에서는 계급의 적과 관련해 사용했다. 예전의 지주들, 부유한 농부들, 반혁명주의자들 그리고 예를 들면 미국이나 그 밖의 다른 불온 요소와 같은 제국주의적인 적들을 그렇게 불렀던 것이다.

그들은 우리에게 매일 일정한 시간 동안 마오쩌둥의 어록에 나오는 격언이나 시를 외우게 했다. 읽거나 글씨를 쓸 수 없는 사람들이라도 예컨대 "우리는 악마다", "마오쩌둥은 세계의 가장 위대한 지도자다", "모든 반혁명주의적인 분자들은 종이에 불과하다", "마오쩌둥은 우리의 아버지시다"와 같은 짧은 문구들을 외워야 했다. 그리고 언제라도 그 긴 목록이 입 밖으로 튀어나올 수 있도록 암송해야만 했다. 형무소에서 보낸 세월 동안 나는 수백 번도 더 그것을 낭독하라는 권고를 받았다. 그러나 내 대답은 늘 같았다. "나는 모릅니다. 그것들을 어떻게 암송하는지 나는 알지 못합니다." 그러면 그들은 이렇게 대답했다. "어록에서 발췌한 시구를 인용할 줄 모른다는 것은 용서받을 수 없는 일이다. 그것은 바로 네가 사상교육 시간을 다 보낸 뒤에도 여전히 반동사상을 품고 있다는 의미지. 칼만 있다면 중국인들을 죽여버릴 텐데 하는 생각을 아직도 하고 있는 것을 보면 너는 어쩔 수 없는 돌머리야."

쉬는 시간에도 죄수들은 간수와 함께 어록의 내용을 한 줄씩 학습해야만 했다. 하지만 나는 언제나 뒤로 물러나 앉았다. 한번은 10명의 죄수들과 한 조가 되어 모여 앉은 적이 있었다. 그 자리에서 나는 다른 죄수들에게 죽는 한이 있어도 어록 읽는 것을 배우지 않겠다며 속마음을 털어놓았다. 그런데 이것을 짜오샤오위란 30대 중반의 중국인 국민당 죄수가 듣고 말았다. 다음날 내가 어록집을 깔고 앉아서 기도를 하려고 눈을 감고 있을 때에도 짜오샤오위의 시선은 나를 향했고, 그녀는 곧바로 당국에 고발했다.

사흘 후 당국은 집회를 소집했고 거기에는 나를 비롯해 9명의 죄수들이 끌려나갔다. 우리는 모욕을 당하며 2시간 동안이나 무릎을 꿇고 있어야 했다. 내가 했다고 하는 일들을 단호하게 부인하면서 나는 이렇게 말했다. "나는 그것을 인정할 수 없습니다. 다른 죄수들에게 물어보세요. 만약 다른 사람들도 모두 그렇게 말한다면 나도 인정하겠습니다. 그러나 한 사람이라도 다르게 얘기하는 한 나는 이 어처구니없는 비난을 수긍할 수 없습니다."

물론 죄수들 중 나를 비난하는 사람은 없었다. 그들은 모두 나를 존경하고 있었고 나는 모든 이들과 사이가 좋았다. 그런데도 짜오샤오위는 "아데는 마오 선생을 싫어하고 중국인들을 증오합니다"라고 말했다. 그러나 나는 이렇게 대꾸했다. "나는 짜오샤오위를 비웃지 당신네 지도자를 비웃지는 않아요. 감방 동료들도 모두 아니라고 하지 않습니까."

여교도관들 중에는 탕구투타라는 티베트 여자가 있었다. 그녀의 고장에 공산주의자들이 들어오기 전 그녀는 매우 가난했다고 한다. 하지만 이제 그녀는 수용소 직원으로 일하고 있었다. 중국인들은 티베트 여자들과의 결혼을 장려했고 탕구에게도 중국인 남편이 있었다. 이러한 관계를 맺게 된 사람에게는 특전이 주어졌다. 좋은 음식과 더 나은 거처, 좀 더 많은 돈과 그 밖에 안락한 생활을 누릴 수 있었다. 때문에 수용소 직원들 중에는 중국인 남자와 결혼한 티베트 여자들이 많았다. 그 여자들은 자신들의 직분에도 불구하고 수감자들을 도와주기 위해 애썼다. 물론 자기네 상사와 함께 있을 때면 각별히 행동을 삼갔다.

탕구투타는 짜오샤오위의 고발에 관해서 내가 무죄라고 믿고 있었다. 그녀는 공관원들에게로 가서 고발자가 했던 말들을 다른 사람들은 전혀 모르더라고 보고했다. "우리가 아데를 늘 비난하니 그 죄수가 거짓말을 한 것 같습니다. 무엇보다 아데가 그 비난을 인정하지 않고 있고, 다른 죄수들 역시 그 사실을 모르고 있더라고요. 아무래도 짜오샤오위가 우리에게 환심을 사고 싶어 그런 일을 꾸민 것 같습니다." 그렇게 나에 대한 짜오의 고발은 기각됐다. 그 일로 우리는 누판뒤에 있는 죄수들 중에는 그녀와 같은 스파이가 상당히 많다는 것을 알게 됐다.

티베트인 어머니와 중국인 아버지에게서 태어난 사오돌마는 애인과 짜고 남편을 죽였다는 이유로 감금되어 있었다. 우리는 그녀가 스파이라는 사실을 알고 있었다. 그녀가 가까이 있으면 친구들과 나는 모든 일에 조심했다. 그녀는 우리가 무엇을 만드는지 감시했으며 누가 채소라도 조금 훔치는 날에는 곧장 그 사실을 고발했다. 모든 사람들이 그녀를 몹시 싫어했다. 스파이 활동에 대한 보수가 점점 더 커지자 그녀는 우리들에 대해서도 권력을 행사하고 싶어했다. 한순간도 평화로울 때가 없었다.

우리는 사오돌마가 신용을 잃을 만한 묘안을 짜냈다. 그녀가 이중 생활을 하고 있다는 것을 당국이 납득하게 만들어버린 것이다. 우리는 입을 모아 "그녀가 채소를 훔치는 걸 봤어요"라든가, "그녀가 중국인들을 비판하는 걸 들었습니다"라고 공관원들에게 말했다. 그러자 공관원들은 그녀의 보고를 점차 곧이듣지 않았다. 결국 그녀는 더 이상 지도층 행세를 할 수 없게 됐다. 유감스런 일이긴 했으나 이 힘든 생활에서 스파이가 세력을 과시하는 꼴까지 참아주기는 어려웠다.

교도소 내 스파이들 모두가 그렇게 공공연히 활동하는 것은 아니었다. 확실한 것은 아니지만 이것은 중국인 친구 시의 불행한 죽음으로 이어졌다. 시는 2명의 국민당 죄수와 친하게 지내고 있었다. 이들 세 사람은 공산주의자들에 대한 증오를 억누르면서 복수의 기회가 주어지면 어떻게 할 건지 시시때때로 이야기를 나누었다. "언젠가는 우리를 고문하고 모욕한 공관원의 가죽을 벗겨놓을 겁니다", "러시아와 중국과의 관계가 나빠졌으니 이제야 복수할 때가 온 거예

그래도 내 마음은 티베트에 사네

요" 하고 그들은 말했다. 이러한 상상을 실제로 행동에 옮길 가능성은 거의 없었지만 시는 상상 속에서 위안을 찾으며 그것을 드러내놓고 즐기곤 했다. 그런데 그 발언이 고발된 것이었다.

늘 그래왔듯이 당국은 큰 집회를 소집했다. 시는 손을 든 채 무릎을 꿇어야 했다. 얼마 후 그녀가 팔을 아래로 떨구자 교도관들은 개머리판으로 그녀의 팔꿈치를 때렸다. 시의 팔은 이내 힘이 빠져버렸고 떨리기 시작했다. 그녀의 얼굴은 창백해졌고 뺨 위로는 눈물이 흘러내렸다. 그자들이 말했다. "너는 내일 우리에게 말해야만 할 거다. 네가 무슨 계획들을 갖고 있는지, 그리고 네가 어떻게 우리들의 가죽을 벗길 작정을 했었는지를……." 다음날 밤 그녀는 허리띠로 목을 매 자살했다. 당시 그녀의 나이 마흔 살이었다.

1966년 초반 그들은 여러 번 우리에게 목제 가옥의 내부 벽면을 석회반죽으로 덮어씌우도록 했다. 그 석회반죽은 티베트의 귀중한 종교문서들로 만들어진 것이었다. 아주 오래된 그 문서들에는 금이나 은으로 글씨가 씌어 있었다. 수용소에 있는 건물들 중에는 거대한 진수대와 오래된 문서들로 빼곡한 방이 하나 있었다. 우리는 그 문서들을 찢어서 물에 적신 다음, 그 종이를 큰 양철용기 속에다 넣고 진흙과 지푸라기와 함께 섞었다. 이 혼합물은 가옥 내부 판자의 갈라진 틈을 채우는 데 이용됐다. 체링도 나도 글을 읽을 줄은 몰랐지만, 문서를 찢을 때마다 매번 심한 자책감을 느꼈다. 종이 찢기는 소리가 들리는 동안에는 어느 누구도 말을 할 수 없었다. 이런 진귀한 문서들이 언제쯤 보상을 받을지 의문스럽기만 했다. "우리는 죄를 짓고 있는 게 분명합니다. 우리는 부처님의 거룩하신 말씀을 진흙 속에 내던지고 있는 겁니다" 하고 체링이 말했다.

❀ ❀ ❀

1967년 어느 날 의사들이 교도소로 와서 여자 수감자들을 진찰했다. 그들은 가장 혈색이 좋아 보이는 20명의 여자들을 선발했다. 그러고 나서 약 1킬로미터 거리에 있던 한 건물로 우리를 데리고 갔다. 건물은 교도소 직원들과 공무원들을 위한 일종의 병원시설이었다. 그들은 중앙에 난로가 있는 커다란 방에서 우리를 기다리게 했다. 2명의 간호사들이 컵과 유리잔을 들고 안으로 들어왔고 우리는 설탕덩어리가 든 단맛이 나는 물약을 한잔씩 연거푸 받아 마셨다. 기다리는 동안 우리는 서로에게 물었다. "우리가 왜 이런 편안한 방에 와 있는 거죠? 중국인들이 이렇게 갑자기 우리를 배려하는 의도를 모르겠군요." 그 방은 무척 따뜻했으며 물약의 효과가 우리 몸속으로 퍼지고 있었다. 우리들의 얼굴은 붉게 화색이 돌기 시작하더니 팔에 있는 정맥이 튀어나왔다. 갑자기 의사 일행이 방으로 들어오더니 우리들의 팔을 살펴보았다. 그리고 주삿바늘이 달린 주머니를 앞에 내놓고는 우리들에게서 피를 뽑았다. 그런 다음 우리를 쉬도록 놔두었다. 아무도 방금 무슨 일이 일어났던 것인지 할 말을 찾지 못했다. 그렇게 우리는 몽롱하게 앉아서 벽에 드리운 그림자를 바라보며 가끔씩 팔을 들여다보았다. 잠시 후 간호사가 다시 컵을 들고 들어왔고 컵을 가득 채우더니 계속해서 마시라고 했다. 잠시 후 이내 우리

그래도 내 마음은 티베트에 사네

들의 몸이 또 달아올랐다. 의사들이 다시 그만큼의 피를 뽑았다. 스스로도 절박할 만큼 피를 빼앗겼다고 생각하니 오싹한 불안감이 밀려왔다. 그 후 우리는 숙소로 돌아왔다.

채혈을 한 뒤 바로 병이 나거나 죽는 사람은 없었지만 한 달이 지나고 보니 문득 우리 모두의 얼굴이 핼쑥해 보인다는 것을 깨달았고 뭔가 부자연스러운 느낌이 들었다. 적당한 영양분이 공급됐다면 우리 몸은 피를 보충해낼 수도 있었을 테지만, 우리의 식사는 한 번도 우리에게 필요한 영양분을 대주지 못했고 어떤 식으로든 그 손실을 채우지도, 쾌유하는 데 필요한 에너지를 공급하지도 못했다.

우리는 모두 서서히 야위어가고 있었다. 캄 지방의 차트링 지역 출신이었던 린첸돌마라는 여자가 그해에 목숨을 잃었고 냐롱 출신이었던 윤드룽펠모 역시 그렇게 숨을 거두었다. 채혈을 하고 그들이 죽기까지 어떤 의사도 필요한 처치를 해주지 않았다.

카르체 출신의 체링라모와 캄 지방의 타오 지역 출신이었던 한 여자도 2년 후 목숨을 잃었다. 캄의 냑추카 지방 출신이었던 레코라는 여자는 자주 쓰러져서 한 번은 머리에 심한 상처를 입기도 했다. 채혈을 한 이후로 그녀는 늘 어지럼증을 느꼈고 조금만 오래 일해도 기운을 차리지 못했다. 나 역시 그때 이후로 오늘날까지 현기증과 기절 증세로 고통을 겪고 있으며 종종 근육에 경련이 일어나고 발작 증세가 나타난다.

몇 달 후 어느 날 아침 교도관들이 와서 감방 문을 열었다. 우리는 밖으로 나가 커다란 강당으로 들어갔다. 또다시 피를 뽑는 건 아닌

돌 위에 물 붓기

가 하여 두려운 생각이 들었다. 처음에는 안으로 들어가지 않고 문으로만 들여다보았다. 교도소 직원 같아 보이는 사람 2명이 가위를 들고 오는 것이 보였다. 문으로 걸어 들어가면서 그들은 나를 강당 안으로 잡아끌었다. 그들은 죄수들에게 일렬로 서라고 명령하고는 차례대로 길게 땋은 우리들의 머리를 귀밑으로 잘라버렸다. 그러고는 보기 흉한 파란색 바지와 셔츠, 옆으로 된 단추가리개와 단추가 달린 차양이 없는 파란색 모자를 앞쪽부터 일렬로 나눠주었다. 그러고 나서 그들은 우리들의 너덜너덜한 티베트식 옷들을 가져가 불태워버렸다. 이때 나는 직접 천으로 만들어 고탕걀고에서부터 줄곧 몸에 지니고 다니던 염주를 잃고 말았다. 몇 해 전에 동료 죄수로부터 얻었던 달라이 라마의 사진은 다행히 안전한 장소에 있었다. 쉬마차에 도착한 직후 소변을 보겠다는 구실을 삼아 밖으로 나와 중국인들이 더럽힐 수 없을 만한 산속 어느 정갈한 장소에 그 사진을 숨겨두었던 것이다.

그리고 그들은 우리에게 말했다. "오늘부터 너희들은 절대 티베트어를 사용해서는 안 된다. 너희들은 이제 중국어로만 말해야 한다. 티베트어를 입 밖에 내거나, 이상한 기도문을 중얼거리는 사람은 처벌을 받을 것이다."

당시 나는 이미 교도소에서 중국어를 배운 상태였다. 체포된 지 맨 처음 3~4년 동안에는 아무 말도 이해할 수 없었으나, 시의 도움과 내가 늘 귀담아들은 결과, 이제는 웬만한 대화를 이해할 정도였다. 물론 새로 온 죄수들도 있었고 중국어를 전혀 모르는 죄수들도 있었다. 그리고 그들이 중국어를 그렇게 빨리 배우기란 불가능한 일이었다. 몇 마디 말조차 입 밖에 낼 수 없던 사람들은 몇 년씩 말을 하지 않고 지내야만 했다.

❀ ❀ ❀

1968년 육체노동을 할 수 없던 모든 죄수들과 여전히 공산주의를 적대시하는 다루기 힘든 죄수들을 한데 모아서 공산주의 사상의 중요성에 대해 집중교육을 하라는 결정이 내려졌다. 체링유덴과 예쉬돌마와 나는 그 그룹에 속해서 켄유가이조로 이송됐다. 그곳에서는 25년에서 종신형에 이르는 형을 받은 사람들이 있었다. 그곳은 '사상개조센터'라는 이름으로도 알려져 있었다.

싱두키아오 강제노동수용소의 5개 부대들 중에서 켄유가이조는 가장 혹독한 제재가 따르던 형무소였다. 민약란가강에서와 마찬가지로 그것은 군사진영과 병원 인근 거리의 남쪽에 위치해 있었다.

엄청난 규모의 교도소 단지는 높은 담장으로 둘러싸여 있었고 그 담장 위에는 일정한 간격을 두고 보초병들이 배치됐다. 그곳 역시 강제노동수용소로 쓰였고 재소자들은 온갖 노동에 동원됐다. 가구를 만드는 사람, 대장장이, 재단사, 집 짓는 사람, 기계공들이 하는 일들을 해야 했다. 가구를 만드는 쪽에서는 나중에 중국으로 내다 팔 선반이나 궤짝, 의자, 책상과 침대들을 만들었다. 중국 정부는 자국 시장으로 내갈 여러 가지 품목을 만들도록 했다.

대부분 여자 수감자들은 채소밭에서 일했지만 예쉬돌마와 체링과

돌 위에 물 붓기

나는 중형을 선고받은 정치범들이 수감되는 수용소로 배치됐다. 그리고 1968년 우리는 많은 시간들을 사상교화수업으로 보내야 했다. 우리는 대개 실내에서 지냈고 식사는 다른 수용소에서 보내왔다. 우리는 그칠 줄 모르는 훈계를 들었다. 재교육이 제대로 되지 않았다는 이유였다. 리에탄다라는 사람은 너무나 증오스런 공산당 간부였으며 이 수업을 책임지고 있던 지도훈련 교관이었다. 2시간에 걸친 공산주의 선전 행사에 하루에도 3번씩 참가해야 했다. 그때마다 각자 일어서서 자신의 인격과 잘못에 대해 진술을 했다. 자아비판은 재교육에서 아주 중요한 것으로 여겨졌다.

나는 그 모든 것들이 정말 못마땅했다. 그들은 다 큰 성인들을 철부지 어린애 다루듯했다. 모든 수감자들은 무엇을 고백할 것인지 또는 어떻게 하면 진정한 개선의 노력으로 인정받을 수 있을지, 그리고 진술하려고 할 때마다 더욱 화가 치미는 것을 숨기고 평정을 유지하기 위해 노력했다.

종종 교관들은 우리에게 외부에서 일어나는 사건들을 알려주기 위해 신문을 훑어보았다. 기사는 항상 이런 식이었다. "중화인민공화국은 세계 다른 어느 나라보다 우수하다. 우리에 비하면 다른 나라들은 모두 힘이 없다." 교관들은 늘 그들이 어느 나라를 점령했으며 누가 세상의 반혁명주의자인지 이것만이 '자본주의 진영'이 붕괴되기까지 이 시대의 문제이며, 중국이 어떻게 산업이나 농업 분야에서 계속되는 발전을 이루었는지 등 중화인민공화국의 강력한 세력에 대해 이야기했다.

그래도 내 마음은 티베트에 사네

그 신문들은 유일한 세계권력인 중화인민공화국을 너무나 찬란한 그림으로 묘사하고 있었다. 그들은 티베트 어딘가에서 일어나고 있는 발전과 개발에 대해서도 말했다. 그리고 그런 진보를 가로막는 몇몇 티베트인들에 대해 언급하면서 이런 사람들이 어떻게 고문을 당하는지 또 어떻게 사형에 처해졌는지 상세히 말해주고는 숲에서 체포해온 죄수들의 사진을 보여주면서 우리를 위협했다.

모든 방의 벽면에는 웃는 모습의 산업역군이나 농부, 새로운 트랙터가 있는 선전 포스터가 붙어 있었고 생산을 독려하는 슬로건이 씌어 있었다. 그리고 인자하게 웃고 있는 마오쩌둥의 커다란 초상화도 함께 걸려 있었다. 그들은 우리에게 말했다. "달라이 라마는 혼자이고 바깥세상으로부터 아무런 원조도 얻지 못하고 있어. 그는 미국을 비롯해 다른 나라에 아첨하고 있지만, 미국은 힘이 없고 세계의 어느 정부에게도 주목을 받지 못하고 있지."

리에탄다는 우리에게 말했다. "외부로부터 원조를 얻을 거라고 믿는 건 헛된 꿈이야. 내가 확신하건대, 너희들의 낡은 구습보다는 공산주의가 훨씬 더 좋은 체제라는 것을 너희도 곧 알게 될 거다. 공산주의 사회가 되면 너희 삶에도 행복이 찾아올 거야." 그는 또 이렇게도 말했다. "너희가 아직도 신앙에 어떤 가치가 있다고 믿는다면 너희들의 출구는 단 하나뿐이야."

리에와 그 밖의 다른 교관들이 우리의 재교육을 위해서 엄청난 시간과 노력을 허비했지만 그들의 방법은 정말 아무런 효과도 거두지 못했다. 집회 중에 쉬는 시간이 있으면 우리는 그들의 행동방식이 돌 위에 물을 끼얹는 것과 같다고 말했다. 돌에 아무리 물을 부어도 그 속까지 젖게 할 수는 없는 법이다. 마찬가지로 이런 따분한 제안은 우리의 태도를 바꿀 수도 없을뿐더러 신앙을 잊게 하지도 못했다. 우리가 이런 일들을 평생 감수해야 한다고 할지라도 그들은 아무런 성과도 얻지 못할 것이었다. 무엇 때문에 우리가 우리의 정신과 문화와 종교와, 우리에게 있어 왔던 모든 것들을 압류당하거나 아니면 강한 세금이 매겨질 게 뻔한 트랙터나 수확물과 맞바꾼단 말인가?

한동안 우리는 서로 농담을 하기도 하고 우리의 우스갯소리에 공산주의자들의 선전문구를 써먹기도 했다. 그 교화 과정에서 이런 유머의 의미는 우리의 인간성과 개성을 일깨워주는 귀중한 수단이 됐다. 비가 오는 날이면 우리는 장난스럽게 '종이호랑이'가 음침한 날씨 때문에 축축해진 건 아닌지 안부를 묻곤 했다.

수업 시간이 돌아오면 리에는 우리에게 이렇게 말했다. "우리 중 국인이 오기 전까지 티베트에는 비행기는 물론이고 어떤 교통수단도 없었다. 오늘날엔 예전에 없던 도로도 있고 비행장도 생겼다. 너희들은 예전엔 기관차를 본 적도 없었지. 우리가 티베트에 처음 왔을 때 너희들은 자동차를 보고 도망쳤어." 정말 이런 말들은 참아내기가 힘들었다. 그자들이 도로를 닦은 목적은 바로 티베트의 재물을 약탈하고 그들의 군사력을 인도에 이어 히말라야와 인접한 나라들의 경계로까지 확장하려는 데 있었던 것 아닌가. 우창에서 끌려온 죄수들로부터 우리는 도로 건설에 대해 들었다. 그들이 이러한 주제

그래도 내 마음은 티베트에 사네

를 놓고 얘기할 때마다 나는 흥분을 감추지 못하고 화가 나서 이야기를 귓전으로 흘렸다. 나는 두 눈으로 직접 그들이 사원의 재물을 탈취해 실어가는 광경을 목격했었다. 죄수들 앞에서 잘난 체를 해대며 점점 더 거짓말만 늘어놓는 그들의 말에 나는 결코 교화될 수 없었다.

리에는 종종 말했다. "악마와 신은 같은 것이다." 그와 그의 조수들은 우리를 '검은 까마귀'라 불렀고 "온 세상 사람들은 검은 까마귀에게 돌을 던진다"라고 힘주어 말했다. 그자들은 우리의 후손이 늑대와 같을 거라고 했다. 모든 늑대 새끼들은 다 자라면 다른 동물들을 공격하기 때문이라는 것이다. 우리의 후손들 역시 중국에 적대하는 입장을 취할 테지만 중국에 대항하려는 나라는 없기 때문에 그들을 도와주는 곳은 어디에도 없을 것이라고 그들은 주장했다.

우리는 세뇌교육을 받아들이지 않았으나, 밤이 되어 잠을 청하려고 하면 우리의 머릿속에 그 말들이 자꾸만 맴돌았다. 체포된 티베트인들의 모습과 통계자료와 유혹의 말들 그리고 경멸스런 주석과 교관들의 단조로운 목소리가 계속 머릿속을 울렸다. 지루하고 끝이 없을 것만 같은 이 무자비한 훈련에 대항할 힘은 아무것도 없었다. 이 세뇌교육은 얼마나 더 계속될까? 밤마다 나는 그 교육 때문에 생겨나는 상념들을 기도로 극복하려고 애썼다.

돌 위에 물 붓기

＊ ＊ ＊

　교육과정은 1969년에 끝이 났고 우리는 누판뒤로 다시 돌아갔다. 다시 신선한 공기를 마실 수 있다는 것과, 우리가 받아들일 수 없던 것들을 납득시키려고 갖은 애를 쓰는 누군가의 말을 억지로 듣지 않아도 된다는 것은 실로 대단한 안식이었다.

　시간이 지나면서 티베트인 교도관이었던 탕구투타는 결국 어떤 이유에선지 나를 존경하기에 이르렀고 내게 작은 도움을 많이 주었다. 그녀는 공관원에게 내가 아주 견실하고 쓸 만한 일꾼이라고 설득했다. 어느 날 그녀가 내게로 와서 말했다. "당신이 교도소 식당에 보조로 일할 자리를 마련해놨어요. 그곳에 있으면 적어도 먹는 건 충분할 겁니다. 그자들이 당신에게서 채혈해갔으니 원기를 회복할 기회가 될 거예요. 물론 공관원들과 논쟁을 벌이거나 싸움을 벌인다면 당신은 그곳에서 다시 나와야 할 것이고 결국 곤경에 빠질 거예요."

　주방에서 나는 야채를 담당했다. 20킬로그램을 요리하라는 명령을 받으면 나는 30~40킬로그램을 요리해버렸다. 죄수들에게 배급되는 양은 반 그릇이었지만 그들의 그릇을 가득 채워주었다. 그래서 그들은 내가 여기서 일하는 것을 매우 기뻐했다.

　식당의 주방장은 리후예라는 국민당 죄수였다. 그녀는 공산주의 공관원들을 완벽하게 지지하고 있었고 항상 그들에게 굽실거렸다. 그녀는 여자 교도관장이었던 누카수와 친하게 지냈으며 잘 차려진 음식을 먹는 것을 낙으로 삼았다. 이 여자 교도관장에게 온갖 방법을 다해 아양을 떨며 달라붙어 있던 덕에 그녀는 비축 식량을 책임지게 됐다.

리후예는 늘 죄수들에게 욕설을 퍼부었다. 그녀와 여자 교도관들의 관계는 너무나 긴밀해서 마치 한 사람처럼 느껴질 정도였다. 리는 규범을 어긴 사실들을 숨기려고 애쓰지 않아도 됐다. 죄수들의 식사에 쓸 작은 고깃덩어리라도 들어오면 그녀는 곧장 그중 일부를 떼어 누카수에게 갖다주었다.

한 번은 교도소 식당에서 직원들을 위한 돼지고기 스무 덩이가 훈제되고 있었다. 이 일을 시작하기 전 어느 날, 체링유덴이 내 팔을 잡고는 이런 얘기를 한 적이 있다. "아데, 내 생각으론 저 주방장이 고기를 누카수에게로 빼돌리고 있는 것 같아요. 고기가 부족하다는 사실이 알려지면 그들은 죄수들에게 죄를 덮어씌울 거예요." 내가 식당으로 들어갔을 때, 나는 리후예가 바구니 중 하나를 집어 그녀의 등 뒤로 숨기는 것을 보았다. 그녀는 의심에 찬 내 눈을 보더니 이렇게 말했다. "뭘 그렇게 봐? 장작이나 주우러 가야겠군." 화로에 쓰는 땔감을 구하기 위해 밖으로 나갈 수 있는 사람은 오직 그녀뿐이었다. 바구니를 바라보니 천으로 덮인 바구니 속에 무언가가 들어 있었다.

나는 책임감을 느끼며 그 천을 살짝 치켜들었고 정말로 돼지고기를 발견했다. 나는 돼지고기를 되찾으려고 여주방장과 실랑이를 벌이기 시작했다. 그녀는 내 손이 닿지 못하도록 바구니를 이쪽저쪽으로 피하며 소리를 질렀다. "여보세요, 누가 좀 도와줘요! 죄수인 아

돌 위에 물 붓기

데가 나를 죽이려고 해요!" 이 정황에 대해 잘 모르고 있던 체링유덴이 나를 등 뒤에서 두 대나 때리며 걱정스레 속삭였다. "아데, 당신 지금 무슨 짓을 한 거예요? 이러면 모든 게 끝장입니다." 건물 사방에서 보초를 서던 감시병들이 이 소란을 듣고 교도소로 뛰어 들어왔으며, 소리가 들리는 곳에 있던 사람들과 어떻게든 한 자리를 차지하고 있던 사람이 모두 우르르 몰려들었다. 방 안이 꽉 차자 교도관들이 리후예로부터 바구니를 날쌔게 낚아채서는 우리를 서로 떼어놓을 때까지 그것을 꽉 붙잡고 있었다.

누카수 역시 그 자리에 있었는데, 여느 때와 마찬가지로 그녀는 나를 "중범죄자 아데" 또는 "유죄 판결을 받은 아데"라고 불렀다. 그녀와 말다툼을 벌이며 이렇게 이야기했다. "유죄 판결을 받은 건 사실이지만 내가 어째서 중범죄자죠? 제일 좋은 고기를 훔친 건 리후예예요. 내일이면 사람들이 우리에게 그 죄를 덮어씌울 게 뻔했어요. 그러면 우리는 또 매를 맞고 작은 방에서 독방신세를 면치 못하겠죠." 그러고는 천을 들어올리며 돼지고기를 가리켰다. 모두들 깜짝 놀랐다. 나중에 탕구투타는 이렇게 말했다. "당신 행동은 옳았어요. 하지만 그녀를 그렇게 다루지는 말았어야 했어요. 그래서 돼지고기가 부족해지자 곧바로 그녀는 당신과 다른 죄수들에게 그 죄를 떠넘길 기회를 모색하려 했던 겁니다." 탕구는 이 사건에 대해 가끔씩 회상하면서, 우리끼리 있을 때마다 그 사건이 누카수에게 얼마나 괴로운 일이었을까를 생각하며 웃음을 터뜨렸다.

돼지고기 사건이 있은 뒤 약 6개월이 지나서 1970년 티베트의 신

그래도 내 마음은 티베트에 사네

년축제를 앞두고 모든 죄수들이 들떠 있었다. 그들이 수감자들에게 그해 축제를 위해 그럴싸한 식사를 제공하겠노라는 이야기를 했기 때문이었다. 교도소 직원들의 식량으로 쓰기 위해 유목민들에게서 빼앗은 가축을 기르는 부대가 있었다. 그중 몇 필의 야크를 도살해서 죄수들이 명절을 쉴 수 있도록 그 야크 고기의 일부를 죄수들에게 배급하자는 결정이 났던 것이다. 여자 부대에 5개의 야크 머릿고기가 배당될 거라는 얘기가 나돌았고 죄수들은 머릿고기를 먹을 기대에 부풀었다.

야크고기를 요리할 때는 제일 먼저 그것을 약간 불에 그을린 다음 깨끗이 손질해야 했다. 티베트의 신년축제인 로사르 때 모두 5개의 머리가 손질되어 탁자 위에 올려졌다. 리후예가 그 머리를 각각 부위별로 썰어놓았다. 나는 그녀가 요리를 끝마친 후 야크의 혓바닥을 따로 떼어놓는 광경을 목격했다. 그 식당에 있던 다른 여자 조수도 그녀의 그런 행동을 아주 정확하게 보았으나 이 여자는 겁을 먹고 아무 말도 하지 못했다. 우리는 그녀가 그 혓바닥을 어떻게 할 작정인지 궁금했다. 야크의 혓바닥은 티베트에서 제일 귀한 것으로 여기기 때문이다.

나는 생각했다. "오, 저 혓바닥 고기를 누카수에게 가져다줄 모양이로군." 그때 이 멋진 식사를 고대하고 있을 죄수들이 떠올랐다. 야크 몸뚱이에서 혓바닥을 골라내면 죄수들에게 남는 것은 가죽과 뼈다귀뿐이 아니겠는가.

그 여자 주방장이 일을 벌일 때까지 기다리기로 결심했다. 그녀는 혓바닥 고기를 하얀 천에 싸서 주머니에 넣었다. 나는 곧장 중국말로 그녀에게 물었다. "당신 거기서 뭐하는 거예요?" 주방장이 "너는 말할 권리 없어. 그렇다고 내게 물은 말에 답하지 않겠단 말은 아니야. 이것은 누카수 님을 위한 거야"라고 대답했다. 이에 나는 말했다. "죄수들의 것을 빼앗지 말아요. 그것은 로사르 축제에 죄수들을 위해 배당된 거예요. 그 혓바닥 고기를 가져갈 수 없다는 건 당신도 잘 알잖아요." 그러나 주방장은 대꾸도 하지 않고 식당 문 쪽으로 걸어갔다. 다시 한 번 말하면서 리후예를 붙잡으려 하자 그녀도 소리를 지르기 시작했다.

그것이 누카수의 주목을 끌었고, 그녀는 급히 주방으로 와서 나를 진정시키려고 그 싸움에 뛰어들었다. 누카수가 나의 입을 틀어막으려 하자 나는 있는 힘을 다해 소리를 질렀다. "이들 두 여자가 죄수들의 축제를 위해 쓰일 음식을 훔쳤습니다. 어떻게 이런 일을 그대로 넘길 수 있단 말입니까!" 탕구투타는 무슨 일이 일어났는지 알아보기 위해 누카수에게로 가서 왜 죄수들에게서 음식을 빼앗아갔는지를 물었다. "당신도 이제 아데의 편이야?" 하며 누카수가 탕구에게 흥분해서 말했다. 그 순간 나는 누카수의 머리채를 휘어잡고 그녀의 정강이를 걸어차 바닥에 넘어뜨렸다. 나는 완전히 제정신이 아니었다.

계속해서 사람들이 달려왔고, 누카수는 내가 그녀뿐만 아니라 주방장까지도 구타했다고 울부짖었다. 결국 죄수들은 2개의 야크 혓바닥을 얻게 됐다. 하지만 나는 밧줄에 묶여서 호기심에 차 있는 많은

그래도 내 마음은 티베트에 사네

티베트인들의 곁을 지나 다른 건물의 감방으로 이송됐고 장미 문양 창문이 있는 작은 방에서 독방 생활을 해야 했다.

몇 시간 후 탕구가 왔다. 그녀는 다른 사람이 눈치 채지 못하도록 내 방에 들어왔다. 그녀는 잠시 서서 주위를 둘러보더니 내 옆에 무릎을 꿇고 앉아 이렇게 속삭였다. "아데, 나는 누카수가 죄수들의 고기를 자신의 개인 용도로 훔쳤다는 걸 고발하겠어요. 약속할게요. 당신을 돕기 위해 내가 할 수 있는 한 모든 걸 하겠어요. 하지만 지금은 내 상관이 너무나 화가 나 있다는 것을 당신도 분명히 알아야만 해요."

장미 문양 창문이 있는 작은 감방에서 나 홀로 사흘간의 편치 않은 시간들을 보낸 후, 한 공관원이 그 사건을 알아보기 위해 나를 찾아왔다. 나는 재차 이러한 음식들이 죄수들에게 얼마나 중요한 것인지를 강변했다. 축제 때 그들이 얼마나 행복할지, 또 누카수는 좋은 부위만을 빼돌리지 말았어야 했다는 것까지도.

공관원은 야크 혓바닥을 도둑질했다는 내 고발이 사실이며 내가 교도관에게도, 그 여자 주방장에게도 물리적인 공격을 하지 않았다는 것을 인정했다. 그가 말했다. "아데타폰창, 12년이 지나도록 하루도 조용히 지나가는 적이 없군. 좀 조심하는 게 좋을 거요. 그리고 태도를 좀 바꾸시오. 당신이 교도소 직원들과 싸움이나 벌인다면 결국엔 그것이 당신을 죽음으로 몰고 갈 테니."

독방에서 돌아온 나는 식당 일에서 물러나게 됐다. 그 후 우리의 식탁에는 종종 고기가 조금씩 올라왔고 우리의 영양상태도 점점 좋아졌다. 그러나 주방장은 계속해서 죄수들의 몫으로 할당된 분량을 빼돌렸다. 예를 들어 5킬로그램의 고기가 죄수들 몫으로 지정되면 그녀는 곧바로 누카수 몫으로 2킬로그램을 떼어 식탁 안에 밀어뒀다가 그것을 자기 집으로 가지고 갔다. 죄수들 중 많은 이들이 그것을 보고 내게 일러주었다. "우린 당신처럼 강하지 못하니 이해해줘요. 우린 당신처럼 행동할 용기가 없습니다."

누카수는 아주 짧은 머리에 작지만 다부진 체구의 여자였다. 성미가 매우 사나웠고 무엇보다도 그 성미는 우리가 귀하게 여기는 모든 것들을 재미 삼아 비하하는 것으로 표현됐다. 죄수들에게 욕을 퍼붓고 그들에게 모욕을 주는 것이 그녀의 일과였다. 때때로 죄수들의 명예를 더럽힐 작정으로 감방에 들를 때면 그녀는 사원 어디선가 탕카를 가지고 와서는 그것을 자기 자리의 깔개로 썼다. 공산당의 충복이었던 그녀는 철저히 종교를 배척하고 기만했다. 죄수들 중에 특히 티베트인들을 적으로 간주해서 그들의 콧대를 꺾고 그녀 앞에 머리를 숙이게 해야 직성이 풀렸던 것이다.

탕구투타의 행동은 이와는 매우 대조적이었다. 비록 가난한 가문 출신이었지만 그녀는 내게 속마음을 털어놓으면서 중국인들보다는 티베트인들 편에 서서 생각했다. 그리고 눈에 띄지 않게 자신의 신앙을 실천하고 있었다. 그녀는 자신을 바쳐 일하는 매우 사려 깊은 여자였고 말없이 죄수들을 도우려고 애썼다. 언젠가 그녀가 내게 이렇게 말했다. "공관원들이 외부에서 어떤 일이 일어났다고 말하더라도 당신이 그것을 받아들이지 않는 한 가슴속까지는 침범하지 못할 거예요."

식당 일자리를 잃은 이후로 나는 다른 죄수들과 함께 채소 농장으로 보내졌다. 농장은 주도로 바로 옆에 위치해 있었다. 문화혁명의 해에 중국행 도로에서는 끊임없이 교류가 이어졌다. 트럭에는 목재와 사원에서 약탈한 불상들, 약초, 양털, 광석들이 실려 있었다. 트럭들이 티베트로 돌아올 때는 교도소와 강제노동수용소 직원들의 친인척이나 부녀자, 아이들, 아버지와 어머니들을 태우고 왔다. 중국에서는 많은 토지를 얻을 수 없었지만, 티베트에는 땅이 남아돌았고 풍부한 천연자원을 이용할 수도 있었다. 중국인들은 건물들을 짓기 위해 땅을 나눠가졌다. 그래서 하루 24시간 내내 교통이 소통되면서 보다 편리한 생활을 하고 싶어하는 시민들을 실어 나르고 있었다. 그들은 싼 물건을 가지고 와서 그것들을 팔기도 했다. 그리하여 새로운 화물이 도착하면 곧바로 자기네 물건을 끄집어내려 길가에 좌판을 벌였다. 중국인들은 수출용으로는 늘 최고급품을 예약해놓고 국제시장에서 명성을 떨치려고 애를 썼다. 그러면서 질이 가장 나쁜 물건들은 티베트에 내다 팔았다.

우리는 일을 하면서 여러 대의 트럭들이 사원에서 훔친 조각품들을 실어가는 것을 종종 목격했다. 다르체도에서도 익히 보던 광경이지만 당시에는 그래도 극히 일부에 지나지 않았다. 종종 이 트럭들이 우리 일터 아주 가까이에서 잠시 멈출 때면 우리는 그것이 무엇을 싣고 있는지 볼 수 있었다. 그 불상들은 머리며 옆구리에 도끼 자국이 난 채로 훼손되어 있었다. 손 부분은 떨어져 나갔고 얼굴은 전혀 알아볼 수 없을 정도였다. 우리들 중 한 사람이 일을 하다가 고개를 들어 트럭을 발견하면 그 사람은 다른 사람들에게 이 사실을 일깨워주었다.

우리는 말없이 들판에 서서 눈물을 흘리며 그들이 약탈해간 사원에 무슨 일이 생긴 건지 궁금해했다. 우리 곁을 지나 중국을 향해 가는 트럭에서는 진귀한 금이나 은으로 그린 초상화들이 햇빛 속에서 반짝였다.

수용소 밖에서는 남자 죄수들이 중국에서 온 이주민들을 위해 집을 지었다. 이 지방에 있던 티베트인들의 옛 가옥들은 압류되어 중국인들에게 넘겨진 상태였다. 추방당한 가문들은 아주 적은 금액의 배상금만을 받을 뿐이었다.

매일 저녁 2시간씩 계속되는 집회 때마다 누카수는 우리를 위협했고 심리적 공격으로 우리 마음을 약하게 만들려고 했다. 또다시 우리가 불상을 빼돌리는 광경을 목격했던 어느 날이었다. 그녀는 감방으로 들어와 다소 방정맞게 탕카를 깔고 앉았다. 그러고는 작은 탁자 위에 발을 올려놓고서 이쪽저쪽으로 방을 둘러보았다. 그녀는 만족스런 얼굴로 이렇게 말했다. "오늘 두 동강 난 불상이 반출되는 걸 보았겠지. 문서들이 벽을 도배하는 데 쓰이는 것도 보았을 거다. 나는 지금 탕카 위에 이렇게 앉아 있다. 그런데도 내게는 나쁜 일이 생기지 않아. 너희들의 신은 불상을 보호하지 못했다. 오늘부터 너희들은 신이나 종교가 존재하지 않는다는 걸 믿어야만 할 거야."

집회가 끝나고 몇몇 죄수들이, 특히 체링유덴과 예쉬돌마가 앞서 내게로 다가왔다. 예쉬돌마가 말했다. "오 아데, 이제야 우리는 당신이 누카수와 싸우는 이유를 이해할 수 있을 것 같아요. 오늘 저녁 보니 그 여자가 어떤 부류의 인물인지 알겠더군요. 그녀는 뻔뻔스럽고 무서운 데다가 우리 생활마저 힘겹게 만들고 있어요." 그녀와 그 밖의 사람들은 그 다음 주까지도 내게 여러 번 감사의 말을 전했다. 그들은 결국엔 우리들의 불운한 처지를 생각하며 눈물을 흘리곤 했다. 수감자들은 누카수를 '악녀'라고 부르기 시작했다.

몇 달 후 9년형을 마친 체링과 10년형을 다한 예쉬돌마가 석방됐다. 체링의 가족, 아버지, 어머니 그리고 그녀의 오빠들은 공산주의자들로부터 죽임을 당한 처지였다. 그녀에게는 함께 살 사람이 아무도 없었으므로 가족이 없는 전과자들이 머무는 집단거주지로 가게 됐다. 체링이 내게 말했다. "이제는 직원들이나 누카수와 싸우지 말아요. 당신의 형기가 다 끝나도 그들은 당신을 내보내지 않고 오히려 더 악독하게 괴롭힐 겁니다. 아데, 할 수만 있다면 제가 교도소 안으로 당신에게 물품들을 넣어줄 방법을 좀 찾아볼게요."

예쉬돌마는 집에 2명의 아이들이 남아 있었으므로 그곳으로 돌아갈 수 있었다. 그녀는 내게 이렇게 일러주었다. "우리는 중국인들과 싸울 수 없습니다. 그러니 예전에 저질렀던 일들을 되풀이하지 않도록 하세요. 제 생각으로는 당신의 형이 다 끝나더라도 그들은 당신을 풀어주지 않을 거예요." 그녀도 마찬가지로 상황이 좋아지면 교도소에 무엇이든 좀 보내겠다는 약속을 남겼다. 제일 믿고 내게 많은 것들을 나눠주었던 가장 절친한 친구들을 떠나보내고 다시는 그들의 행방을 알 수 없을 거라고 생각하니 한없는 슬픔이 밀려왔다.
그리고 이 친구들의 새로운 삶에 어떤 일이 기다리고 있을지 걱정스
러웠다.

1972년 나는 어떤 남녀 죄수 일행에 끼어 낙추카로 이송됐다. 이
곳은 리탕과 민약란가강 경계 지방이었다. 그곳에서 우리는 목재로
쓰일 나무를 벌목했다. 우리는 제일 질이 떨어지는 나무둥치를 날라
트럭에 싣는 일을 했다. 이런 나무둥치는 시세가 별로 좋지 않아서
교도소의 땔감으로 사용됐다. 인근 지방에서는 티베트인들이 그 땔
감으로 숯을 만들었다. 어디나 목재를 쌓아둔 모습을 볼 수 있었다.
숲 전체에서 벌목이 이루어졌다. 교도소로 돌아온 우리는 도끼와 자
귀로 나무를 잘게 쪼개는 일을 했다. 이 일을 하면서 가장 힘들었던
것은 손에 생긴 물집이었다. 너무 아파 도끼를 손에 잡기조차 힘들
었다. 그러나 할당량을 채우기 전에는 절대 쉴 수도 없었다. 상처에
고름이 잡히고 진물이 흘렀지만 제대로 치료를 받을 수도 없는 형편
이었다.

어느 날 일을 하다가 남자 죄수들 중 한 명이 나를 바라보고 있다
는 것을 알아차렸다. 그는 부나탕의 전쟁터에서 어렸을 적 끌려온
아게이였다. 그는 건강이 나빠 보였고 옷은 또 얼마나 더러운지 거
지가 따로 없었다. 그는 당시 서른한 살이었다. 민약의 수목지역인
그곳에서 그는 자기 식구들이 어떻게 됐으며, 자신이 어떻게 붙잡히
게 됐는지를 내게 들려주었다. 아게이는 아주 똑똑한 청년이었고 감
옥 생활에도 불구하고 좋은 품성을 잃지 않고 있었다. 그는 내 처지

그래도 내 마음은 티베트에 사네

와 내가 겪은 고난에 대해 깊은 동정을 보였고, 나는 그의 건강을 염려했다. 그는 내게 확신을 주었다. "당신이 보시다시피, 저는 열다섯 살 이후로 줄곧 교도소에 있었고 지금은 이미 나의 유년시절의 세월보다도 2년이나 더 오래 감금되어 있어요. 하지만 제가 지금까지 살아남아 있는 것만 봐도 언젠가는 자유를 찾게 될 거라고 확신합니다."

1974년 겨울 나는 여자 교도소의 본대로 다시 돌아갔다. 어느 날 누카수가 나를 사무실로 부르더니 욕을 퍼붓기 시작했다. 그러고는 이렇게 말했다. "이제 너의 형기는 다 끝났어. 그러나 우린 널 석방시키지 않을 거야. 네 행동들을 볼 때 너는 카르체에서부터 강제노동수용소로 오기까지 늘 우리에게 반항만 했어. 따라서 너는 계속 갇혀 지낼 것이다. 네 태도나 행동이 네 발등을 찍은 셈이지. 너는 그동안 줄곧 괴로움을 당하는 쪽이었어. 공산당은 아무런 손해도 입지 않았지. 결국 너는 패배자가 된 거야. 정신 못 차리고 제대로 행동하지 않았으니 이제부터 아무런 권리도 행사 못할 거다. 너는 자유를 얻을 권리도 갖지 못할 거야. 다들 네가 한 행동과 말을 보고 조심하게 되겠지." 그러나 탕구투타는 내게 굳은 어조로 말했다. "당신은 굳센 티베트 여인이며 나는 언제나 당신 편입니다. 중국은 계속 당신에게 온갖 악행을 자행하고 중상모략을 일삼으며 당신을 괴롭히겠지요. 하지만 절대 용기를 잃어서는 안 됩니다."

돌 위에 물 붓기

다시 만남

1974년 늦봄 나는 미안펜창에 있는 한 제분소로 이송됐다. 그곳은 민약 지방에 있는 다른 교도소처럼 큰길가에 자리 잡고 있었다. 내가 떠나기로 한 날 아침, 두 교도관이 나를 누판뒤의 교도소장 사무실로 데리고 갔다. 그곳에서 내 서류에 도장을 찍고 이송을 위해 서류를 넘겼다.

　우리는 밖에 대기하고 있던 차 쪽으로 걸어나갔다. 남자들 중 한 명이 문을 열더니 나에게 뒤에 앉으라고 가리켰다. 운전사가 시동을 걸면서 고개를 돌려 내 쪽을 잠깐 바라보더니 교도소 밖으로 차를 몰았다. 그는 카르체행 도로의 서쪽으로 차를 몰고 있었다. 교도소 뒤편 도로 북쪽을 따라 흐르는 작은 강물이 햇살 속에서 마치 은빛 물줄기처럼 반짝였다. 우리는 몇 분 만에 주요 군사기지와 도로 남쪽에 있던 사상개조센터를 지났다. 이곳은 철저하게 보안이 유지되는 곳이었다. 나는 자리에 깊숙이 눌러앉아 눈을 감았다. 친구들과 그곳에서 보냈던 나날을 기억하고 싶지 않았기 때문이다. 군 병원을 지나서 곧바로 도로를 벗어나 우리는 남쪽의 미안펜창 기지로 접어

그래도 내 마음은 티베트에 사네

들었다. 15분 정도 걸리는 거리였다.

전입 신고가 처리되자 교도관은 나를 지정된 감방에 혼자 남겨두었다. 잠시 앉아서 처음으로 16년형을 언도되던 날을 떠올렸다. 어떻게 그 많은 시간들을 견딜 수 있었던 걸까? 곧 다른 교도관이 들어와 내게 일거리를 지시했다. 걸으면서 그가 내게 이렇게 설명했다. "이 제분소는 이 구역 내에 있는 22개 교도소를 모두 맡고 있어. 직원과 군무원, 경찰관, 죄수들의 수요를 충족하는 셈이지. 곡식은 카르체 관할구의 또 다른 지방에서 보내오고 있지."

제분소는 마치 거대한 자동화 공장 같았다. 나는 그런 종류의 기계를 전혀 본 적이 없었고 다양한 공정을 지나칠 때마다 그 소음과 웅장함 때문에 난쟁이가 된 느낌을 받았다. 참파를 빻는 곳에 도착하자 "자, 봐라" 하고 교도관이 내게 말했다. "포대를 가져다가 곡식이 내려오면 그것이 꽉 찰 때까지 붙잡고 있는 것이 네가 할 일이다. 그리고 그것을 봉해서 이 선반 위에 쌓아놓으면 된다." 교도관은 가버렸고 나는 몇 시간 동안이나 혼자 작업장에 남겨졌다. 행운이었다. 이제부터는 참파를 먹을 수 있게 된 것이다. 나는 내 식권을 다른 죄수들에게 나눠주었다. 참파로 식사를 하게 되면서 2주일 만에 내 몸은 정말 건강해졌다.

저녁 식사 시간에 차를 마시고 있을 때였다. 발송부에서 일하는 한 여자가 나를 주의 깊게 쳐다보고 있다가 말을 걸어왔다. "당신 포장 쪽에서 일하고 있죠? 처음 여기 도착했을 때보다 훨씬 보기 좋아졌어요. 이곳 일이 아주 나쁘지는 않은가 보군요? 참파와 밀가루를 관리하는 게 제 일이에요. 그것들의 질에 따라 상중하로 나눈 다음 각 수취인 별로 배당하죠. 질이 제일 좋은 것이 직원이나 군인들에게로 가고, 두 번째 등급은 찐빵을 만드는 데 쓰이는데 그건 감옥의 죄수들에게 나누어줘요. 그 나머지 왕겨는 돼지사료로 쓰이고요. 당신도 물론 보셨겠지만 우린 여기서 매우 효율적으로 일하고 있어요."

놀랍게도 교도소와 이 제분소 간에는 몇 가지 본질적인 차이가 있었다. 이곳엔 무장한 교도관도 없었고 감방 문을 닫아거는 일도 없었으며 더 이상 감방 안에서 대소변을 볼 필요도 없었다. 죄수들이 생활비를 버는 것도 허락되어 우리는 월급으로 29위안을 벌 수 있었다. 이렇게 번 돈의 일부는 식권을 사는 데 쓰였다(식권은 식사 때 주방에서 교환됐다). 자신의 식권을 주의 깊게 쓰지 않으면 15일 이내에 전부 바닥이 나기도 했는데 이런 문제는 여자들보다 남자들에게서 더 빈번했다. 여자들은 대부분 계획성 있게 생계를 유지해 가끔은 식권이 남기도 했지만, 남자들은 배를 곯기 일쑤였다. 남은 돈은 옷과 그 밖의 다른 생필품을 사는 데 쓰였다.

일요일이면 중국인 교도소 관료들과의 집회가 있었다. 이때 공관원들은 죄수들에게 지난 한 주 동안 무슨 생각을 했는지 질문했다. 나는 별로 할 말이 없어 이렇게 대답하곤 했다. "오늘 나는 제분소에서 좋은 성과를 냈습니다. 진짜로 일주일 내내 죽어라 일만 했습니다. 그 외에는 더 할 말이 없군요." 그러면 그들은 다른 죄수들에게 물었다. "아데의 행동이 어땠지? 이 여자가 너희들에게 무슨 말을 했지? 너희들은 그것에 대해 뭐라고 말했느냐?" 그러고는 그들에게 "아데를 잘들 감시하도록!" 하고 말하는 것이었다.

당시 나는 죄수들 중 어느 누구에게도 속마음을 털어놓지 않고 지냈다. 어느 누구도 내가 무슨 생각을 하고 있는지 알 리가 없었다. 친하게 지내는 친구가 없으니 나에 대해 떠드는 사람도 없었다. 그들은 종종 공관원들을 만족시키려는 듯 "아데가 오늘 정말 열심히 일했어요" 하고 말했다.

❀ ❀ ❀

놀라운 사건이 있었다. 어느 날 세라마 언니의 남편인 푸르바 형부도 미안펜창에 수감되어 있으며 제분소의 같은 공정에서 일하게 됐다는 사실을 알게 됐다. 나이가 많은 형부는 포대를 수선하는 일을 맡고 있었다. 무장한 교도관이 없는 데다 권총을 찬 몇몇 관리들만 있었기 때문에 우리는 작업 시간 동안 낮은 소리로 이야기를 나눌 수 있었다. 우리는 각자 자신이 당했던 잔혹한 일들을 비롯해 우리 주변에서 어떤 일이 일어났는지를 낱낱이 밝히기 위해 다른 재소자들의 체험담도 이야기했다. 이따금 가족들에 대한 추억을 나누기도 했다. 푸르바 형부는 주로 나이 든 티베트인들과 감금 생활을 했기 때문에 중국말을 배우지 못했다. 관리가 그에게 큰 소리라도 치면 가엾은 푸르바 형부는 어쩔 줄 몰라하며 내게 낮은 소리로 무슨 일이냐고 물어보았다.

어느 날 관료 하나가 사무실로 나를 부르더니, 16년이란 세월을 교도소에서 보낸 내게 '정치적 독선자'라는 등급이 매겨졌다고 말했다. 꿇어앉아 바닥만 바라보는 내게 그가 말을 이었다. "이제 죄수는 아니지만 너는 올바른 정신 개조를 전혀 수용하지 않았어. 바위처럼 꿈쩍도 않고 있지. 끝끝내 고집을 피운다면 다시는 집으로 돌아갈 수 없을 거다." 나는 고개를 들어 그의 눈을 바라보았다. 그 후 한 교도관이 와서 나를 밖으로 데리고 나갔다.

❀ ❀ ❀

1975년 와다뒤 강제노동수용소의 벽돌공장에서 일하라는 명령이 떨어졌다. 내게는 쉬레이펜지(검은 모자)가 씌워졌다. 그것은 네 부류의 사람들을 가리키는 표식이었다. 지주와 부유층, 반혁명분자, 질 나쁜 분자들이 여기에 속했다. 이들은 정치적, 사회적 독선자로 간주됐다. 우리는 늘 맨 뒷자리에 앉아야 했고 맨 끝줄에 서야만 했다. 다른 사람들을 허리 위로는 쳐다볼 수도 없었고, 그들과 대화를 나누거나 특정 집회에 가는 것도 허용되지 않았다. 검은 모자를 쓴 죄수들은 자신의 행동과 생각에 대한 보고서를 매주 작성하도록 강요받았고, 언제든 노역에 소집될 가능성이 있었다.

나의 수감 생활은 끝이 없어 보였지만 해를 거듭할수록 상황이 현저히 좋아지고 있다는 사실을 그나마 위안으로 삼았다. 친구들과의 교제와 우리가 서로에게 가졌던 신뢰가 그리울 때면, 나는 내 안에 침잠하여 살고 마음을 고요히 다스리고자 노력했다. 그렇게 날마다 새로운 하루가 오기를 끊임없이 기도하고 기다렸다. 그런데 형무소

그래도 내 마음은 티베트에 사네

에서 혈육을 만나게 되다니. 푸르바가 같은 곳으로 옮겨왔다는 사실은 이런 나에게 무엇보다 큰 위안이 됐다.

※ ※ ※

와다뒤는 쓰촨-라싸 간선도로를 따라 이어지는 북부도로가 카르체로 갈라지는 지역 인근에 위치하고 있었다. 이 지방에는 붉은 찰흙이 많이 나서 죄수들은 주로 찰흙 캐내는 일을 했다. 마구를 얹은 6필의 야크가 원을 그리며 뛰면서 그 찰흙을 눌러 으깼다. 야크를 모는 가엾은 죄수들은 추운 겨울날에도 맨발로 일을 했다.

내가 처음으로 맡은 임무는 기와를 만드는 일이었다. 한 죄수가 내게 틀 안에 찰흙을 넣는 시범을 보여줬는데, 그 틀은 4개의 기와가 들어가는 얇은 나무판자로 만들어져 있었다. 일을 하면서 우리는 불을 지핀 커다란 둥근 가마 근처에 앉아 가마의 작은 아궁이에 땔감을 집어넣었다. 죄수들은 그것을 무겁게 하려고 큰 흙덩어리로 윗부분을 메우고 온도를 조절하기 위해서 지면에 물을 부었다. 점토기와가 마르면 틀을 떼어냈다. 나무막대를 가지고 기와를 밀어내면 또 다른 나무틀 안에서 기와가 만들어졌고 가마 안에서 일주일이 지나면 비로소 기와가 완성됐다. 기와는 잠시 보관됐다가 중국으로 이송됐다.

작업속도가 엄청난 부담이었다. 우리는 각자 하루에 1,000여 개의 기와를 생산해야 했다. 때문에 할당량을 채우기 위해서 새벽 5시부터 저녁 7시까지 일을 했다. 할당량을 채우는 데 지쳐서 다들 말이 없었다. 날씨만이 하루가 다르게 변하고 있었다. 여름의 무더위 속에서는 가마에서 멀찍이 떨어져 앉았고 가을바람이 옷깃을 스칠 때면 가마 가까이에 자리를 잡았다. 그러다가 겨울이 되면 찰흙을 제대로 섞기도 힘들었다. 기와를 깨뜨리지 않으려면 조심 또 조심해야 했다.

그렇게 일을 해야만 하는 상황이 끔찍했다. 미래는 불확실했고 아무것도 믿을 수 없었다. 모든 죄수들이 평화로웠던 지난날을 기억하고 있었다. 우리는 밖에 나가 일을 했지만 새의 노랫소리처럼 예전에 우리를 안심시켰던 소리들이 점점 더 듣기 힘들었다. 너무나 빠르게 일어나는 변화와 우리가 확신했던 것들이 사라지는 것을 과연 어떻게 이해할 수 있단 말인가? 우리의 삶이 교도소의 몇 가지 목적만을 위해 이용되는 현실을 어떻게 이해해야 한단 말인가?

단조로운 시간들을 극복하기 위한 사람들 각자의 노력은 어느새 무뎌져갔다. 그렇지만 당시 우리는 우리를 다른 무언가로 집중하게 하는 힘과 사명감을 감지했다. 죄수들 중 한 사람이 첸레직과 달라이 라마에 대한 기도문을 암송하기 시작하자 곧 다른 이들에게로 이어져나간 것이다.

나는 와다뉘에서 5년 동안 구금되어 점토를 파내 기와를 만들고, 돌을 나르고, 밭을 갈고, 나무 베는 일을 했다. 몇몇 죄수들은 로코숭두의 산림지대에 있던 벌목장으로 파견됐다. 우리는 매일같이 4시간을 산 위에 있는 쿠쉬 벌목장까지 20킬로미터를 걸어갔다. 당시 그곳에서는 전 지역에 걸쳐 벌목이 이루어지고 있었다. 죄수들은 8

시간의 고된 노동에 시달렸고, 기와공장의 가마에 불을 지피는 데 쓰려고 나뭇가지며 작은 나무들까지도 남김 없이 벌채를 해야 했다.

권총으로 무장한 교도관 일행이 죄수들을 호송하기 위해 함께 파견됐다. 그들은 벌목장 사방에서 우리를 감시했다. 나무가 베어지면 우리는 그것을 다발로 묶어 수레에 실었다. 그리고 자일을 이용해서 500킬로그램까지 나무가 실리는 그 큰 수레를 교도소로 끌고 돌아왔다. 여태까지 있었던 나의 '좋지 않은 소행' 때문에 여자 죄수들 중에서는 유일하게도 내가 그곳에 파견됐다. 무엇보다도 낫을 사용하는 것이 가장 큰 고역이었다. 남자 죄수들은 서너 번만 때려도 나무 하나를 쓰러뜨릴 수 있었지만, 나는 나무를 수없이 내리쳐도 넘어뜨리지 못했다. 남자들은 나무를 베기 전에 낫부터 갈았지만 처음에 나는 그 요령조차 제대로 알지 못했고, 어느 누구와도 말하는 것이 금지되어 있어서 물을 수도 없었다. 남자들은 급경사를 지그재그식으로 올라갔다가 내려오는 법이나, 나무들을 넘어뜨리면서도 균형을 유지하는 방법을 알고 있었다. 반면 나는 남자들에게서 떨어져 있었기 때문에 이런 비결을 알아내기까지 시간이 걸렸으며 산을 일직선으로 등반하느라 금세 지쳤다.

산으로 가기 전에 받은 찐빵 한 조각이 하루를 버티게 하는 식량이었다. 연로한 푸르바 형부도 우리와 함께 파견됐다. 그는 목재를 넘어뜨릴 힘이 없었기 때문에 벌목꾼들에게 차를 끓여주고 직원들 점심을 데우는 일을 맡았다.

죄수들은 매일 300킬로그램에 달하는 '가마' 목재 600여 그루를

다시 만남

베야 했다. 우리는 각자 무거운 수레를 끌고 가파른 산을 오르내렸다. 올라갈 때는 그 무게가 나를 골짜기로 잡아끌어서 꼼짝도 할 수 없었다. 사실상 불가능해 보이는데도 어쩔 수 없이 혼자서 수레를 끌고 가야 했다. 힘껏 자일을 잡아당기다가는 미끄러지고마는 나를 보며 교도관들은 비웃었다.

우리가 수레를 끌고 강제노동수용소로 돌아오면 교도관들이 나무 무게를 달았다. 어떤 죄수든지 자기 임무를 완수하지 못하면 저녁 집회에서 교도관장의 질문을 받도록 돼 있었다. "왜 네 몫을 다하지 않았지?" 물론 그렇게 뽑힌 사람 중에는 나도 들어 있었다. 교도관은 말했다. "어디에서도 한시도 제대로 행동하는 적이 없군. 능력이 없어서 그러는 게 아니겠지. 넌 원래 아주 건강하잖아." 그것은 체격 때문에 하는 말이었다. "반항하려고 게으름을 피우는 거지?"

공산주의자들은 나를 짐 나르는 가축처럼 다루며 세상에서 가장 미천한 존재로 여겼다. 결코 잊을 수 없는 일이었다. 어쩌면 짐승보다 더 못한 취급을 받았는지도 모르겠다. 짐승은 더 이상 일을 못하게 되면 총으로 쏴 죽여서라도 그 고통을 덜어주지 않던가. 하지만 수감자들은 나를 우리 민족을 위해 목숨을 바치는 여성 우국지사로 여기고 있었다. 이런 이유로 나는 동료들과의 관계가 좋았다. 그래서인지 내 곁에는 늘 도움을 주려는 사람들이 있었다. 수감 생활에서 겪었던 온갖 굴욕에도 어떻게든 힘이 되어주는 일들은 늘 일어났다. 형부인 린첸삼둡이 나와 마찬가지로 와다뒤에 수감되어 가마에 쓸 나무 베는 일을 하고 있다는 사실도 힘이 됐다. 린첸 형부는 교도

그래도 내 마음은 티베트에 사네

관들이 눈치 채지 않게 내가 할당량을 채울 수 있도록 도와줬고 나를 도와주려고 다른 사람들을 데려오기도 했다. 린첸과 푸르바 형부가 내 곁에 있었으므로 나는 다시 신뢰와 사교의 기쁨을 누릴 수 있었다.

린첸 형부가 내 수레 일을 도와주면 교도관들은 종종 그에게 욕을 퍼부었다. "그렇게 많은 범행을 저지른 여자가 수레 하나 제대로 끌지 못한다고? 절대 이 여자를 도와주면 안 된다." 그러면 린첸은 그들과 언성을 높였다. "아무리 봐도 이 여자는 수레를 끌 힘이 없는데 그럼 어쩌란 말이오? 내가 도와주지 않으면 수레는 꼼짝도 못할 게 뻔하고 아데는 자기 일을 해낼 수 없을 겁니다." 이에 나는 늘 이렇게 말했다. "지금 당장 이 자리에서 날 죽이시오. 시간 낭비하지 말고요."

그러나 그들은 그러지 않았고 끝없이 계속될 것만 같던 2년의 세월이 그렇게 지나갔다. 그들이 나를 그렇게 다루라는 명령을 받았는지 어쨌는지는 모르겠다. 그러나 솔직히 말해서 그들이 어째서 그렇게 나를 계속 놀림거리로 삼았는지 명확히 알 수 없었다. 하지만 내가 범죄를 저지를 동기를 갖고 있으며 공산당이 그들에게 준 명예와 권력에 위협을 줄 만한 무엇이 있다고 그들이 믿었던 것은 사실인 듯했다. 내가 계속해서 공산주의를 찬양하기를 거부한 것이 그들의 감정을 상하게 했던 것이다. 어쨌든 그들은 내가 자기들의 가장 악독한 적이라고 믿고 있었다.

내가 일했던 지역들 중 많은 곳이 마을과 가까이 위치해 있었다.

그래서 사람들은 내가 처한 어려움과 고난을 지켜볼 수 있었다. 그들이 가끔 15~20명가량의 처녀들을 보내주면 교도관들은 그녀들을 희롱했다. 처녀들이 그들과 웃으며 노는 동안에 사람들은 내 수레를 산 위로 밀어주었다. 교도관들은 아무것도 알아차리지 못했거나 적어도 묵인해주었던 것 같다.

세상 사람들이 모두 내가 당하는 고난들을 볼 수 있었으므로 나는 외부로부터 엄청난 지지를 받았다. 처녀들은 군인들과 이야기를 나누며 내 옆을 지나가다가 가끔씩 재빠르게 참파나 빵, 천에 싼 고깃조각들을 내 옷에 찔러주었다. 그러면서 자기들이 그들을 정말 좋아한다고 감쪽같이 믿게 했다.

로카수라는 이름의 공관원이 저녁 집회에서 교관 사령관의 임무를 맡게 됐다. 그 역시 내게 부정적인 감정을 나타내기는 마찬가지였다. 아마도 나를 괴롭히라는 명령을 받은 모양이었다. 집회 때 그는 죄수들에게 물었다. "이번 주에 아데가 무슨 짓을 했지?" 그는 누카수와 비슷한 욕설을 했고 늘 죄수들보고 나에 대해 일러바치라고 꾀어냈다.

어느 날 저녁 집회가 끝난 후 린첸 형부는 매우 화가 나 있었다. "로카수가 여기에 왔을 때 그의 짐을 들어주라며 나를 보냈지. 당시 그는 손수건 말고는 아무것도 가진 게 없었어. 그래서 우리는 그를 '진정한 공산주의자'라고 불렀지. 그런데 겨우 몇 년이 지난 지금 어떻게 그가 이렇게 부유층이 된 건지 의문이야."

그래도 내 마음은 티베트에 사네

✿ ✿ ✿

　　1974년 린첸삼둡이 와다뒤로 왔을 때, 그 역시 '검은 모자' 형을 받았다. 서른세 살의 나이에 그는 거의 자신의 반평생을 교도소에서 보내고 있었다.

　　린첸과 푸르바, 이 두 형부들과 나는 종종 일을 다 마친 저녁 때 만날 수 있었다. 우리는 중국의 점령 아래서 당한 기억을 함께 나누었다. 린첸은 열여섯 살 때 파견위원단에 동행하도록 소환되어 한 달 동안 중국을 방문했을 때의 이야기를 들려주었다. 그들이 방문할 당시 중국 사회에는 이제 막 민주혁명이 도입되고 있었다. 계급사회의 스파이를 모두 처단하려는 움직임이 있었기 때문에 사람들은 좋은 옷을 입을 수 없었다. 공산주의자들은 국민당과 제국에 대해 정화운동을 실시했고, 동장 이상의 지위에 있는 정치 지도자들을 모두 처단했다.

　　린첸은 그때를 이렇게 회상했다. "각기 다른 지역 출신의 티베트인 약 300여 명이 이 방문에 참여했지. 나는 너무 어렸기 때문에 무슨 일이 일어나고 있는지를 완전히 이해할 수는 없었어. 어르신들은 계속해서 마음이 내키지 않는다고 말씀하셨지. 이 여행에서는 무엇보다도 공장에서 만들어내는 어마어마한 기술의 진보가 주요 이슈가 됐지만 쓰촨의 거리는 한 면만을 보여주었어. 우리는 죄수들을 트럭에 태워 데려가는 것을 보았고 지나가던 사람들이 국가의 적이니 사형에 처해질 거라고 말하는 것을 들었지."

　　중국인 주민들을 직접 만날 수 있는 기회는 그리 많지 않았지만 파견단은 가끔 사람들이 어떻게 지내고 있는지를 관찰할 수 있었다고 했다. 린첸은 그들 일행이 충칭 근처에 있는 한 동물원을 방문했을 때의 이야기를 해주었다. 그들은 그곳에 있는 한 식당에서 점심을 먹기로 했다. 그들이 식사를 하는 동안 린첸은 한 노파와 아이가 그들에게로 다가오는 것을 보았다. "사람이 너무 배가 고프면 어떻게 되는지를 본 건 그때가 처음이었지" 하고 그는 말했다. 그 노파는 뭐라도 좀 훔쳐 먹으려고 잔뜩 벼르고 있었기에 급기야 일이 벌어지고 말았던 것이다. 그녀가 갑자기 음식 접시 하나를 가져다가 먹기 시작했다. 몇몇 사람들이 이를 저지하려 했으나 그들이 무슨 말을 하건 어떤 행동을 하건 그녀는 재빨리 음식을 입에다 우겨 넣었다. 다음 순간 그녀는 식당의 몇몇 직원들에 의해 밖으로 끌려 나갔고 무자비하게 바닥에 내팽개쳐져서 구타를 당했다고 한다. 공산당 안내원이 "이 여자는 예전에 지도층에 속해 있었어요. 하지만 지금은 일을 할 수 없고 그러니 먹을 것도 없습니다"라고 말했다.

그 일을 목격한 일행의 마음은 격해졌지만 차려진 음식들을 공손히 다 먹어야만 했다. 그들이 밖으로 나왔을 때 중국말을 할 줄 아는 파견단원이 그 여인에게 그녀의 처지를 물어보았다. 공산주의자들이 부유한 가문들에 대해 정화운동을 벌일 때 그녀 가문의 남자들은 대부분 사형당했고, 다른 식구들은 이리저리 떠돌며 지내고 있다는 것이었다. 재산과 소유지는 몰수됐고 그들에게 남은 것은 아무것도 없었다. 늙은 여자들 중에는 어렸을 때 전족을 당해 걷는 것이 힘든 사람들도 많다고 했다.

린첸은 파견단들이 쓰촨의 청두 지방에 갔을 때의 이야기도 들려주었다. 그곳에서 그들은 호두가 든 작은 빵 한 조각을 사기 위해 시장에서 장사진을 이루고 있는 사람들을 보았다. "너무나도 긴 줄이었지. 사람들이 자기에게 배당된 빵을 사려고 시간을 허비하고 있다는 인상을 받았어. 그런데 비축된 식량이 언제 바닥나게 될지는 아무도 모르고 있더군. 우리는 원하는 만큼 살 수 있다는 특별 증서가 있어서 가자마자 최우선 고객이 됐어. 어떤 중국인들은 우리에게 와서 자기네 것까지 좀 사다 달라고 부탁했지. 일반 빵은 1위안이었고 중국식 빵은 10위안에 샀어. 우리는 빵을 많이 사서 우리 뒷줄에 서 있는 사람들에게 나눠주었지."

린첸은 도시민들이 온통 식량 사들일 걱정에 빠져 있다는 인상을 받았다. 어느 누구도 옷이나 그 외의 다른 것에는 관심을 두지 않았다. 린첸과 다른 사람들은 예쁜 물건 몇 개를 선물로 사고자 했으나, 사람들은 나중에 공산주의자들이 그들의 구입품을 압수할지도 모른다고 말해주었다고 한다.

시장은 완전히 국유화되어 있었다. 파견단들은 개인 상인을 단 한 명도 보지 못했다. 티베트의 장로들은 "오늘날의 중국은 국민당 시대 때와는 판이하게 다르군. 이제 더 이상 중국인들에게는 자유가 없는 것 같네. 사람들의 얼굴이 그렇잖아도 창백한데 냉담해지기까지 하고 있어" 하고, 중국 공산당을 햇빛 받는 곳에 놓인 가죽에 비유했다. 처음에 그 가죽은 무척 연하고 부드럽지만 시간이 지나 물기가 마르면 오그라들고 단단해진다. 방문 기간 내내 어떤 티베트인도 공산주의자들이 나쁘다는 말을 입 밖에 내지는 못했지만, 과연 티베트에 무슨 일이 일어날 것인가를 생각하면 아무것도 먹을 수 없었다고 한다. 파견단은 끊임없이 이런 말들을 들었다고 한다. "집으로 돌아가면 사람들에게 중국이 대단한 나라라고 설명해줘야 합니다. 중국은 당신들의 어버이와 같은 나라입니다. 그러니 반항해서는 안 된다고 얘기해줘야 한단 말이오."

린첸은 계속해서 이야기했다. "우리가 집으로 되돌아왔을 때, 일행 중 많은 이들이 정치 지도자로 임명됐지. 보수는 좋았지만 사실상 그들은 아무런 영향력도 행사할 수 없었고 주민들과의 일상적인 접촉도 불가능했어. 중국인들은 그들에게 공산당의 우수성을 알리라 강요하는 것도 모자라, 그들을 주민들이 소유한 무기를 양도하도록 하는 데 이용해먹었어."

라마승이었던 린첸삼둡의 맏형은 종교집단의 박해가 시작된 이후 몇 해 동안 감옥살이를 하고 있었다. 린첸은 자신의 형을 교도소 밖으로 탈옥시켜 산속으로 도주시킬 계획을 꾸미고 있었다. 그런데 이 일이 실행되기도 전에 중국인들에게 발각되고 말았다. 1959년 9월 어느 날 인민해방군 병사 8명과 경찰이 와서 집에 있던 린첸을 체포했다. 그는 수갑을 찬 채 다르체도에 있는 관할 형무소로 보내졌다. 이곳은 나춰 사원의 형무소보다 조금 작았으나 같은 도시에 있었다. 그가 체포될 당시 이 교도소에는 약 80명의 수감자들이 구형을 기다리고 있었다. 당시 린첸의 나이 겨우 열여덟이었고 그 후로 그는 24년을 형무소에서 보내야 했다.

그래도 내 마음은 티베트에 사네

그는 체포되어 교도소의 한 사무실에서 구타당하고 취조를 받았다. 공관원들은 그에게 "달걀로 바위를 치면 둘 중 어느 것이 깨지겠나?" 하고 물었다. 그들은 그가 자기 잘못의 본질을 깨우치도록 노력해야 한다고 했다. "그런 정신 상태와 적개심을 가지고는 올바른 길을 갈 수 없어. 결국 잘못된 길이 너를 죽음으로 몰아갈 것이다. 미국과 같은 큰 나라도 중국을 두려워하며 떨고 있는데, 그에 비하면 너희는 작은 티끌에 지나지 않아. 300만 군사를 거느렸던 장제스도 중국에서 쫓겨났는데 하물며 너 같은 놈이 우리에게 대항할 수 있겠어? 너는 기둥을 기어 올라가려고 발버둥치는 시궁쥐나 마찬가지야. 공산주의에 대항하려는 사람은 어느 누구도 순탄하지 않을 거야. 빗방울만큼이나 무수히 많은 우리 편이 있거든."

이에 린첸은 이렇게 말했다고 한다. "동료들과 내 생각으로는 티베트인들에게 가장 잘 알려진 외국이 미국이라서 그렇게 여러 차례 미국을 인용하는 것 같군요. 중국이 우리를 탄압한다면 미국이 우리를 도우러 올 거라고 사람들은 믿고 있어요. 미국 정부가 장제스를 도왔던 것처럼 말이에요. 이런 티베트인들의 상상을 무너뜨리려고 중국인들은 늘 미국을 나쁘다고 말했어요."

공관원들은 누가 린첸의 계획을 알고 있었는지 알아내려 했고 이런 이유로 그는 숱하게 고문을 당했다고 했다. 그자들은 그를 바닥의 각목 모서리 위에 무릎을 꿇게 하기도 하고 때로는 깨진 돌멩이 위에 무릎을 꿇어앉히기도 했다. 겨울에는 그와 다른 죄수들을 차가운 물속에 세워두고서 "공산주의에 반대했던 너희들 꼴이 지금 과연 어떠냐?" 하고 물었다. 그 외에도 2가지 고문방법이 더 있었는데, 죄수들의 손목 관절을 지붕에 매달거나 각목으로 그들을 구타하는 것이었다. "처음 석 달 동안은 매일 심문을 받았었지. 수감 생활이 계속될 거라는 판정이 내려진 후로는 한 달에 한 번씩 심문을 받아야 했어"라고 린첸은 말했다. 린첸삼둡은 다르체도의 한 교도소에서 1년을 보냈다. 교도소 음식은 형편없었고 배당량도 적었다. 식사 전에 죄수들은 공산주의 노래를 불러야 했다. 예를 들자면 이런 것이었다.

죗값이 너무 커서,
하늘마저 이에 비하면 아주 작습니다.
매일 세계를 파괴하려 하네요.
하지만 공산당은 훌륭합니다.
공산당은 훌륭하며
인류의 유일한 피난처로 남았습니다.

다른 형무소와 마찬가지로 이곳에서도 죄수들은 저녁 집회에서 형벌을 받게 된 경위를 억지로 자백하고 자신의 행동이 어떻게 나빴는지를 분석해야 했다. 반항적인 태도를 취하는 사람들은 누구나 탐칭에 회부됐고 거기에 끌려간 죄수들은 거의 모두가 그들을 향해 겨눈 총부리 앞에서 알아서 적극 참여할 것을 강요당했다.

죄수들 중에 카미사라는 여인이 있었다. 그녀의 오빠 파덴은 민약

그래도 내 마음은 티베트에 사네

에 있던 고와카 사원의 주지승이었는데 이미 라싸로 떠났다고 한다. 그녀가 체포되자마자 사람들은 그녀의 옷을 벗기고 손목을 천장에 매달았다. 그러고는 아래에 모닥불을 지펴서 그녀의 발을 지졌다. 그녀가 연기를 마시고 잠시 의식을 잃으면 다시 내려서 얼음물에 담가버렸다. 그녀는 고문을 이겨내지 못했다. 그녀의 운명은 곧 이 교도소의 화젯거리가 됐다.

❀ ❀ ❀

린첸삼둡은 다르체도에서 수감 생활을 한 뒤 15년형의 '노동을 통한 재교육' 판결을 받고서 일찍이 별 효과가 없는 것으로 알려진 한 실험에 붙들려 있던 많은 티베트인들과 중국인들에게로 내몰렸다. 이 실험은 '사상 개조'로써 일부 사람들의 민족감정을 말살하겠다는 목적을 갖고 있었다. 이들은 그 외에도 강제노동으로 중국 경제를 보조해야 했다. 린첸은 열 곳의 형무소와 강제노동수용소를 거쳤는데, 그중 가파린창은 민약란가카르의 동쪽으로 20킬로미터 거리에 있던 곳이었다. 중국 당국은 그곳에다 3,000명 이상의 중국인과 티베트인 재소자 부대를 벌채에 투입했다. 벤 나무들은 기둥 한 개가 트럭 하나를 꽉 채울 정도로 컸다.

린첸은 다르체도의 쉬오롱에 있던 사텡큐에 수감되기도 했다. 그곳 역시 티베트인들과 함께 그와 비슷한 수의 중국인들이 벌목에 동원됐다. 공산주의자들이 오기 전, 옛 티베트인들은 수렵과 나무 베는 일을 특히 신성한 것으로 여겨 벌목과 사냥 따위를 금지해왔다.

※ ※ ※

　형을 마친 죄수들은 사회로 되돌아갈 자유가 있다. 그러나 중국의 교도체계는 죄수들을 석방하지 않을 이유를 끊임없이 찾아내곤 했다. 그러고는 우리에게 종종 이런 식으로 이야기했다. "죄수들은 자기네 군주가 누구인지 절대 잊지 못할 것이다." 공산주의자들은 '노동을 통한 재교육'의 연장일 뿐 다른 특별한 목적이 없다면서 강제노력동원제도를 이용했다. 그렇게 저임금 또는 아예 무임금으로 죄수들을 부려먹는 것이 매우 유용했을 것이다. 수용소 밖으로부터 법적인 도움을 받거나 경찰, 즉 공안 당국을 소환할 가능성은 전혀 없었다. 이 기관들 역시 이 제도를 후원하고 있었기 때문이다. 강제노력동원에 참여한 죄수들은 한 수용소에서 자기 일을 계속해나가기도 했다. 그러나 복역자의 수가 너무 적어지면 다른 수용소로 이송됐고 거기서 같은 부류에 속하는 또 다른 죄수들과 합류했다. 이제 그들은 자유로운 몸이나 마찬가지였지만, 중국인들은 결코 그들을 풀어주려 하지 않았다. 그들은 강제노동수용소에 배당된 생산량 달성계획에 따라 계속 일을 해야 했으며, 자신들의 반혁명적 사고방식이 바뀌었음을 끊임없이 증명해보여야만 했다.

　교도소에 계속 남아 있으니 민족주의를 통해서든 아니면 수감자들의 고통에 대한 고발로서든 그들은 외부 사람들에게 아무런 영향력도 미칠 수 없었다. 린첸삼둡의 형기는 1974년 2월 5일에 이미 다 끝났지만, 중국 공관원들은 그의 석방이 사회의 혼란을 가져올지도 모르니 교도소에 남게 하는 것이 최선책이라고 했다는 것이다. 그렇

그래도 내 마음은 티베트에 사네

게 해서 그는 열흘 뒤 와다뒤 수용소로 오게 된 것이다.

자신의 감옥 시절을 회상할 때면 린첸은 목소리가 낮아지곤 했다. 벌목 일로 긴 하루를 보낸 어느 날 저녁이었다. 린첸은 오래된 산신 기도를 시작하며 우리의 과거와 현재에 있었던 부정을 이렇게 표현했다.

"마치 누군가가 내게 내 팔과 내 친구의 팔을 부러뜨리라고 하는 것 같아. 우리 가족은 성스런 숲과 이웃해 살았지. 내가 봤던 최초의 나무들은 그 당시 우리 집 앞에 서 있던 울창한 흰자작나무 숲이었어. 나는 아버지와 함께 그 숲에 서 있었어. 아버지는 내 손을 잡고 있었고 나는 눈을 감고 나뭇잎 사이로 이는 바람 소리에 귀를 기울였지. 그러면 아버지는 내게 나무의 생명에 대해 느껴보라고 일러주셨어. 어렸을 때 나는 숲 한가운데서 종종 나풀거리는 잎새 끝이 햇살에 반짝이는 것을 보곤 했었지. 나무기둥과 나뭇가지의 하얀 표면이 금세 하늘로부터 푸른 빛을 머금을 듯 외투처럼 감싸고 있는 것만 같았어. 겨울철 일몰의 흑장밋빛이나 붉은 산호빛이 그 안에 머물다가는 벌거벗은 나뭇가지 끝에서 산산이 부서졌지. 축제날 아침 저녁으로 즐거이 나무들 사이를 거닐고 있노라면, 지붕으로부터 제물로 바쳐진 가축의 자욱한 연기가 바람결에 실려와 나무들 사이로 퍼졌지. 나는 자작나무를 쓰러뜨릴 때마다, 우리의 옥토와 신앙으로 맺어진 나 자신의 삶의 근원까지도 갈기갈기 찢겨져 둔중한 소리와 함께 바닥으로 내동댕이처지는 것만 같아. 옛날의 꿈을 꾸고 놀랐지. 내가 알고 있던 모든 것들과 모든 사람들이 사라져버렸던 거야.

날마다 억지로 양심에 거슬리는 일을 하느니 차라리 죽는 편이 더 나을 것만 같은 때도 많았어. 그러나 물론 이러한 상황에서 죽음은 살아 있는 것보다도 더 의미가 없다는 것을 알지만."

우리는 린첸의 말에 귀를 기울이면서 수용소에서 보았던 모든 티베트인들의 삶과 죽음이 쓰라린 점령의 결과라는 것을 비통한 마음으로 회상했다. 앞으로도 아무런 변화를 일으킬 힘도 없을 동료 죄수들 말고는, 이 끝없던 수난이 실제 일어났던 일이라고 곧이듣는 사람이 아무도 없을 것 같았다.

❀ ❀ ❀

와다뒤에는 2~3년 된 죄수들이 산에 있던 한 수용소에 묵고 있었다. 그들은 거기서 나무 베는 일을 했다. 10년 이상의 형을 받은 죄수들은 아침 7시면 수용소에서 일터로 길을 나섰다. 우리는 보통 12시간 동안 일했다. 린첸을 만났을 때 우리는 골로토라는 지역에서 일을 하고 있었다.

여러 산지의 목재들은 벌목을 대비해서 다양한 부류로 분류돼 표시됐다. 어떤 산은 죄수들 관할이었는가 하면 어떤 산은 지방 당국이 맡고 있었다. 나무들 대부분이 땔감으로 쓰였으나 질이 좋은 것들은 강제노동수용소의 제재소로 보내 무기징역수들이 수용소의 사무실에 쓰일 가구들을 만들거나 숙소와 감방을 짓는 데 사용하기도 했다.

죄수들에게 로시안의 원시림에 있는 좀 더 큰 나무들을 베라는 명

그래도 내 마음은 티베트에 사네

령이 떨어졌다. 그곳은 예전에는 절대로 나무를 벨 수 없던 지역이었다. 나무들은 남자 5명이 팔을 벌려야 간신히 한 나무를 둘러쌀 정도로 컸다. 죄수들은 나무들을 중국으로 이송하기 위해 군용트럭에 실었다.

목재상들의 주머니에서 나온 돈은 교도소 행정관청의 주도하에 교도소 직원들의 봉급으로 쓰이거나 감방을 신축하는 데 사용됐다. 중국의 제도에 따라서 강제노동수용소는 재정을 일정 부담할 의무가 있었다. 중앙당국을 위해 죄수들의 노동으로 1년에 5만 위안이라는 돈을 마련해야 했던 것이다.

산에는 남은 게 아무것도 없었다. 이 일은 우리 티베트인들의 마음을 한없이 우울하게 했다. 우리가 갖고 있는 것들을 모두 약탈해 가더니 그들은 이제 우리 국토마저 파괴하고 있었다. 마치 중국이란 나라에는 목재가 하나도 없는 것처럼. 우리는 이야기했다. "산과 땅을 가지고 갈 수는 없겠지만 그들은 모든 것을 빼앗아갔어요. 산이 헐벗는 것은 사람이 옷을 입지 않고 사는 거나 같아요." 결말을 뻔히 알고 있던 많은 어르신들이 말했다. "아주 오랫동안 이땅에는 번영이 깃들지 않을 것이오. 여러 차례 자연재해가 일어날 것이고 수확마저 얻지 못할 겁니다."

우리 죄수들은 티베트가 달라이 라마의 계시로 구원받기를 기도했다. 그러나 우리는 중국인들이 모든 것들을 뿌리 뽑아버리고 우리의 땅을 황무지로 만들어버릴지도 모른다고 생각했다.

1970년대 초반 티베트에 최초로 생필품 부족 현상이 몰아닥쳤

다시 만남

다. 당시 중국인들은 그들이 선별한 겨울보리로 티베트 고유의 보리 경작을 거의 완전히 바꿔버린 상태였다. 많은 전답들이 잘못 다뤄져 본래의 땅심을 잃어버린 상태였다. 티베트는 100년 만에 극심한 가뭄을 겪었고 50년 만에 가장 혹독한 폭설을 만났다. 1972년에는 강진이 여러 지방을 휩쓸어 나라 전역에는 추수할 곡식들이 유실됐다.

이러한 최악의 식량난을 겪는 동안에 이 지역에서는 3년 동안이나 아이를 낳는 여자가 없었다. 영양이 너무나 부족해서 임신할 수도 없는 상황이었던 것이다.

❀ ❀ ❀

우리 수용소에 수감된 죄수들 중 많은 사람들에게는 일요일마다 외출이 허락되어 시장에서 자유로이 물건을 구입할 수 있었다. 때때로 푸르바나 린첸이 나를 대신해 장에 갔다. 나는 수용소를 벗어날 수 없었기 때문이다.

린첸은 매주 짧은 외출을 하면서 수용소 출신의 중국인 죄수 2명과 친해졌다. 그중 한 명인 후아첸은 과거 기술자 출신으로 와다뒤에서 창고관리직을 대리하고 있었다. 공산주의자들의 기세가 상승하기 전 그의 가족은 아주 유복했고 국민당에서 높은 지위를 갖고 있었다. 그는 훌륭한 교육도 받았다. 그러나 1950년대에 공산주의자들이 부유층과 국민당 관리들을 추방하기 시작했다. 국민당 시절에 고위 관직에 있던 사람들은 모두 '역사에 기록될 반혁명주의자' 로

그래도 내 마음은 티베트에 사네

일컬어졌고, 공산주의자들을 적극 반대하지 않은 사람들까지 체포될 위기에 처했다.

후아첸은 신속히 공산당에 입당했다. 기술을 가지고 있었던 덕분에 그는 특별대우를 받았다. 인민해방군이 티베트를 침략하기 시작했을 때도 그는 시캉-라싸 간 도로 건설에 중책을 맡았다. 그러나 그는 몇 년 동안 자신이 보아온 일들을 더 이상 묵과할 수 없었다. 불교신자였던 그는 늘 이렇게 말했다. "이 체제는 옳지 못한 가설을 세우고 약탈과 불신에 근거를 두고 있어요. 그들은 자기네 행동을 돌아보지 않고 인과응보의 법칙에도 관심을 두지 않아요." 또한 그는 교도소 직원에게도 공산주의는 아무짝에도 쓸모없는 체제라며 공공연히 자기 의견을 이야기했다. 와다뒤에 있는 동안 사슬에 묶여 있기 일쑤였지만, 그는 "공산주의자들이 하는 짓에 나는 결코 동조할 수 없소"라고 사람들에게 말했다. 그는 자신의 견해를 밝히는 것이 옳다고 생각한다며 린첸에게 말하기도 했고 그것에 대한 가치를 역설했다. 그의 말에 따르면 중국인들이 티베트를 점령한 것은 사실이며, 자신은 자신이 알고 있는 것들 편에 서겠다는 것이었다.

후아첸은 린첸에게 또 다른 중국인 수감자였던 리를 소개해주었는데, 그 역시 예전에는 당원이었다고 한다. 그는 공산주의체제와 그 이념을 공공연히 비판했다는 이유로 1950년대 말에 붙잡혀 왔다. 게다가 그는 대학을 나온 학력 때문에 반우익 운동의 대상이 되어버렸다. 종종 그는 린첸에게 악수를 청하며 말했다. "앞으로 티베트는 잘될 겁니다. 달라이 라마께서 전 세계를 돌고 있잖습니까. 그분을 통해서 티베트인들은 바깥세상에 대해 보다 많은 것들을 배워왔습니다. 그들은 여러 나라를 돌면서 지식을 얻고 있어요. 분명 티베트의 장래에 아주 좋은 밑거름이 될 겁니다. 그 망명자들은 자질이 있고 훌륭한 교육을 받은 분들이기 때문에 언제나 티베트의 자주독립을 위해 변호해줄 거예요." 그러고 나서 그는 "여러분들의 지도자는 무사히 인도에 있으니 절망하지 말아요" 하고 말했다.

리와 린첸은 아주 가까운 친구가 됐다. 그들은 함께 식사를 하면서 기회가 되는 대로 이야기를 나누었다. 그들의 친분은 무엇보다도 그들이 같은 것을 반대하고 있다는 입장에서 기인한 것이었다. 리는 린첸에게 말했다. "공산주의 지배 아래에서 인간은 아무런 자유가 없어요. 자유가 없는 삶은 의미가 없는 것이고요." 그는 미국에 있는 사람들이 얼마나 많은 자유와 민주주의를 누리고 있는지 생각에 잠겼다. 그리고 몇몇 친구들이 젊은 시절 그곳에서 공부했던 이야기를 들려주었다. 린첸은 그가 나눈 대화와 서방세계에 대해 들은 것들을 내게 말해주었다. 우리는 다 같이 앉아 그러한 삶을 동경했다.

린첸의 친구 이야기를 듣는 것은 정말 즐거웠다. 나는 우리가 반대하는 것이 특정 민족이 아니라 잔악하고 부패한 정치 이데올로기에 관한 문제임을 확신할 수 있었다. 린첸과 푸르바와 나는 이야기를 나눌 때마다 공산주의자들은 어떻게든 바뀔 것이며 티베트에는 다시금 찬란한 태양이 비출 것이라는 희망을 서로 일깨워주려고 애썼다. 물론 모든 죄수들 앞에서 이러한 생각을 표현할 수 있는 것은

그래도 내 마음은 티베트에 사네

아니었다. 하지만 우리는 계속해서 수감자들과 뜻을 같이하면서 이러한 일들을 이야기하곤 했다. 푸르바는 우리에게 종종 이렇게 상기시켜주었다. "중국 공산주의는 부패했고 결국엔 만족할 만한 의미를 얻지 못할 것이다. 당 자체가 권력의 축적에 바탕을 두고 있기 때문에 지도층의 내부에서 야당 세력이 형성될 것이다. 그렇다면 몰락의 길 외에는 다른 길이 없다. 반면 티베트 민족은 지도자이신 달라이라마에 대한 확고한 믿음을 갖고 있어서 만약 그분께서 높은 절벽에서 지옥으로 뛰어내리라고 한다 하여도 우리는 기꺼이 충성을 다할 것이다."

어느 일요일 린첸은 형무소 지대를 걸어가다가 마차 한 대가 천천히 다가오는 모습을 보았다. 새로운 죄수들이 와다뒤로 이송되던 중이었다. 그는 어디에서 왔으며 어떤 소식을 갖고 있는 사람들인지 궁금해서 마차 안을 살피기로 했다. 마차가 수용소 안으로 진입하고 죄수들이 내리기 시작했는데 모두들 지친 기색이 역력했다.

그는 친형인 나왕쿠쇼가 그 마차에 있는 걸 발견했다. 젊은 시절 자신이 탈출시켜주려고 했던 바로 그 형이었다. 그 탈옥 계획 때문에 린첸이 체포됐던 것이다. 그는 두근거리는 가슴으로 형의 이름을 부르며 마차로 달려갔다. 잠시 동안 그들은 서로 바라만 보다가 이내 린첸이 형을 부둥켜안았다. 두 사람은 포옹을 한 채로 눈물을 흘렸다. 내가 방에서 바느질을 하고 있는데 린첸이 나왕을 데리고 왔다. 어둡고 침울한 눈빛에 키가 크고 무척이나 마른 한 남자가 눈에 들어왔다. 그의 눈동자는 나를 압도할 만큼 평온해 보였으나 이내 갑작스런 불안감이 나를 엄습했다. 나왕쿠쇼는 지친 기색이 역력했다. 우리는 차를 마련하고 수감 생활에 대해 이야기를 나누었다. 나왕쿠쇼는 민약 지역의 가르타르 지역 내에 있던 샤 강제노동수용소에 있었으며, 출로종과 쉬오롱 지역에서 벌목작업을 하기도 했다고 했다.

나왕쿠쇼는 이렇게 기억을 더듬었다. "온갖 구타와 굶주림과 추위와 강제노동을 당하면서도 가장 힘들었던 것은 공개석상에서 모욕들을 참아내는 것이었어요. 인민해방군의 여군들이 내게 오줌을 마시도록 강요했던 적도 있지요. 이를 거절했더니 내 얼굴에 그것을 붓더군요. 우리 라마승들은 분뇨를 화장실에서 퍼내서 비료로 써야 했어요. 그 화장실은 2개의 널빤지를 벗겨내 땅을 파서 만든 구덩이로 되어 있었죠. 청소를 하려고 우리가 그 구덩이 안으로 들어가면 인민해방군의 여군들은 종종 교도소 직원들과 함께 일부러 오줌을 눠서 우리 얼굴이 오줌 범벅이 되게 하곤 했어요."

나왕쿠쇼는 18년형을 언도받았으나 결국 20년을 감옥에서 보내야 했다. 우리가 그를 만났을 때 그는 너무나 허약한 상태였다. 그래서 린첸이 우리 두 사람을 돌봐야 하는 책임을 맡게 됐다.

어느 일요일이었다. 시장에 갔다가 돌아온 린첸이 내 침대 위에 작은 보따리를 올려놓으며 한숨을 쉬었다. "아데, 나는 너무나 오랫동안 내 증오심에만 힘을 소진해왔소. 나는 중국인들과 싸우고 싶었지. 그자들은 내 젊은 시절을 빼앗아갔거든. 그전까지만 해도 순탄했던 내 삶을 말이오. 집행이 만료됐는데도 석방되지 않을 거라는 소식을 들었을 때 내 심정은 정말이지 처참했소. 한 체제의 지배가 굳어지면서, 존재의 실체에는 존엄성이 있다고 믿었던 것이 착각에 불과할 뿐 그것이야말로 적나라한 현실이라는 것이 증명됐던 거요. 그러나 드디어 나는 생각을 고쳐먹었소. 당신과 형님이 여기에 갇혀 있다는 것은 정말 유감스런 일이지만 사정이 달라지지 않을 바에야 나는 여러분과 함께 여기 남아서 작으나마 도움이 될 수 있다는 즐거운 마음으로 받아들이려 하는 중이오."

그 이후로 나는 린첸을 다시 보게 됐다. 나는 그를 정말로 신뢰하게 됐고, 결국 그의 우정과 그와의 친분이 내게 얼마나 큰 의미를 갖는지 깨달았다.

그 이듬해 어느 날엔가 나왕쿠쇼가 사무실로 불려갔다. 린첸과 푸르바와 나는 그에게 무슨 일이 일어났는지 궁금해 견딜 수 없었지만 저녁 때까지 기다려야 했다. 한동안 바닥을 바라보던 그가 천천히 고개를 들어 내 눈을 바라보면서 이렇게 말했다. "난 아직도 믿어지지가 않아요. 그 말이 무슨 뜻인지 잘 기억도 안 나고 이해하지도 못하겠어요. 글쎄 그들이 오늘 아침 내게 말하더군요. 내가 모레 아침이면 석방이 될 거라는군요."

그는 석방된 뒤 은둔자가 되어 기도에 헌신했다. 그는 자신이 태어났던 마을 근처 암굴에 살면서 가끔씩 인근의 한 사원을 찾으며 지냈다. 그리고 종종 마을 사람들, 무엇보다도 아이들의 참배를 받으며 살았다.

＊ ＊ ＊

민약란가 지방에는 사제라라고 불리는 큰 산이 하나 있었다. 그 산은 예로부터 모든 축제와 종교행사 때마다 순례 목적으로 찾던 곳이었다. 일찍이 사람들은 그곳에서 기도를 올리고 가축을 불태워 제물로 바쳤다. 1970년대 초반에는 300명이 넘는 죄수들이 그 산에서 납을 채굴하는 노역을 했다.

그 산자락에는 작은 호수가 있었다. 1975년 여름 이 호수에서 기이한 사건이 일어났다. 어느 날 사람들은 호수 한가운데 유목민의 천막 같은 형상이 세워진 것을 발견했다. 중국인들은 그 형체가 움직이는지 감시하기 위해서 망원경을 가지고 산으로 올라갔다. 그 형체가 자연현상이 아니라는 것을 확인한 그들은 불안해했다. 일주일 후 천막의 형체는 사라졌고 그 자리에 아주 커다란 녹색 연꽃이 자라기 시작했다. 그 꽃은 점점 호수 전체로 퍼져나갔다. 사람들은 그 꽃의 크기와 색깔로 미루어볼 때 이는 분명 큰 의미가 있는 것이라고 입을 모았다. 녹색은 나무-돼지의 해에 태어난 달라이 라마와 관련이 있는 색으로 나무의 색이기도 했다.

많은 티베트인들이 카탁을 가지고 물가로 모여들었다. 중국인들은 곧 그 호수에 폭격을 하기로 결정을 내렸다. 호수의 한가운데서 물기둥이 솟아오르자 모여 있던 사람들이 서둘러 물가로 밀려온 꽃 파편들을 주워들었다. 꽃 파편들을 집었던 사람들은 그 꽃잎이 유리와 같았다고 말했다. 우리 티베트인들은 그 연꽃의 외형과 진기한 성장이 좋은 시대가 눈앞으로 다가왔음을 나타내는 징표라고 생각

그래도 내 마음은 티베트에 사네

했다.

그 후 1년이 지나고 1976년 1월 중화인민공화국의 수상인 저우 언라이가 사망했다. 그리고 그해 7월에는 인민해방군의 최고사령관 주더가 세상을 떠났고, 9월 9일에는 마오쩌둥이 이승에서 마지막 숨을 거두었다. 40년 동안 지속됐던 중앙권력이 붕괴된 것이다. 한 달 내에 극좌파 4인방은 그들의 집무실에서 반대세력의 인민해방군에게 체포됐고 문화혁명은 끝이 났다. 또한 중국에는 큰 지진이 일어났다. 1977년 7월 중순에는 티베트를 상대로 한 또 다른 정치적 징조가 처음으로 생겨났다. 티베트에 배치된 공산주의 군간부들 사이에 커다란 혼란이 발생했고, 티베트인들의 가슴속에는 불안하게나마 기대감이 일고 있었다.

4부

———

결코 침묵할 수 없는 소리

자유화

최초의 자유화 물결은 1979년 376명의 죄수들을 석방한다는 발표와 함께 시작됐다. 중국인들이 롭바사에서 매우 커다란 집회를 소집했다. 그 후 니마 오빠가 와다뒤로 와서는 주동자들을 제외한 모든 죄수들이 석방될 거라고 일러주었다. 나는 그때까지도 주동 세력에 속해 있었다. 중국인들은 다음과 같이 공포했다. "아데처럼 티베트인들을 선동했던 사람이 주모자다. 서민들에게는 죄가 없다. 그러므로 주모자들을 제외한 모든 사람들은 석방될 것이다." 계속해서 그들은 이렇게 설명했다. "앞으로는 어느 누구도 아데타폰창을 감싸주어서는 안 된다. 왜냐하면 이 여자는 흉악한 범죄를 저질렀기 때문이다."

강제노동수용소에서 우리의 처지도 달라졌다. 공관원들은 덩샤오핑이 우리에게서 검은 모자 표시를 제거해줬다고 했다. 그리고 그들은 이렇게 말했다. "너희들에게 검은 모자 등급을 매겼던 것은 4인방이었지. 오늘부터 너희들은 사탄도 악마도 아니며 그냥 사람일 뿐이다. 이제부턴 단정하고 깔끔한 옷을 입어도 되고 고개를 들어도 상관없으며 자유롭게 행동해도 된다. 너희들은 더 이상 그 어떤 탐청에도 회부되지 않을 것이다."

당시 중국은 나라의 정세를 파악하기 위해 임시정부의 공식 파견단을 티베트로 보내겠다는 달라이 라마의 청을 들어주었다. 파견단의 임무는 20년간 외부 세계와 접촉하지 못했던 티베트 국민과의 관계를 다시 회복하는 일이었다.

예전에는 옷이나 몸을 씻을 기회조차 전혀 주어지지 않았다. 씻으려고 하는 사람들에게 공관원들은 "왜 머리를 감으려고 했지? 무엇 때문에 너는 깨끗해 보여야 했냔 말이다. 무슨 짓을 벌일 작정이었지?" 하고 문책했다. 그러나 1979년이 되면서 그들의 태도는 달라졌다. "이제는 옷을 빨아 입도록 해라. 머리도 좀 감고 또 단정해 보이도록 해야겠군. 달라이 라마의 파견단이 올해 이곳에 올 테니 말야." 그들은 공공연히 이렇게 알렸다. "웃는 표정을 지어라. 그리고 회전 예배기는 여기에, 염주는 저기에다 갖다놓아라." 그 지방에는 더 이상 승려가 남아 있지 않았지만 그들은 어딘가에 남아 있을지도 모를 수도승의 법복을 찾기 위해 수소문했고 승복을 만들기 시작했다. 상황이 정상인 것처럼 보이게 하려고 몇몇 사람들에게 승복을 걸치고 거리를 돌아다니게 하기도 했다.

1979년 초 티베트인들은 파견단이 지나갈 중앙 거리에서 보일 만한 사원들을 다급히 복원하는 데 동참해야만 했다. 외지의 사원들은 등한시됐다. 예전에 커다란 사원이 서 있던 자리에는 종종 작은 법당이 들어섰다. 약탈해간 금불상이나 은불상을 복원하기 위해서 점

그래도 내 마음은 티베트에 사네

토로 새것을 만들기도 했다. 벽에는 전통 기법의 색깔을 입혔고 티베트 신들의 그림도 내걸었다. 그러나 예전 그대로의 법당을 축성할 고승은 그 어디에도 없었고 경전을 기억하는 생존자도 없었다. 이렇듯 무의미한 복원 모습은 티베트 국민들의 눈물을 자아냈다.

달라이 라마의 형제인 롭상삼텐이 이 최초의 파견단에 포함됐다. 집회의 자유가 없어진 지 20여 년이나 지났는데도 수천 명의 인파가 그 일행을, 특히 그중에서도 롭상삼텐을 보기 위해 거리로 몰려들었다. 비로소 우리는 티베트인들이 우리를 잊지 않았다는 것과, 강제 노동수용소 밖에서는 중국인들이 그들의 사기를 꺾는 데 실패했다는 것을 알았다.

파견단이 우리 수용소에 도착하기로 한 날, 수감자들은 큰 강당에 소집됐다. 집회가 있다는 소식을 듣고 나서 나는 방으로 돌아와 린첸삼둡에게로 한 재소자를 보냈다. 침상을 떠날 수 없으니 집회에 불참하는 것을 허락해달라고 청하기 위해서였다. 린첸삼둡과 푸르바가 공관원에게 가서 말했다. "아데가 몸이 안 좋습니다. 지금 너무 힘이 없어서 강당에 올 수 없어요." 그러자 공관원들은 "아프다면 가둬놓는 편이 낫겠군. 밖에 나가는 건 허락 못한다"라고 말했다.

그러나 나는 얼굴을 가리고 거리로 나갔다. 파견단 중 누구든 만날 수만 있다면 단 몇 마디 말이라도 해보리라 마음먹었던 것이다. 롭상삼텐이 20대가량의 자동차로 호위를 받으며 오고 있었다. 그가 나에게 고개를 숙이며 인사하는 모습을 보았지만, 내가 할 수 있는 일이라고는 고작 그의 차를 쫓아가는 것뿐이었다. 아마도 롭상삼텐은 내가 무언가 하고 싶은 말이 있다는 것을 눈치 챘는지도 모른다. 그러나 시간이 없었다. 차들이 일제히 움직이고 있는 상황이라 나는 그와 말할 기회를 얻지 못했다. 실망스러웠던 것은 사실이지만 이런 사건이 일어났다는 사실만으로도 주목할 만한 가치가 있었다. 그에게 다가갈 수 없었을지라도 말이다. 또 다른 누군가가 그에게 다가가 진실을 알렸을지도 모를 일이다. 설령 그 누구도 파견단과 직접 이야기할 수 없었다 해도 단원들은 우리 국토가 얼마나 처참하게 변해버렸는지 알아차렸으리라. 폐허가 된 사원과 우리가 옷이라고 걸치고 있는 누더기를 목격했을 것이고, 사람들의 얼굴에 묻어나는 역력한 수난의 흔적을 보았을 테니 말이다.

그 후 우리 죄수들은 어떻게 시대가 바뀌었는지 이야기했다. 지금보다 상황이 나아지면 언젠가는 달라이 라마가 친히 티베트를 방문할 날이 있으리라 기대하면서, 그렇게 되면 우리 지방에도 오실지 모른다고 상상해보았다.

나는 더 이상 검은 모자를 쓰지 않았고 보름 동안 고향을 방문할 수도 있게 됐다. 푸르바와 린첸은 내가 돌아오는 것을 담보로 교도소에 붙잡혀 있어야 했다. 그들은 내게 서류 하나를 주면서 집에 도착하면 그것을 지방 관청에 보여주라고 했다. 하루 반나절이 걸리는 여정이었다. 저 멀리 내 유년 시절을 보냈던 곳들이 보이기 시작했다. 사원으로 끌려오던 장면과 체포될 당시 어린 아들이 울면서 나를 부르던 기억들이 밀려왔다.

그러고 보니 벌써 21년이나 흘렀구나! 내 아들은 지금 어른이 됐

그래도 내 마음은 티베트에 사네

겠지? 단 몇 시간만이라도 그 아이를 만날 수 있을까? 버스가 카르체 정류장에 이르렀을 때 나는 거리에 너무나 많은 중국인이 있는 것을 보고 놀랐다. 간판들이 모두 중국말로 쓰여 있었다. 카르체에는 과연 무슨 일이 있었던 걸까? 옛 건물들은 폐허가 되어 있었다. 모든 것들이 달라 보였다. 어머니가 보고 싶었다. 내 이성은 충격을 감당할 수 없었다. 모든 것들이 전혀 믿기지 않았다.

롭바샤에 도착해서야 나는 내가 체포된 후 토지를 비롯한 우리집과 모든 재산이 몰수됐다는 것을 알았다. 집에 도착하니 니마 오빠가 문을 열고 나왔다. 오빠는 내 눈을 바라보며 두 손을 꼭 붙잡았다. 한참을 그렇게 서 있은 뒤 오빠가 나를 안으로 데리고 들어갔다. 나는 "어머니는요?" 하고 물었다. 그러자 오빠가 대답했다. "아데야, 어머니는 돌아가셨단다." "어머니께 무슨 일이 있었던 거예요?" 하고 묻자 오빠는 이렇게 대답했다. "네가 체포되고 나서 바로 그자들이 모든 것들을 압수해갔단다. 우리에겐 밥그릇 하나 남은 게 없었지. 우리 가족들은 모두 체포됐어. 너무 연로하셨던 어머니와 병약했던 부모만 빼고 말이야. 나는 집단생산체에 있던 강제노동수용소로 끌려갔어. 어머니께는 아무런 재산도 남아 있지 않았어. 카르체에 심각한 영양실조가 있을 때였지. 친구들이 도와드리려고 했지만 어느 누구 할 것 없이 넉넉하질 못했어. 어머니는 더는 살아 있을 이유가 없다고 생각하셨던 것 같아. 젊은이들에게서 더는 먹을 것을 빼앗지 말아야겠다고 생각하셨던 게지. 굶주린 어머니 얼굴은 곧 완전히 야위어갔고 1968년 돌아가셨단다."

그 다음으로 내 아들의 운명이 궁금했다. 니마 오빠는 내게 이렇게 대답했다. "아데야, 치미는 더 이상 이 세상 사람이 아니다." 이 말을 듣자마자 나는 물었다. "중국인들한테 붙잡혀 갔나요? 그 아이에게 무슨 일이 생긴 거예요?" 오빠는 치미가 물에 빠져 익사했다고 했다. 그러나 왠지 사실이 아닌 것만 같았다. 겨우 그 몇 마디 말이 어찌 불안과 희망으로 기다린 21년 세월에 대한 모든 대답이 될 수 있겠는가? 허공에 울리는 겨우 몇 마디 말로 나의 기다림은 끝장나 버렸고 내게 남은 것은 아무것도 없었다.

아버지의 첫째 부인이었던 큰어머니 보충마는 첫 기근에 돌아가셨다. 보충마의 장남 찰레와 차남 아조 오빠는 탐칭에 회부되어 매 맞아 숨을 거뒀다.

오최 오빠는 1961년 어느 날 카르체에서 가택연금된 채로 굶어죽었다. 내가 체포되고 난 직후 주구마 오빠의 아내였던 아트라 올케는 중국인들에게 우리 집안의 귀중품과 장신구들을 모두 내놓지 않았다는 이유로 기소됐다. 탐칭과 협박에 못 이겨 그녀는 남은 귀중품들을 숨겨둔 곳을 발설했다. 올케는 겁이 많아서 그 이후로도 줄곧 불안과 근심 속에 살았다. 나중에 그녀는 반사회주의자로 검은 모자 부류로 판정받았다가, 내가 귀향하기 바로 전에 사면됐다. 올케의 두 아이들 중에는 딸이었던 라키만이 살아남아 있었다. 라키에게는 아들이 한 명 있었는데 그 아이가 주구마 오빠의 유일한 후손이었다. 내 딸 타쉬칸도와 니마 오빠만이 집에 남아 있던 가족 전부였다.

페마걀첸의 아내였던 사랑하는 부모 언니는 형부가 죽은 직후에 정신이상으로 슬픔에 잠겨 죽었다. 세라마 언니는 집단생산체에 노역을 하러 끌려갔다. 언니는 병약했고 다리에 장애가 있어 차를 끓이거나 들에서 일하는 이들의 아이를 돌보는 업무를 보았다. 식량난이 있던 해에 언니는 온갖 고생을 다 겪었다. 하지만 다행히 언니의 몇몇 자녀들이 곁에 있었기 때문에 그들은 있는 힘껏 언니를 도왔다. 언니는 아직 생존해 있었다. 만났을 당시 우리는 부둥켜안고 울었다. 세라마 언니는 우리가 다시는 만날 수 없을 거라고 생각했다고 한다. 언니는 서 있는 것조차도 아주 힘들어 보였다. 언니는 당신이 많은 고통을 겪었으며 그리하여 나를 도와주고 보살펴줄 처지가 못 되었다고 말했다.

내가 붙잡혀 갈 당시 어린애였던 조카들은 이제 다 큰 성인이 되어 있었다. 옛날 우리집의 급사였던 최니돌마를 포함해서 나의 어릴 적 친구들 중에는 겨우 6명만이 생존해 카르체에 살고 있었다. 친구들과 남아 있던 우리 가족들은 내가 돌아오기만을 기다렸다면서 나를 돌봐주겠노라고 했다. 그들은 자기 아들들을 내게로 보냈고, 설령 자신들에게 무슨 일이 닥치더라도 나를 돌봐주겠다던 다짐은 아들들이 지켜줄 거라 약속했다. 약속할 때의 캄 지방 풍습대로 그 아들들은 모두 연달아 내 손을 잡아주었다.

그러고 나서 내 딸아이의 모습을 보았다. 내가 붙잡혀 갈 당시 한 살이었던 아이가 이제는 스물두 살이 되어 있었다. 우리는 서로 알아보지 못했다. 딸아이의 손을 잡고 있던 니마 오빠가 말했다. "아데야, 이 애가 네 딸 타쉬칸도다." 뜻밖에도 다 큰 숙녀가 내 앞에 서 있었는데 타쉬칸도 역시 나를 보고 놀라기는 마찬가지였다. 처음엔 어색하고 당황스러웠지만 그녀가 내 쪽으로 천천히 걸어와 내 손을 잡았다. 다음 순간 우리는 울음을 터뜨리고 말았다.

강물은 아직까지도 예전과 다를 것이 없어 보였다. 그것만이 유일하게 친근감을 주는 것이었다. 알고 지내던 사람들은 이제 거의 볼 수 없었다. 사회에서 학식 있던 사람들이나 유능한 인물들은 모두 죽임을 당한 상태였다. 그들은 처치 대상 1순위였다. 어렸을 적 너무나도 활기 넘치던 데곤포의 사찰을 비롯해 카르체 다이찰과 카르낭 사원은 이제 완전히 파괴되고 약탈당한 상태였다. 과거에 다이찰 사원이 서 있던 자리에는 가시덤불만 무성했다. 라마승과 린포체 고승들은 더 이상 그곳에 존재하지 않았다.

문화혁명이 일어난 뒤 카르체 사원은 작은 건물 하나만 빼고 전부 파괴되고 없었다. 훌륭한 둑카르 탱화가 훼손된 것은 말할 것도 없었다. 그에 앞서 중국인들이 그곳의 집사였던 착롱소남톱첸을 잡아다 감금시킨 사건이 있었다. 사원이 붕괴된 이후 그는 쇠사슬로 손과 발이 묶여서 강제로 공개집회에 끌려 나갔고, 그곳에서 반동주의자들의 주모자로 탄핵받고 총살당했다. 어느 누구도 그 시체를 가져가서는 안 된다는 공문이 나붙었다. 쇠사슬이 너무나 오랫동안 그의 팔과 다리에 묶여 있던 나머지 그것이 살을 뚫고 들어가서 뼈가 다 드러났다. 그 시체를 봤던 사람들은 모두 절망의 눈물을 흘렸다.

카르체 사원에 있던 환생 라마승 중에 람다르크 린포체와 시갑툴

그래도 내 마음은 티베트에 사네

쿠는 다행히 인도로 망명하는 데 성공했다. 람다르크 린포체는 한동안 스위스에서 지내다가 나중에 다시 티베트로 돌아왔다. 그러나 사라하 린포체와 로드랑남카걀첸 같은 다른 라마승들은 죽임을 당했다.

들풀과 꽃은 꺾이고 완전히 메말라서 들녘과 언덕은 벌거벗은 광경이었다. 황폐해진 들판을 보니 놀라움을 감출 수 없었다. 어떻게 이렇게까지 생명이 경시될 수 있을까? 완전하지도 않을뿐더러 스스로가 선택한 방식대로 살 수도 없는 티베트인들의 노예화를 어찌 잘못된 사회구조로부터의 '해방'이라 부를 수 있단 말인가? 그자들은 우리에게서 가족, 가정, 재산, 땅, 신앙, 문화 그리고 생각을 표현할 권리마저 빼앗아가버렸다. 그자들은 우리의 산림과 동물과 꽃들을 파괴했다. 그자들은 우리가 얼마나 못되고 열등한 인간인지 납득시키려 했고, 전에는 상상도 할 수 없었던 폭력과 모욕으로 우리를 굴복시키려 했다. 민족 전체가 비정한 체제로 말미암아 노예로 전락하고 있는 듯했다. 그 체제는 약탈과 파괴, 증오와 거짓으로 이루어져 있었다.

나는 니마 오빠에게 내 서류를 카르체 관청에 갖다줄 것을 부탁했다. 하지만 공관원들은 내가 직접 출두할 것을 요구했다. 신고를 하기 위해 그 건물로 들어가자 그들은 나를 사무실로 안내했다. 한 중국인 공관원이 탁자 뒤에 앉아서 담배연기를 뿜어 올리고 있었다. 그에게 서류를 건네주었더니 그는 그것을 대강 훑어보고는 훈계를 시작했다. "너는 마을의 어느 누구와도 얘기를 해서도 안 되고 중국에 대항하는 젊은 세대들의 시위가 카르체에 어떤 결과를 가져올지에 대해서도 직접 언급할 수 없다. 시위라든가 어떤 종류의 궐기가 있을 시에는 네가 직접 책임을 추궁당할 것이다. 내 말이 무슨 뜻인지 알아듣겠지?" 내가 천천히 고개를 끄덕이자 그는 계속 말을 이었다. "얌전히만 있으면 보름간 여기에 머물 수 있지만 문제를 일으키는 날에는 그전에 돌아가야 할 것이다."

생존해 있던 친구들은 여전히 나를 만나러 오기가 두려웠던지 밤에 찾아왔다. 우리는 서로 지난 21년간 있었던 모든 일들을 이야기했다. 참담하게도 함께 저항운동을 했던 여자들 대부분이 운명을 달리했다는 소식을 듣게 되었다. 모두 어렸을 적부터 알고 지내던 사이로 자유로이 살던 때에도 친구들 중에 용감하고 믿음직하다고 손꼽히던 이들이었다. 그런 그들이 이제는 죽고 없는 것이다. 이런 이야기들을 나누는 동안 어떤 이들은 눈이 빨갛게 붓도록 울었다.

한 친구가 말하기를, 그녀를 비롯한 다른 친구들이 종종 저항운동에 대해 이야기할 때면 내가 중국인들에게 그들의 이름을 발설하지 않은 것을 너무나 고마워했다고 한다. 모두가 이제나저제나 자기 차례가 오기만을 기다렸는데 내가 그들을 대신해서 그 모든 고통을 당했다고 입을 모았다. 그러나 그것은 당연한 일이었다. 우리는 친구였으니까. 하지만 이름을 말하지 않았음에도 불구하고 그들 대부분이 목숨을 잃었다. 많은 사람들이 사소한 이유에서 또는 전혀 근거 없이 짐승 같은 대우를 받으며 죽어갔던 것이다.

그래도 내 마음은 티베트에 사네

그렇게 고통을 당하며 죽어갔던 많은 친구들이 자기 자녀들에게까지 내가 티베트를 위해 어떤 일을 했고 어떻게 중국인들과 맞서 싸웠는지를 전해주었다. 또한 그들은 나에 대한 고마움과 존경심이 우리 고장에서 계속 이어지길 바랐다고 한다. 그는 생존해 있는 이들의 마음과도 같은 것이었다.

✿ ✿ ✿

낮에는 경찰들 때문에 묘지에 가볼 수 없어서 나는 어둠을 틈타 조카와 몇몇 친척들과 함께 가족들의 묘지로 갔다. 전통에 따라 떠도는 영혼들을 위해 제물로 바칠 갖가지 음식들을 가지고 갔고, 나는 작은 모닥불을 피우고 고인들과 이야기를 나누었다.

내 삶에 무슨 일이 일어났는지를, 그리고 고인의 생존 당시 내 모습을 회상하며 그들과 보냈던 시절들을 이야기했다. 탄압 속에서 고통받고 있는 우리의 상황과 심중에 품고 있던 말들을 전부 털어놓았다. 얼마나 오랫동안 그렇게 앉아 어둠 속 묘지에다 대고 이야기했는지 모르겠다. 고인들을 향한 사랑의 마음이 어떻게든 전해지길 바랐다.

니마 오빠는 내 신상을 걱정하며 그만 하산하자고 말했다. "그런 이야기들을 장황하게 늘어놔선 안 된다, 아데야. 현실에 적응하는 법을 배워야겠구나." 잠시 후 다른 친척들 역시 몹시 불안해하며 이제 그만 돌아가자고 재촉했다. 몇 분 뒤에야 나는 이 방문에 만족을 느끼며 다시 집으로 돌아왔다.

나는 한 친구에게 내 아들을 죽음으로 몰고 간 사건에 대해서 사실대로 이야기해달라고 부탁했다. "묘지에 갔었어. 그리고 어머니, 아버지, 오최 오빠, 아소 오빠와 찰레 오빠, 페마갈첸 형부와 부모 언니의 무덤들을 보았지. 돌아가신 가까운 친척들이 모두 나란히 묻혀 있었는데 유독 내 아들의 흔적은 없더군. 오늘 저녁에는 기필코 그 아이에게 무슨 일이 있었는지 알아야겠어."

울지 않겠다는 약속을 받고서야 친구는 내게 사연을 털어놓았다. "네가 잡혀가고 나서 네 아들은 미쳐버렸어. 치미는 날마다 너를 부르며 헤매고 돌아다녔지. 어느 누구도 그 애를 붙잡을 수 없었어. 날마다 울부짖으며 소리를 질렀어. 사람들이 붙잡으려고 하면 그 애는 사람들의 손을 물고 달아나버렸지. 이런 일이 거듭되던 어느 날 정신 없이 달려가다가 강 언덕에서 넘어져 물에 빠졌어. 아무도 그 애를 구해줄 수가 없었어. 우리가 갔을 때는 이미 때가 늦었지."

당시는 어느 누구도 사랑하는 주구마 오빠의 행방을 알고 있는 사람이 없었다. 내가 들었던 것이라고는 그가 자유로이 지내고 있다는 것뿐이었다. 오빠가 없는 집에 돌아오니 기분이 이상했다. 우리가 함께했던 행복한 시절들을 회상하며 어떻게 하면 다시 함께할 수 있을까를 생각했다. 오빠의 미소, 너그러움 그리고 내게 쏟아주던 사랑을 떠올렸다. 우리가 과연 다시 만날 수 있을지 의문스러웠다.

유목민이면서 어린 시절 내 친구였던 촐라가 우리 가족에게 보내준 엄청난 은공에 대해서도 알게 됐다. 내가 체포된 후 촐라는 내 딸

그래도 내 마음은 티베트에 사네

을 데려다 길러주었다. 당시 그녀에게도 아이가 하나 있었으므로 그녀는 두 아이에게 젖을 먹여야 했다. 생존해 있던 친구들이 촐라에게 남몰래 버터나 우유, 치즈와 같은 생필품들을 갖다주며 이렇게 이야기했다고 한다. "부디 아데의 아이를 잘 돌봐주게."

또한 얼마 전 딸아이가 내가 잘 아는 사람의 아들과 정혼했다는 소식도 들었다. 물론 나는 그들의 결혼식에 참석할 수 없다. 대신 나는 딸에게 이제 모든 것들이 다 잘될 거라고 말해주었다. 그 아이에게는 내가 겪었던 많은 일들을 이야기하지 않기로 했다. 무엇보다 그녀가 행복하게 살기를 바랐고 그래서 내 가슴속에 그늘져 있던 근심의 먹구름을 비밀에 부쳤던 것이다. 나는 그녀가 평범한 삶을 살기를 원했다. 자기가 살고 있는 땅을 점령한 사람들에 대한 증오심이 그 애를 잠식할까봐 두려웠고 나의 과거를 너무 많이 알게 되어 중국인들에 맞설까봐 불안했다. 게다가 이제 그 아이의 엄마는 촐라이지 않은가.

아쉽게도 나는 와다뒤로 돌아갈 준비를 해야 했다. 다시 버스에 앉아 카르체를 지나치려니 '아무것도 남은 게 없구나' 하는 생각이 밀려왔다. 21년이란 세월의 상실감과 비애와 온갖 고통이 가슴속에 차오르는 것 같았다. 그것은 견디기 어려운 일이었다. 정말로 내게는 아무것도 남은 게 없었다.

와다뒤로 돌아온 뒤 나는 린첸과 푸르바에게 집에 대한 새로운 소식을 전하지 않았다. 푸르바의 건강을 고려해서 되도록 대답을 회피했기 때문이다. 하지만 내 상태도 좋지 않았다. 내가 살면서 목표로

했던 모든 것들이 파괴돼버렸다고 생각하니 더 이상 살아갈 이유를 찾을 수 없었다. 침대 위에서 멍하니 앉아 있는 날이 많아졌다. 로카수가 다른 죄수들을 시켜 나를 일터로 끌고 가려 했지만, 그들은 넋 놓고 혼자 앉아 있는 나를 보고 어찌할 바를 모른 채 서 있기만 했다.

로카수가 방으로 들어와 내 앞에 섰다. 침대에 앉아 그를 바라보며 나는 낮은 목소리로 말했다. "제발 나를 죽여주시오. 힘든 일도 아니잖소." 내 가족과 친구들이 모두 비참하게 죽어갔으며 너무나 견디기 힘든 수난을 당하고 사라져버렸다. 남은 게 아무것도 없었다. 이제는 살아갈 목표도 없었다. 그리고 더 이상 그것을 추구하고 싶지도 않았다. 나는 실없이 웃고 다녔고 노래를 부르다가도 울음을 터뜨렸다. 끔찍스런 불안이 엄습해왔고 이리저리 돌아다니며 혼잣말을 중얼거리다가는 급기야 내 주변을 알아보지 못하는 지경에까지 이르렀다. 이젠 앉아 있는 것도 싫었고 걸을 수 없을 때까지 정처 없이 걷고만 싶었다.

일터에서 나를 알아보던 티베트인들은 이런 내 모습을 매우 안타까워했다. 어느 날 푸르바와 린첸이 함께 수감 중이던 라마승을 모시고 왔다. 그는 티베트 의학을 공부한 매우 자애로운 사람이었다. 그가 태운 향초를 내 머리에 얹어놓고 기도를 시작했다. 그러자 무엇 때문인지는 모르겠지만 나는 곧 무감각했던 상태에서 서서히 벗어나기 시작했다. 이성이 다시 내 주변을 인식하기 시작하면서 그 끔찍스럽고 허무한 배회 때문에 자신을 잃고 있었음을 깨달았다. 나

그래도 내 마음은 티베트에 사네

는 점차 앉아 있는 것이나 긴장을 푸는 것, 현실 속에서 살고 있다는 것을 감지할 수 있을 만큼 다시 기억을 되찾았다.

❀ ❀ ❀

와다뒈에 있는 죄수들 중에는 아소라고 하는 저명한 라마승이 있었다. 어느 날 아침 그가 내게로 오더니 이렇게 말했다. "안녕하시오, 아데. 내가 어젯밤 꾸었던 재미난 꿈 얘기를 좀 하려고 하오." 그는 계속 말을 이어나갔다. "당신도 칼상꽃을 잘 아실 겁니다. 향기가 아주 좋아서 나는 정말 그 꽃을 좋아한답니다. 꿈에 내가 당신 감방을 지나가고 있는데 그 꽃이 당신 감방 근처에서 자라고 있지 뭡니까. 당신에게 좋은 일이 일어날 것 같다는 생각이 듭니다." 그때까지도 이 꿈이 나의 자유를 의미할 수 있다는 것을 상상조차 못했다. 그러나 지금 생각해보면 그 꿈이 의미하는 바는 바로 그것이었던 듯하다.

내 친구인 소남돌마가 1979년 말 석방될 당시 나는 어떠한 영감을 느낄 수 있었다. 그녀가 고향인 골록으로 돌아갔을 때 맞닥뜨리게 될 운명을 생각하면 몸서리가 쳐졌지만, 그래도 적어도 그녀는 24년의 수감 생활을 버텨냈고 자신의 역량과 품위를 유지하는 데 성공했던 것이다. 누판뒈에 함께 유폐됐을 때도 우리는 농장에서 일하던 사람들 중 가장 씩씩한 여자들로 꼽혔고, 이런 연유로 종종 쟁기 끄는 일을 맡곤 했다. 바닥이 질척거리기라도 하면 넘어지기 일쑤인 중노동이었다.

그렇지만 우리는 끝없이 서로를 위로했다. 소남돌마는 매우 신앙심이 깊고 옹골찼다. 그녀는 사상교육집회에서 우리 민족을 저버리는 말을 한 번도 한 적이 없었다. 그 지루하고 괴로운 시간이 지나고 저녁이 되면 우리는 종종 낮은 목소리로 이야기를 나누었다. 그럴 때면 그녀는 세타 지방에 있던 '금룡의 거처'라는 이름으로 잘 알려진 산에서 1956년 자행됐던 대량학살에 대해 이야기하곤 했다. 중국인들이 그녀 앞에서 남편인 와슐토로의 시신을 질질 끌고 다니며 누구든 그들에게 반항하는 자는 이렇게 될 거라고 경고했다고 한다. 그 비통한 사건을 이야기할 때면 그녀는 늘 눈물을 흘렸다.

그녀는 와다뒤를 떠나면서 오랫동안 나를 바라보았다. 그녀의 고향이 멀리 떨어져 있었기에 다시 만나기는 힘들 것 같았다. 그녀는 내게 이렇게 말했다. "당신도 언젠가는 자유로운 몸이 될 거라고 믿어요. 그러나 당신이 평화롭게 살 수 있을지는 의문입니다. 내 말을 기억하세요. 나는 확신합니다. 온 세상이 당신을 저버린다 해도 당신은 자유롭게 될 겁니다."

※ ※ ※

어느 날 저녁 일을 마치고 함께한 자리에서 푸르바 형부가 린첸을 향해 이렇게 말했다. "당신께 청이 하나 있소이다. 앞으로는 당신이 아데와 함께 있어 줬으면 좋겠습니다." 그 말은 나를 매우 난처하게 했다. 그래서 나는 형부에게 말했다. "저는 혼자 있어도 괜찮아요. 이미 오랫동안 그렇게 지내왔는걸요. 아무튼 저는 잘 지낼 거예요.

그래도 내 마음은 티베트에 사네

이건 다른 사람 보기에도 무척 난감한 일이에요. 더구나 린첸은 저보다 열 살이나 어린걸요." 그러나 푸르바 형부는 가문에서 생존해 있는 몇 안되는 어른의 한 사람으로서 내가 보살핌을 받아야 한다고 완고하게 고집을 세웠다. "린첸은 선량한 남자입니다. 위급할 때 당신을 잘 보살펴줄 거예요."

그해 얼마 뒤에 푸르바를 비롯한 죄수들 대부분이 석방됐다. 나는 5년을 더 갇혀 있어야 했다.

저녁 집회에서는 옛 규정을 지키려고 애썼던 바로 그 사람들이 "덩샤오핑은 훌륭한 정치를 하고 있다"고 말했다. 더 이상 주간 보고서를 작성할 필요는 없었고 공관원들은 우리에게 트집 잡는 일을 중단했다. 수용소의 분위기는 많이 침울했지만 가족들이 내가 있는 곳을 알게 된 덕분에 나는 엄청난 지원을 받을 수 있었다. 그 지방 사람들이 계속해서 내게 버터, 치즈, 고기, 참파를 갖다줄 방법을 모색했던 것이다. 이 상황에서 문제가 되는 것은 내가 구금되어 있다는 사실뿐이었다.

1980년 야크 12마리를 지키는 임무를 맡게 됐다. 사람들이 젖은 흙을 짓이겨 기와를 만들기 위해 야크를 데리고 나가면, 나는 외양간을 청소하고 저녁 여물을 준비해야 했다. 점심 때는 몇몇 죄수들이 산에 있던 목장으로 야크를 몰고 왔다. 나는 이 시간 대부분을 돌마신께 기도를 올리며 보냈다. 나의 구원을 감사드리며 살아남지 못한 이들을 위한 기도였다. 그제야 비로소 나는 가장 어렵던 시절이 지나간 것을 실감하며 언젠가 자유로운 날이 오기를 갈망할 수 있었다.

자유화

산에서 지내는 것은 몹시 서글픈 일이었다. 주변에는 파괴와 벌채의 흔적만이 남아 있었다. 언덕에 남은 것은 나뭇등걸뿐이었다. 동물을 보호하던 노인들은 "공산주의자들이 침범하기 전만 해도 표범이나 곰이 두려워서 들어갈 수도 없을 만치 숲이 우거졌었지. 하지만 그자들이 무슨 짓을 했는지 보게나" 하고 우리에게 말했다. 이 지방의 동물들은 모두 멸종된 상태였다.

❀ ❀ ❀

마침내 나에게도 석방의 날이 왔다. 무엇보다도 주구마 오빠의 노력이 컸다. 사정은 이랬다. 우리 가족들은 오빠가 네팔에서 살고 있다는 소식을 들었고 조카 중 하나가 그에게 다녀오겠다며 카트만두로 길을 나섰다. 그리고 내 조카를 따라나섰던 한 티베트인이 오빠에게 다르체도의 최고사령부에 편지를 써서, 다른 티베트인들은 모두 석방됐는데 왜 나만 아직 감옥에 있어야 하는지 물어보라고 제안했던 것이다. 주구마 오빠는 그들에게 만약 내가 석방된다면 나를 만나기 위해 티베트로 돌아오겠다고 편지를 썼다. 그 편지는 곧 다르체도의 지방 사령부에 전달됐고 다시 내게로 전해졌다. 공관원이 내게 물었다. "네 생각은 어떠냐?" 나는 의문스런 눈빛으로 묵묵히 앞만 바라볼 뿐이었다. "네 오빠가 이제 자기 고향으로 돌아오고 싶어하니 너도 이곳을 나갈 준비를 해야겠다."

주구마 오빠가 살아 있다니! 우리가 본 지 얼마나 오랜 세월이 흘렀던가. 이제야 비로소 우리가 다시 만나게 되리란 확신이 섰다. 피

그래도 내 마음은 티베트에 사네

로가 몰려오는 동시에 가슴속에서는 기쁨이 조용히 일어나고 있었다. 그야말로 많은 세월이 흘렀다. 주구마 오빠와 재회하게 되리라는 희망은 이미 오래전에 포기했었다. 그런데 불현듯 오빠의 모습이 내 심안으로 들어왔고 언젠가는 오빠가 늘 내 곁에 있어줄 것 같은 느낌이 들었다. 사랑하는 주구마 오빠가 나를 찾았다는 것이 내게 어떤 의미인지 설명이나 할 수 있을까! 그만 가봐도 좋다는 공관원의 말이 떨어질 때까지 나는 그저 고개만 숙이고 있었다.

석방에 앞서 와다뒤의 고위 공관원이었던 추슈제는 내게 이렇게 훈계했다. "행동거지를 조심해야 할 거다. 네가 경험한 일이나 노동을 통한 재교육을 일체 발설해서는 안 된다. 어디서라도 죄수들이 굶어죽은 일이나 네 친척들이 죽어간 얘기를 할 경우엔 범죄로 간주하겠다. …… 네가 만약 이런 일들을 입에 담았다는 사실을 확인하는 즉시 넌 다시 감방 신세를 지게 될 거다."

1985년 겨울 티베트의 설 명절이 끝나고 나는 린첸과 함께 석방됐다. 많은 죄수들이 내게 작별인사를 하러 왔다. 그들은 자기들이 아끼던 물건들을 주었다. 그중 한 여자는 좋아 보이는 추바 한 벌을 선물로 주었다. 나는 3개의 가방을 가지고 있었다. 그 안에는 고탕갈고에 있을 때부터 만들기 시작했던 작은 매트리스와 누군가가 선물한 새 매트리스, 이불과 컵, 옷가지가 들어 있었다. 석방될 당시 돈은 한푼도 받지 못했으며 카르체로 가서 공안들에게 제출해야 하는 문서만이 내가 받은 전부였다.

조카들 중 한 명이 나를 데리러 교도소까지 와주었다. 우리는 버스를 타고 카르체로 향했다. 티베트 사원과 그 밖에 역사적 장소의 폐허들을 지날 때 버스는 속력을 늦추고 있었다. 티베트를 상징하는 기도깃발이나 작은 돌에 기도문이 적힌 마니 돌들은 그 어디에서도 볼 수 없었다. 주변은 황량했다. 거리마다 목재를 실어 나르는 중국 군용차량과 끝없는 트럭 행렬을 헤치고 지나야 했다. 차 안에서 스쳐 지나가는 주변을 둘러보면서 사람들을 살펴보았다. 어처구니없게도 그들은 모두 중국옷을 입고 있었다. 그들의 얼굴에서는 행복한 기색을 전혀 찾아볼 수 없었다.

그사이 너무 많이 늘어난 중국인들과 얼마 안되는 티베트인들을 보니 참으로 속이 뒤집히는 것 같았다. 나는 조카에게 "왜 티베트인들이 중국옷을 입고 다니는 거냐?" 하고 물었다. 조카는 이렇게 설명했다. "오랫동안 중국인들은 우리가 전통 의상을 입지 못하도록 금해왔어요. 양털 값이 너무 비싼 이유도 있지요. 요즘에는 중국식 복장이 티베트 의상보다 입기도 쉽고 값도 싸요. 질 나쁜 서양식 천을 팔기 시작했지만 아직은 비싸답니다. 그들은 티베트에 방직공장을 세우고 거기서 여러 질의 옷감을 생산해내지요. 3가지 품질 중에 제일 좋은 것은 중국으로 보내고 가장 나쁜 것은 티베트에서 판답니다. 게다가 그자들은 여러 해 동안 머리를 자르라고 강요했어요. 긴 머리카락은 보수적이고 칙칙해 보인다면서요." 그러고는 "언제부터 저렇게 달라졌는지 이제는 기억도 못하겠어요" 하고 덧붙였다.

조카에게 물었다. "왜 기도깃발이나 마니 돌은 보이지 않는 거지?" 그러자 그는 이 지방에 있는 작은 사원들을 재건하는 일은 시

그래도 내 마음은 티베트에 사네

작도 되지 않았다고 답했다. 티베트 동부의 재건된 사원들은 당국이 규정한 조건에 수도원들이 동의할 경우에 한해서 허락을 받은 것이었다.

내가 태어난 이 지역은 자연 그대로의 아름다움과 신성하고 종교적인 분위기가 물씬 풍기는 곳이었다. 이른 아침마다 집 앞에 서서 떠오르는 태양을 기다리던 그 시절이 그리웠다. 태양이 떠오를 때면 저 멀리 카르체 사원의 황금 지붕은 장밋빛 여명 속에서 찬란히 빛났다. 환희에 차서 나는 햇살이 눈 덮인 바위산이며 그 아래 숲을 향해 빛나는 광경을 지켜보곤 했다. 하지만 롭바샤 인근의 산들은 황폐해져 있었다. 숲이 없어진 것이다.

카르체에 도착해 버스에서 내리자 확성기에서 중국 음악이 시끄럽게 들려왔다. 매일 아침 7시 반이면 중국 뉴스와 음악이 잡음을 내며 시끄럽게 들리기 시작했고 이것은 하루 종일 계속됐다. 버스 매표소 직원은 중공군이었고 표지판과 차표 역시 중국말로 쓰여 있었다. 길거리 상점들의 상황도 비슷했다. 이렇게 모든 의사전달이 중국말로 이뤄져야만 한다는 것은 많은 티베트인들에게 생활의 걸림돌이었다. 그들 대부분이 중국말을 할 줄 몰랐고 거의 모든 중국인들도 티베트어를 배우지 않았기 때문이다.

도시를 다니는 동안 나는 티베트인들이 마니 문을 새겨넣었던 슬레이트와 암석이 도로를 포장하는 데 쓰인 것을 발견했다. 티베트인들로서는 기절초풍할 일이었다. 좌우 어디를 보더라도 신성한 기도문이 새겨진 돌이 발 밑에 깔려 있었다. 그것을 짓밟게 하려는 중국인들의 음모였던 것이다.

1985년 내가 석방된 이후 제일 먼저 나를 보러온 사람은 옛날 우리 집안의 하인이었던 최니돌마였다. 그녀는 내가 강제노동수용소에서 안전하게 있기를 여러 해 동안 기도했다고 한다. 또 주구마 오빠에 대한 소식을 듣고 불안했다고도 한다. 중국 공산주의의 '해방된 시민'으로 사는 그녀의 삶은 전혀 나아지지 않았다. 그녀는 집단생산체에서 굶주림과 혹독한 노동의 세월을 감수하며 그렇게 살아오고 있었다.

어느 날 롭바샤에서 길을 걸어가다가 나를 잘 알고 있는 듯한 두 남자와 한 여자를 만났다. 마주 걸어오던 우리는 서로 낯이 익어 걸음을 멈추었는데 순간 나는 그들이 시댁의 하인이었던 봄비와 소남규르메, 주구마 오빠의 절친한 친구이며 옛 유목민이었던 텐진노둡이란 걸 알아보았다. 봄비는 정말 많이 늙어 있었다. 그녀는 내 손을 잡고 감격에 겨워했다. "정말, 아데 맞아요? 당신을 다시 만나다니 정말 기쁩니다. 교도소에서 죽은 건 아닌가 하고 걱정했었는데. 정말 고생 많이 하셨습니다."

소남규르메는 니마 오빠가 고탕갈고로 나를 보러 왔을 때 자신이 버터를 보냈다고 기억을 더듬었다. 그는 중국이 내게 어떤 식사를 줄까 하는 생각을 결코 한 번도 잊을 수가 없었노라고 했다. "지난해부터 우리에게 많은 자유가 허용됐어요. 나는 당신의 남편과 오빠와 당신 친구들과 함께 보냈던 소중한 추억들을 간직하고 있답니다. 우리가 말을 타고 언덕을 달리던 일이며 창을 마시고 다 함께 야영을 하며 별빛 아래서 춤을 추던 기억들을 말이죠. 당신의 오빠 주구마는 내가 이제껏 보아왔던 사람들 가운데 제일 훌륭한 명사수였어요. 아데, 당신의 남편은 점잖고 총명한 젊은이였죠."

텐진노둡은 내 손을 잡으며 말했다. "이제 우리 중에 살아남은 자는 노예들뿐이에요. 중국 공관원들은 그들에게 그 집에서 살 수 있도록 허락해주고서 언젠가는 그 집이 그들 소유가 될 거라고 말했어요. 그리고 궁핍의 세월이 지난 지금 그들은 우리에게도 얼마간 편안한 생활을 허락해줬죠. 현대식 발명품과 값싼 장식품 몇 개로 티베트인들에게 저질렀던 만행을 잊게 하려는 것이죠. 하지만 우리에게는 좋은 시절의 추억들이 남아 있고 어떻게든 그 행복했던 시절이 다시 오리라는 걸 믿습니다."

체포된 이후 나는 시누이 리가를 한 번도 보지 못했다. 다행히 그녀가 아직 살아 있으며 암도 지방 어딘가에서 살고 있다는 얘기를 들었다. 하지만 그녀의 남편 페마왕축이 생존해 있는지, 살아 있다면 그녀와 함께 지내고 있는지는 알 수 없었다.

❀ ❀ ❀

공산주의자들은 종교에 대해 관용을 베풀고 있다는 인상을 널리 알리기 위해 애썼고, 덕분에 1983년 카르체 사원의 복원 작업이 시작됐다. 그곳을 지켜보던 사람들은 건물이 진척되어가는 것에 기뻐하면서도 유구하고 뜻 깊은 본 건물의 역사와 비로소 갖게 된 신앙의 자유를 생각하며 깊은 감동에 젖었다.

많은 이들의 입에서 입으로 나에 대한 이야기가 전해졌고 그로 말미암아 우리 마을에는 나를 모르는 사람이 거의 없었다. 아이들조차 남몰래 이렇게 속삭이곤 했다. "저분이 아데야. 저분이 그 여사래." 모두가 나를 지지해주었으며 도움을 줄 수 있는 일이라면 뭐든지 마다하지 않았다. 어쩌다 누군가 나에 대해 물으면 나는 "저는 낯선 땅에서 27년간을 보내고 나서야 비로소 고향에 돌아와 딸과 함께 지낼 수 있게 됐어요" 하고 말했다.

잠자리에 누워 있으면 딸아이가 종종 "엄마, 꿈이에요? 아니면 정말 우리가 같이 있는 건가요?" 하고 속삭이며 내게 안겼다. 나는 정말 행복했다. 하지만 동시에 내 행복은 중요한 게 아니라는 생각도 들었다. 그 당시 내가 가장 아끼고 소중히 여기던 재산은 고탕걀고에서부터 만들었던 매트리스였다. 이렇게 많은 자투리천들은 숨진 죄수들의 옷에서 나온 것이었고 그들 중에는 내 친구들도 몇 명 있었다. 몸에 남은 부상의 흉터와 고탕걀고에서부터 가지고 다니던 모자와 아울러 이 매트리스는 수감 생활을 상징하는 유일한 추억거리인 셈이었다. 내 딸은 제발 그것들을 벗어던지라고 사정했다. "저는 도저히 그것을 참아 넘길 수가 없어요. 제발 그것 좀 강물에 내던져버리세요." 그러나 나는 그럴 수 없었다. 지금까지도 나는 그것을 가지고 있다.

❀ ❀ ❀

어느 날 친구의 말을 빌려서 남편과 식구들이 살았던 집이 있던 곳으로 갔다. 꼭 한 번 가봐야겠다는 생각이 들었기 때문이었다. 과연 무엇을 보게 될지는 상상할 수도 없었다. 말을 타고 가는 동안 나는 앞쪽과 주변을 바라보면서 고통으로 쓰러져간 모든 이들을 위해 기도했고 인간의 존재 속에 광명이 깃들기를 기도했으며 산의 장엄함에 이끌려 산신령께 기도를 올렸다. 예전에 집이 있던 폐허만이 감도는 들판에 이르자 한줄기 바람이 일었다. 그곳은 황량하기 짝이 없었다.

한순간 갑자기 바람이 수그러들자 나의 온 감각은 정적으로 가득 찼다. 나는 보잘것없는 담벼락에 꺾이는 바람을 보았다. 지나가는 사람 누구도 예전엔 이곳이 기쁨의 장소였다는 것을 상상하지 못하리라. 이 울타리 안에서 한 젊은 엄마가 첫아이를 낳았었다. 아주 예쁜 아이를.

이제 중국 정책의 목표는 티베트 문화의 흔적을 완전히 말살하는 것에서 티베트의 천연자원을 착취하는 것으로 옮겨갔다. 당국은 늘어나는 중국 일반 이주자들을 유치해 그 지방에 정착하도록 하는 데 심혈을 기울였다. 이 때문에 카르체 관할구에서는 군사시설이 증설되고 있었다.

이러한 정책을 실현하고자 중국은 티베트인들이 어느 정도 스스로의 생계를 유지하도록 하고 그들의 생활습관을 되돌릴 자유를 허용했다. 공산체제는 완전히 실패하여 1980년대 초반에는 포기하기에 이르렀다. 티베트인들은 그들의 전통 경작방식으로 돌아갈 수 있었다. 몇몇 사람들에게는 야크나 양 같은 가축들을 소유하는 것도 다시 허용됐고 어느 정도 재산을 축적할 수도 있었다. 우리는 음식을 넉넉히 해서 친구들과 한자리에 모여 함께 식사를 하기도 했다. 그러나 그런 순간에도 내 마음 한 구석은 편치 않았다. "이러한 음식을 앞에 둘 때마다 나는 교도소에 있던 내 감방 동료들이 생각납니다. 그래서 내 마음이 온통 어둡답니다." 이런 기억들은 식욕을 잃게 만들었다. 기뻐하고 있을 때가 아니라는 것을 그들이 이해해주기를 바랐다. 내 친구와 동료, 가족들 대부분이 목숨을 잃고 동티베트 도처에 묻혀 있었기 때문이다.

내 가슴속에서는 점점 '인도로 가야만 한다. 승왕과 세상 모든 사람들 그리고 내가 만나는 모든 이들에게 우리 국민들이 중국의 만행으로 어떻게 목숨을 잃었는지 알려야 한다'는 생각이 커졌다. 이런 얘기를 들어줄 사람을 찾지 않고는 결코 삶의 안정을 찾을 수 없을 것 같았다. 나는 내가 티베트에 살고 있다는 느낌이 들지 않았다.

옛 동료였던 체링유덴은 다시 만날 수 없었다. 그녀가 정착한 곳은 카르체에서 너무나 멀리 떨어져 있었기 때문이다. 그러던 어느 날 예쉬돌마가 카르체로 나를 찾아왔다. 누가 먼저랄 것도 없이 우리는 부둥켜안고 눈물을 흘렸다. 그녀가 말했다. "오, 아데, 정말 너무 기쁩니다. 당신을 다시는 못 볼 줄 알았는데. 당신에게 무언가 좋지 않은 일이 생긴 것만 같았거든요." 그녀는 교도소 밖에서 나를 다시 볼 수 있다는 사실에 너무나 감격했다.

그래도 내 마음은 티베트에 사네

그녀와 가족들은 먹을 것을 충분히 갖게 됐다고 했다. 그녀는 말했다. "내 아이들이 벌써 다 컸더군요. 우리는 다시 새로운 것들을 배우기 시작했어요. 때때로 나는 내가 친근한 낯선 사람과 살고 있는 것 같은 느낌이 들 때도 있고 나를 요즘 사람으로 만드는 많은 일들 중에서 상세한 부분까지는 적응할 수가 없답니다. 그건 새로운 방식으로 살아가는 데 익숙지 않기 때문이겠지요." 우리 두 사람은 자녀와 마음을 터놓기가 어렵다는 점에 공감했다. 나의 어려움을 이해해줄 사람이 있다는 게 너무나 기뻤다. 그녀에게 말했다. "나는 내 과거를 타쉬칸도에게 얼마나 나눠줘야 할지 모르겠어요. 그 일이 몹시 두렵답니다." 예쉬는 주머니에서 버터와 참파를 꺼내더니 내게 주겠다며 고집을 부렸다. 그러고는 이렇게 말했다. "자, 나는 당신을 돌봐주고 도와주겠다고 약속했죠. 그리고 이제 그렇게 하고 싶어요. 이제 우리는 현실에 적응해야만 합니다." 그녀는 내 손을 잡고 나지막히 말했다. "세월과 함께 모든 것이 바뀌었어요. 그것에 맞추며 산다는 것이 얼마나 어려운지 압니다." 우리는 사흘 동안 많은 얘기를 나누며 시간을 함께 보냈다. 밤이면 나란히 누워서 잠을 잤고 아침이 오면 다시 이야기를 나눴다. 우리가 겪었던 일들을 떠올릴 때마다 눈물이 흘렀다. 돌아가는 길에, 그녀는 다시는 중국인들에게 반항하지 말라고 내게 당부했다. "조용히 지내는 것만이 살길입니다." 그녀는 내가 다시 붙잡혀가게 될까봐 염려했던 것이다.

⊛ ⊛ ⊛

　　1986년 판첸라마가 카르체를 방문한다는 소식이 널리 알려졌다. 그가 도착하는 날, 많은 사람들이 손에 카탁을 들고 길가로 나가 기다렸다. 20대의 차량 행렬 속에서 그가 도착했고 지나가는 동안 오픈카에서 모든 이들에게로 눈길을 보냈다. 나보다 열 살에서 스무 살은 더 들어 보이는 듯한 사람들이 눈물을 흘리며 장차 달라이 라마와 망명 티베트인들에게도 이와 같은 영접을 해줄 수 있기를 기도하고 있었다. 나는 가능한 한 그가 나중에 연설할 연단에서 가까운 곳에 다가가려 애썼다.

　　그는 연설 중간에 이런 말을 했다. "여러분은 모두 티베트인들입니다. 티베트인들은 티베트의 옷을 입어야 합니다. 티베트어를 말하고 쓰십시오. 그리고 종교의 실천을 잊지 마십시오." 나는 여기에 참석한 티베트인들이라면 모두 그 말이 뜻하는 바가 무엇인지 잘 알거라고 확신했다. 물론 그는 그 이상의 말을 할 수 없었다. 심한 감시를 받고 있었고 그의 말은 전부 추궁당할 처지였기 때문이다. 그러나 그가 말한 이 3가지는 우리에게 정말 중요한 것들이었다.

　　판첸라마가 연설 장소로 택한 곳은 다름 아닌 공산주의자들이 그들의 첫 집회를 거행했던 바로 그곳이었다. 당시 그자들은 우리에게 자기네는 단지 우리가 잘되기만을 바라고 있고 곧 다시 돌아갈 거라고 약속했다. 게다가 바로 그곳에서 침입이 시작된 지 8년 만에 페마 걀첸이 사형을 당했고 나는 형벌을 선고받았다. 사람들 틈에 끼어 판첸라마 앞에 서 있자니 오래전 그 끔찍했던 날들이 떠올랐다. 내

그래도 내 마음은 티베트에 사네

가 그 모든 불행의 세월을 겪고 아직까지 살아 있다는 현실이 새삼 놀라웠다. 페마갤첸의 처형장면이 내 마음속에 세세히 재현되는 동안 나는 그를 위해 기도했다. 그 거대한 광장은 도고탕이란 이름으로 불리며 카르체의 걉카 지구에 위치해 있었다. 중국인들이 요즘은 그 구역을 뭐라고 부르는지는 잘 모르겠다.

그 자리에 서서 기억 속의 사건들을 떠올리자니 그동안의 고통과 함께 무력감이 나를 압도했다. 나는 침착하게 서서 뺨 위로 흘러내리는 눈물을 참으려고 애썼다. 이때 누군가 갑자기 내 어깨를 툭 쳤다. 다름 아닌 부나탕 전쟁터에서 잡혀가 1979년 20년의 수감 생활을 마치고 석방됐던 아게이였다. 그가 내 손을 잡고 웃으며 말했다. "아아, 우리 두 사람은 역시 중국 공산주의의 사상교육을 극복해내고야 말았군요. 오늘 여기서 우리가 판첸 스님을 뵙기 위해 함께 자리할 수 있다니 얼마나 기쁜지 모릅니다." 그는 현재 냐롱의 한 지방에서 아주 소박한 유목 생활을 하고 있다고 했다. 아게이의 성격은 언제나 호의적이고 침착해서 나는 그에 대해 좋은 인상을 갖고 있었다. 어린 시절부터 수감 생활을 했는데도 그는 냉혹한 사람으로 변하지 않았던 것이다. 그가 자유롭게 지내고 있다는 소식을 듣고 나니 잠시 평온함이 찾아왔다.

판첸라마가 오기 전 중국인들은 티베트인 가정에 달라이 라마의 초상화를 거는 것을 허락하지 않았다. 티베트인들은 그 말에 너무 화가 나서 연설에 불참하겠노라고 했다. "달라이 라마의 초상화를 집에 모실 수 없다면 판첸 스님의 연설장에도 가지 않겠습니다." 그러자 그와 의견을 같이하는 사람들이 줄줄이 이어졌고 결국 만장일치로 결정되었다. 겨우 몇 시간 동안만 달라이 라마의 초상화를 소지하도록 허락되긴 했지만 어느 누구도 이러한 역행과 침해를 우리에게 주어진 주요한 기본 권리로 받아들이려 하지 않았다. 중국인들을 위해 노동을 했던 티베트인들은 달라이 라마 사진을 소지하지 못하게 되어 있었지만 그러한 환경 속에서도 나름대로 그의 사진을 숨기고 다녔다.

판첸라마는 국민들에게 이렇게 연설했다. "어쩌면 여러분은 지금 들으실 말을 잘 이해하지 못할지도 모르겠습니다. 중국인들은 여하튼간에 여러분이 승왕의 사진을 소지하는 걸 금하지 않았어요. 승왕과 비교하면 저는 아무것도 아닙니다. 실로 엄청난 차이가 있지요. 새끼손가락과 엄지손가락을 비교하는 것처럼 말이에요." 그는 자신에게는 달라이 라마보다 우월한 권한이 없다고 했다. 그의 말에 사람들은 다시금 침착함을 찾았고 우리는 결국 그의 설교를 들으러 가게 됐던 것이다.

중국인 공관원들은 판첸라마의 말을 좋게 여기지 않았다. 몇몇 티베트인 직원들은 한 공관원이 판첸라마에게 "당신은 그들이 초상화를 지니고 다닐 수 있게 됐다는 것만 말했어야 했는데. 게다가 달라이 라마와 당신이 큰 차이가 난다는 것은 도대체 무슨 소리지?" 하고 말하는 것을 들었다고 한다.

그래도 내 마음은 티베트에 사네

※ ※ ※

    중국인들은 카르체 교외의 어느 지방에 수력발전소를 건설하기로 계획했다. 그런데 땅을 파는 도중 커다란 금맥이 발견됐다. 당시 그 지방에는 내 딸이 살고 있었고 사위와 친척뻘이던 한 가문도 그곳에서 물레방앗간을 하고 있었다. 10명이나 되는 그 가문의 식구들이 그 일에 종사하고 있었다.

    그들은 린첸과 내가 너무나 많은 수난을 당했으면서도 현재 아무것도 가진 게 없으니 우리가 금을 얻을지도 모른다고 말해주었다. 많은 심의 끝에 중국 당국이 양보를 했고 그 후 몇 달 동안 우리는 금을 채굴할 수 있었다.

    우리가 흙을 파서 그것들을 체로 흔들어 금을 씻어내고 있으면 누군가가 그 곁에서 이를 지켜보며 금의 무게를 달기 위해 기다리고 서 있었다. 사무실에서는 늘 우리가 찾아낸 양의 절반 가격만을 주었다. 나는 65그램을 찾아냈고 린첸은 70그램을 찾아냈다. 그렇게 해서 우리는 결국 3,000위안을 벌었다. 이때 너무 무리하게 일을 해서인지 나는 기력이 쇠하고 말았다. 그 후 얼마 동안은 움직이기는 커녕 손가락 하나 까딱하기도 힘들었다. 그러나 린첸은 나를 위로하며 "이제 우리가 가까이 있잖아요. 좀 푹 쉬세요. 그러면 당신이 그리도 오랫동안 기다려오던 시절이 이제야 왔다는 것을 알게 될 겁니다" 하고 말해주었다.

    어느 날 네팔에서 주구마 오빠의 편지가 날아왔다. 오빠는 이렇게 적고 있었다. "카트만두로 나를 만나러 오너라. 성지 참배를 위해 라

295

자유화

싸로 갔다가 네팔에 있는 여러 성스러운 장소를 둘러 오면 될 거다. 그러고 나서 함께 카르체로 돌아가자구나." 나는 그 편지를 카르체에 있는 공안 담당 사무실로 가지고 갔다. 그 공관원들은 내게 말했다 "너는 이제 안락하게 지내고 있고 네 딸과 조용히 살고 있잖아. 그에게는 네 조카 중 한 명을 보내면 되겠군." 나는 "내 조카를 보낼 필요는 없습니다. 오빠는 나를 보지 않고서는 돌아오지 않을 것입니다" 하고 답했다.

중국인들은 오빠가 티베트 망명자들을 배반하고 '고국'으로 돌아올 것으로 예상했다. 공관원들은 내가 거기에 가도 좋다고 허락할 것인지를 논의하기 위해서 회의를 열었다. 내가 가는 것을 반대하는 중국 지도자들은 이렇게 말했다. "그녀가 카르체를 떠나도록 놔두는 것은 엄청나게 위험한 일이오. 그녀의 조카를 보내는 편이 더 나을 것 같소." 그러나 티베트인 공관원들은 이러한 사실들을 기억해냈다. "그녀의 오빠는 라싸로 가기 전에 카르체에서 주요 정치위원회의 위원으로 있었어요." 그들은 오빠가 돌아온다면 선전운동에 얼마나 중요한 영향을 미칠 것인지를 역설했다.

며칠 후 나는 공안 사무실로 소환되어 내게 네팔 방문 허가가 났으며 또한 오빠를 데리고 빠른 시일 내에 돌아와야 한다는 얘기를 들었다. 그 공관원은 오빠와 내가 되돌아오면 얼마나 잘 돌봐줄 것인지 이해시키느라 애를 먹었다. 그들은 이렇게 말했다. "타향에서 죽거나 죽고 나서 자신의 유골이 낯선 땅에 묻히는 것이 얼마나 비참한 일인가?" 그러고는 계속 얘기했다. "네가 돌아오면 우리는 네

그래도 내 마음은 티베트에 사네

게 특별 정치위원회를 소집해서 곧바로 카르체에서 책임 있는 일을 맡아 하도록 조직해주겠다." 이러한 위원회가 정말로 어떤 영향력을 갖고 있으리라고는 믿지 않았지만 나는 그 모든 것에 동조하는 척 맹세했다. "나의 오빠는 분명히 집으로 돌아올 것입니다. 아직도 많은 사람들이 위원회 위원으로서 그를 기억하고 높이 평가하지요. 나는 오빠가 고국의 단합을 위해 많은 일을 해줄 수 있을 거라 믿습니다."

"그간 티베트는 중국의 영토가 됐다는 것을 기억해라. 내부 문제는 우리 영토 내에서 이루어져야 한다" 하고 한 공관원이 말했다. 그는 또한 내가 티베트에서 일어났던 싸움이나 사형, 기근, 교도소의 참담함이라든가 티베트 국민들이 겪었던 온갖 파멸의 경험들은 이야기해서는 안 된다고 말했다.

린첸과 나는 버스를 타고 장장 일주일에 걸친 라싸행 길에 올랐다. 여행 중에 특별히 우리의 이목을 끌었던 것은 우리가 달리는 반대편으로 털, 가죽과 목재들을 실어 나르던 수백 대에 이르는 트럭들이었다. 트럭이 우리 곁을 지나갈 때마다 우리는 무엇을 싣고 가는지 유심히 바라보았다. 가죽 천들은 건조된 것들이었고 높은 선반에 놓여 있었으며 트럭의 위쪽 모서리까지 나무 둥치들이 닿아 있었다.

경치가 아름답고 접근이 쉬운 티베트 지방들이 이제는 중국인들의 콘크리트 건물로 가득했다. 건물들은 마치 짐짝처럼 보였다. 수백 명의 중국 이주민들이 눈에 띄었다. 소규모의 티베트 공동체들은 대부분 높은 산에 위치해 있었으며 가옥들은 다 쓰러져가고 있었다.

자유화

국민들에게 제공하겠다던 제일 좋은 것들은 '해방자들'이 착복하고 있었던 것이다.

이것이 신성한 도시 라싸로 가는 첫 여행이었다. 유년 시절 내내 그곳으로 순례여행 가는 것을 꿈꿔왔었다. 도착하자마자 우리는 숙박할 곳을 찾기에 앞서 1,300년이나 된 석가모니와 미쿄도르제 불상의 축복을 얻기 위해 조캉사와 라모체 사원으로 갔다. 그 실물 크기의 불상들은 8~12세 때의 부처님 모습을 만들어놓은 것이었다. 사람들은 그것이 원래는 4개의 불상이었는데 그중 2개가 남아 있으며, 부처님이 인도에 계실 때 제작되어 친히 그의 축원을 받은 것들이라고 믿고 있었다. 이 불상들은 7세기에 티베트에 유입된 이후 가장 신성한 종교재산으로 여겨지고 있었다.

조캉사 주변 환경은 우리에게 아주 낯설었다. 우리는 장방형으로 포장된 커다란 광장을 지나서 조캉사로 들어갔다. 티베트식 건물 대신 들어선 직사각형의 콘크리트 건물과 2개의 커다란 현대식 건물이 우리 눈에는 매우 흉측해 보였다. 사원으로 들어서자 우리는 뜰 안의 석판 위에 서서 그것이 순례자들로 말미암아 반들반들하게 닳아버린 것을 보게 됐다. 순간 마음이 숙연해져 우리가 잘 찾아오게 해주신 것에 감사드렸다. 조캉사의 외부에 위치한 뜰에서 봉헌 카탁을 사러 가다가 우리는 상인 일행을 목격했다. 모두 중국 의상을 입고 있기에 가까이 가보니 봉헌용 종교 물품들을 팔고 있는 그 상인들은 모두 중국인이 분명했다.

우리는 다시 순례자들을 따라서 구내에 있던 커다란 백색 제단으

그래도 내 마음은 티베트에 사네

로 갔다. 붉은색과 흰색으로 된 건물 정문의 지붕 위에서 태양이 금으로 된 불교 상징물인 '리닥최코르'를 환하게 비추고 있었다. 이 상징물은 순한 노루가 이끄는 '달마'의 8개의 바퀴살이 있는 수레바퀴를 의미했다. 우리는 커다란 회전 예배기를 돌리면서 신앙을 지킬 수 있게 해달라고 기도하며 사방에서 지켜보는 4개 신령의 석상 옆을 지나 성골 쪽으로 갔다.

이렇게 성지순례를 할 수 있게 되다니 정말 모든 것이 꿈만 같았다. 성전에서 티베트인들이 기도를 올리는 모습은 정말로 대단했다. 그들 대부분은 누더기 차림이었으나 눈빛만은 경건함과 믿음으로 빛나고 있었다.

조캉사도 문화혁명 시절에 파괴를 피할 수 없었다. 1975년에 그곳의 많은 불상들이 파괴됐고 프레스코 벽화들이 손상됐다. 여러 수도승들이 목숨을 잃거나 심한 구타를 당한 채 감금됐고 정원은 돼지우리로 변해버렸다. 1987년에는 여러 법당들이 문을 닫았다. 문화혁명 기간 때 파괴되거나 신성모독을 면했던 유일한 불상은 바로 조오 사카무니였다. 수도승들 중 몇몇이 그것을 숨기는 데 성공했던 덕분이다. 조캉사를 방문했을 때 우리는 조오 사카무니에게 기도를 올리고 싶었으나 거기에 들러 기도를 올릴 시간이 허락되질 않았다. 모든 이들은 줄을 서야 했으며 성골함에 도착하자 "계속 가시오!"라는 말이 들렸다. 린첸은 결국 참지 못하고 자기도 모르게 큰 소리로 외치기 시작했다. "포탈라 궁으로 승왕께서 돌아오시게 하옵소서! 티베트인들이 자주독립을 되찾을 수 있도록 하옵시고 행복한 시간들을 보낼 수

자유화

있도록 하옵소서!" 그러자 집사는 매우 신경이 날카로워져서 계속 이렇게 말하는 것이었다. "자, 자, 제발 좀…… 이제 됐어요."

나는 라모체 사원의 미쿄도르제 불상이 손실됐던 이야기를 듣고 깊은 슬픔을 느꼈다. 운반을 간편하게 하려고 그 무거운 불상을 두 동강 냈다. 라싸에 내동댕이친 하반신은 나중에 수도승들이 안전한 곳으로 옮겨놓았다고 한다. 상반신은 중국으로 이송되어 불상에 붙어 있던 보석이나 금박들이 떨어져나갔고 파손되고 남은 큰 몸체는 베이징 시의 교외에 있는 한 창고에 버려졌다.

1981년 티베트의 파견단이 한 집회에 참석하기 위해서 베이징 시로 오게 됐다. 그 파견단 중에 세라 사원의 라마승이었던 립부르트룰쿠가 있었는데, 그는 문화혁명 당시 약탈당한 티베트 불교의 보물들 중 남아 있는 것들을 반환받기 위해서 파견됐다. 파견단의 청은 거절당했지만 베이징 당국은 거듭된 판첸라마와 암도 출신의 여러 고위급 라마승들의 청을 결국 받아들일 수밖에 없었다. 이러한 사건이 마침내는 자유화와 신앙의 자유에 대한 베이징의 새 정책 방향처럼 여겨져서는, 립부르트룰쿠와 몇몇 일행은 중국 방문을 감행했고 그들은 그곳에서 신성한 불상의 상반신이 먼지 더미 속에 처박혀 있던 것을 발견한 것이다. 그들은 다수의 불상들을 티베트로 반환해오기로 계획했다.

다시 티베트로 돌아온 미쿄도르제 불상은 복원됐다. 1985년 라모체 사원은 문화혁명 당시 입었던 손실을 거의 완벽에 가깝게 복구했으며 불상은 그 대좌 위로 다시 돌아갔다. 라모체에 있던 다른 불상들은 새로 만든 모조품들이었다. 물론 이러한 것들은 전통상 불상 안에 보존되어 있어야 할 귀중한 성유물들을 갖고 있지 않은 빈 껍데기일 뿐이었다.

린첸과 함께 미쿄도르제 불상의 운명에 대한 얘기를 나누는 동안 나는 눈을 감고, 내 어깨 위로 태양이 작열하던 어느 날 바닥에 무릎을 꿇고 추바에다 감자를 문질러 흙먼지를 털어내며 아무에게도 들키지 않으려고 주위를 살피던 내 모습을 떠올렸다. 다시 한 번 주위를 살피고서 감자를 베어 물면 입 안에서는 털다 남은 진흙이 텁텁한 감자 전분과 섞인 맛이 났다. 그때 갑자기 저쪽 도로에서 트럭 행렬이 다가오는 모습이 보였고 그 트럭에 실린 것들이 햇빛 속에서 눈부시게 번쩍거렸다.

린첸과 나는 포탈라 궁에도 가보았다. 수백 개의 방들 중에서 겨우 몇 개만이 개방되어 있었다. 막상 달라이 라마가 그곳에 없음을 직접 확인하니 마음이 정말 비통했다. 그의 옥좌는 비어 있었고 그 옆 탁자 위에는 카탁이 있었다. 그곳에서 눈물을 흘리며 티베트의 자주독립과 달라이 라마의 귀환을 위해 기도하는 티베트 노인들을 만날 수 있었다. 눈물범벅이 된 두 노인이 "승왕의 귀환을 보지 않고는 우린 절대 눈을 감을 수 없습니다" 하고 외치고 있었다. 이러한 슬픈 광경을 우리는 노블링카의 여름 궁전에서도 보았다.

우리는 고향에서 가장 좋은 버터를 한 덩어리 가지고 가서 조캉사, 라모체, 포탈라, 라싸에 있던 성골함의 버터램프에 사용했다. 공산주의 점령하에서 목숨을 잃은 죄수들의 영혼이 편안하게 안식하기

자유화

를 기도했다. 마음속으로 나는 아직 이 세상에 있고 지금은 라싸에 있으며 그들을 위해 이러한 봉헌을 바치노라고 이야기해주었다. 이 거룩한 곳에서 이처럼 많은 봉헌을 할 수 있다는 것이 그나마 작은 위안이 됐다. 그러나 우리에게는 아직 해야 할 일이 남아 있었다.

린첸과 나는 공산주의의 영향력이 어디까지 미칠 것인지 이야기했다. 그들은 우리의 가장 신성한 도시마저 중국의 것으로 만들어버리는 데 성공했다. 거리를 거닐면 중국 음악이 들렸고 시장에서 잡다한 중국제 물건들이 팔리고 있었다. 판매대에 있는 제품들을 살펴보던 린첸은 내게로 얼굴을 돌리며 "우리가 과연 무엇을 할 수 있을까요? 모든 것들이 그들의 뜻대로 돌아가고 있군요" 하고 말했다.

라싸에 체류하는 동안 우리는 자비로운 티베트인들을 많이 만났다. 어떤 집에서는 내 오랜 경험을 알고 돈도 받지 않고 우리를 재워주었다. 그들은 우리에게 어디가 산책하기 좋은 곳이며 어떤 거리가 안전하지 못한지를 일러주었다. 그들은 우리에게 라싸 외곽에 있던 세 군데의 주요 교도소 단지, 즉 드랍치, 상깁과 구차라는 곳에 대해 설명해주었다. 그러고는 이 도시에 있는 한 낯선 사람과 말을 하거나 주목을 끌 만한 행동을 해서는 안 된다고 충고했다. 린첸에게는 칼을 갖고 다니지 말라고 충고했는데 십중팔구 압수당할 것이라는 이유에서였다. 그들은 우리가 달라이 라마를 만날 수 있는 인도에 갈 수 있다는 것이 얼마나 행운인지 이야기해주었다.

우리도 이를 다행스럽게 여기고 있었다. 이제 우리는 인도와 우리의 목적지에 한 걸음 다가와 있었다. 다른 한편으로 우리는 아직까

그래도 내 마음은 티베트에 사네

지도 굶주리며 고문당하고 있거나 사형당한 교도소 감방 동료들을 떠올렸다. 이런 근심에서 벗어날 수 있는 시간은 기도와 봉헌을 드릴 때뿐이었다. 사원에 발을 들여놓을 때마다 동료들의 얼굴이 눈앞에 어른거렸다.

어느 날 우리는 포탈라 궁 내부에 있던 작은 호수에 갔다. 우리가 물고기에게 먹이를 주고 있는데 한 중국인이 급히 우리에게로 다가왔다. "사진 찍지 않으실래요? 자, 보세요. 여기, 아주 잘 나왔죠." 그래서 우리는 호숫가에 나란히 서서 사진을 찍었다. 후에 우리는 이 아름다운 호수가 1960년대 후반에 티베트 아이들의 강제노동으로 만들어졌다는 이야기를 듣게 됐다. 그 아이들 중에는 고위층에 속했던 사람들의 아이들도 포함되어 있었다. 티베트 정부를 위해 일했던 이들 중에는 유력한 가문, 라마승과 사원의 집사, 지주, 군인 일족, 상인, 예술가, 작가와 학자들이 있었다. 라싸의 주민들은 대개 이러한 계층에 속했다. 그런 그들의 아이들이 20년 가까이나 학교에도 가지 못하고 티베트 곳곳에서 도로건설 현장에서 일했던 것이다. 티베트인들에게 이 호수는 '수난당한 아이들을 위한 추모 장소'였던 셈이다.

티베트를 떠나기 위해 라싸의 경찰서에 내 신분증명서를 보여주면서, 나는 오빠가 낯선 이국땅에서 죽는 것을 원하지 않기에 그를 데리고 네팔에서 돌아오겠다고 말했다. 그들은 그 이야기를 듣고 기뻐했다. 그러나 나는 네팔 비자를 얻기가 매우 어렵다는 통보를 받았다. 카르체에서 4개월간이나 기다렸는데도 비자는 발급되지 않았다.

자유화

라싸에서 나는 예언을 듣고자 한 라마승을 만나러 갔다. "당신이 티베트를 떠날 사람들과 연락이 닿는다면 네팔행 비자가 없어도 가게 될 것입니다" 하고 그는 내게 말했다. 또한 머지않아 라싸에서 있을 저항운동의 가능성까지도 일러주었다. 다음날 우리는 곧 카트만두로 떠났다.

달라이 라마 친견

라싸의 동쪽 도로는 캄바 협곡으로 통하고 있었다. 티베트에는 원래부터 높은 협곡마다 돌을 쌓아 만든 마니 성단이 있었고, 성단은 기도깃발로 장식되어 산 정상을 감싸고 있었다. 여행자들은 신령에 대한 존경과 경건함의 징표로 이곳에 돌을 올려놓았다. 린첸과 나는 그곳에 도착해 아직도 캄바 협곡에 마니 성단이 존재하는 것을 보며, 네팔을 거쳐 인도로 가는 우리의 여행이 무사히 계속되기를, 또 언젠가는 달라이 라마가 독립된 티베트로 돌아오기를 기도했다. 우리는 각자 돌더미 위에 돌을 하나씩 얹어놓고 줄에다 카탁을 묶어놓고서 길을 떠났다.

협곡을 내려서자 비취빛 얌드록 호수가 눈에 들어왔다. 그 호수는 티베트에서 제일 큰 호수로 내가 봤던 호수 중 가장 컸다. 호수는 수평선 너머까지 펼쳐져 있었다. 그 웅장함에 비해 수면은 너무나 조용하고 잔잔했다. 호수의 아름다운 빛깔이 햇빛 속에 담청색으로 반짝이고 있었다.

우리는 타쉬룬포에 있는 쉬가체란 도시에서 첫날밤을 묵었지만 유감스럽게도 그곳을 둘러볼 시간은 없었다. 하룻밤은 쉬가체에서 그리고 또 하루는 상업도시였던 예눔에서 보냈다.

마침내 우리는 서부 국경에 있던 티베트에서의 마지막 여행지인 드람에 이르렀다. 세관원들이 우리의 주머니를 샅샅이 뒤지며 어디로 가느냐고 묻기에 나는 이렇게 대답했다. "오빠를 티베트로 데려오려고 가는 중입니다." 그러자 감시관들은 "오, 정말 훌륭한 생각이오"라고 말했다. 이렇게 우리는 네팔 비자 없이도 별 어려움 없이 움직일 수 있었다.

드람은 언덕 위에 위치해 있었다. 네팔까지 가려면 약 7.5킬로미터나 산을 내려가서 국경선 중앙에 있던 다리 하나를 건너야 했다. 네팔로 가기 위해 티베트를 떠나기 전, 나는 돌마신에게 우리를 굽어살펴 인도까지 무사히 여행할 수 있게 해달라고 기도했다.

국경선 너머 네팔 진영에 한 티베트인이 서 있었다. 우리가 다리를 건너자 그가 다가와 내 두 손을 꼭 잡고 묻는 것이 아닌가. "당신이 아데 님이십니까?" 나는 그에게 자기소개를 부탁했다. 그러자 그는, 자기는 나를 잘 알지 못하지만 내 얼굴이 오빠와 너무나 닮았다면서 오빠가 그를 이리로 보냈다고 답했다.

라싸를 떠난 지 꼬박 닷새가 걸린 여정이었다. 이제 우리는 자유를 얻은 것이다. 처음이자 마지막으로 티베트를 떠나 네팔에 도착하니 감정이 북받쳐 어안이 벙벙했다. 우리는 우리 앞에 전개될 수많은 가능성을 바라보려고 애썼다. 우리 뒤로 닫힌 철창을 생각하면 참을 수가 없었다. 10시간이 지나서야 우리는 카트만두에 있는 오빠

그래도 내 마음은 티베트에 사네

집에 이를 수 있었다. 주구마 오빠는 잠을 자고 있다가 우리가 도착하자 일어났다. 33년 만에 처음 얼굴을 대하며 우리는 서로 많이 늙었음을 확인했다. 오빠는 백발의 머리에 홀쭉하고 주름진 얼굴을 하고 있었다. 가엾은 오빠! 오빠의 손을 잡고 머리카락을 쓰다듬으며 포옹했다. 그러고는 다 같이 앉아 밤하늘에 반짝이던 별빛을 바라보던 시절이며 함께 말을 타고 초원을 달리던 옛이야기들을 나누었다. 동이 트고 새들이 지저귀는 소리가 들릴 때까지 얘기를 나누고 나니 주구마 오빠가 "둘 다 잠 좀 자두자" 하고 말했다.

　주구마 오빠는 1959년에 티베트를 떠나오기 전까지, 캄파 근위병으로 있었다. 달라이 라마가 티베트를 떠나는 계기가 된 사건이 있었을 당시, 오빠는 노블링카 궁에서 그를 보호했다고 한다. 신년 이후 15일간 있던 티베트 축제가 벌어지던 거룩한 안식, 이른바 '몬람 첸모'라는 기도축제 기간 동안, 달라이 라마는 중국인들로부터 중국 진영에서 있던 연극공연에 참석해달라는 요청을 받았었다. 그는 일생을 바쳐 준비해온 큰 시험을 위해 학문에 전념하고 있던 터라 그 초청을 별로 달갑게 받아들이지 않았다. 그 시험으로 '게쉐'의 칭호를 따야 했기 때문이다.

　며칠 뒤 여름 성으로 달라이 라마가 행차할 때였다. 티베트인들은 이상한 사건을 목격했다. 달라이 라마에게 존경을 표하기 위하여 모여든 군중 속에 라싸가 점령된 이후 처음으로 중국인들이 한 명도 없었던 것이다.

　곧바로 달라이 라마의 호위 사령관이던 쿠숭데폰이 중국 진영으

달라이 라마 친견

로 호출됐다. 단관센 장군은 그 공연일을 3월 10일로 결정하라고 통보하며, 달라이 라마의 시종을 비롯하여 그를 따르던 일반 수행원의 참석을 허용하지 않겠노라고 말했다. 무장하지 않은 티베트 근위병들조차도 그 진영으로 가는 도로에 있을 수 없었고, 티베트인들은 그 진영에서 일정 거리 이상 다가가서도 안 됐다. 심지어 모든 준비는 철저한 보안을 유지하라고 전해졌다.

쿠승데폰은 이 심상치 않은 명령과 중국인 장교의 완고한 태도에 당황했다. 달라이 라마의 행동은 비밀리에 이루어질 수 없으며, 더구나 축제가 있던 시기라 라싸의 거리는 수십만의 순례자들로 가득차 있었기 때문이다. 당시 라싸에는 수많은 캄파들이 있었고 중국인들은 이 캄파들을 '악질 반동분자들'이자 '미제의 장기알'로 일컫는 선전운동을 벌였다.

이전에도 동티베트에 있는 고위 라마승 4명이 이러한 연극공연에 초대됐다가 영영 돌아오지 못한 적이 있었다. 3명이 살해, 한 명은 수감됐던 것이다. 더구나 달라이 라마가 동의하지 않아도 머지않아 중국을 방문하게 될 것이라는 중국 라디오 방송의 발표로 국민의 불안은 극에 달했다.

공연이 있기 전날 라싸에 있던 사람들은 자신의 안전은 개의치 않고 달라이 라마를 보호하기 위해 나섰다. 어림잡아 3만 명가량의 인파가 노블링카 궁을 엄호한 채 그곳을 떠나지 않았다. 군중들은 중국의 점령과 달라이 라마 정권에 대한 중국의 간섭을 철회하라는 요구가 담긴 구호를 외치고 있었다. 그날 이후로 상황은 점점 더 긴박

하게 돌아갔다.

당시 라싸에는 카르체 출신의 남자들로 구성된 5개 단체가 있었다. 그들은 모두 달라이 라마의 정권을 지키기 위해 목숨이라도 내놓을 준비가 되어 있었다. 사원에 있던 사람들도 정세에 대해 잘 알고 있었지만 사원에는 캄파들을 도와줄 힘이 없었다. 사원은 점령당했고 곧 카르체의 지도자였던 푼촉갸초가 중국인들에게 체포됐다. 몇몇의 캄파들은 티베트의 첫 기근에 대항하여 결성됐던 최초의 티베트 저항단체 국민회의인 '미망총두'와 함께 중국인과 맞서 중국의 지도자들을 체포하려 했다. 그러나 이는 중국의 보충병력과 군사장비가 이 도시에 들어오는 계기를 만들고 말았다.

자원군이 편성됐다. 이들 중에 몇몇은 라싸의 외곽에 새로이 단체를 결성했고 남아 있는 사람들은 말과 노새, 군수품을 지켰다. 몇몇 사람들은 자금과 탄약을 가지고 라싸 남쪽의 로카에 있던 자원 독립군의 본영에 파견됐다. 그리고 나머지 사람들은 라싸에 남아 사람들을 보호하고 거리를 감시하며 필요에 따라서는 게릴라 전법을 동원하기로 했다.

달라이 라마가 위험에 처해 있다는 생각과 죽음에 대한 불안감이 지원군의 마음을 하나로 모았던 것이다. 미망총두의 지도자들도 캄파나 암도인들과 함께 힘을 모아 티베트 내각인 카샤를 찾아가기로 결심했다. 카르체 출신이었던 페마남걀은 군사 단체의 최고위급 구성원이었다. 그와 그의 몇몇 부하들이 장관을 찾아가자 카샤 내각은 달라이 라마가 중국 진영에서 중국인들을 만나지 않게 하겠다고 약

달라이 라마 친견

속했다. 노블링카 궁의 정문을 책임진 페마남갈이 속해 있던 97명의 무장군들 속에 주구마 오빠가 있었던 것이다. 60~70명가량의 지도자들로 구성된 위원회가 만들어졌다. 그들은 궁전에 바리케이트를 쳐서 달라이 라마를 밖으로 끌어내지 못하도록 하겠다고 결의했고, 76명의 남자들이 자원해서 조캉사와 그 밖의 주요 거점 도시들을 수호하겠다고 나섰다. 3월 16일 중국인들은 달라이 라마에게 신변의 안전을 보장해줄 테니 그가 머무르고 있는 건물을 전부 내놓으라는 전문을 보냈다. 달라이 라마는 자신이 어디에 머무는지 외부에 알리지 않았다. 아마도 그는 중국인들이 자신이 어디 있는지 알지 못하면 막강한 포병을 동원하지 않을 거라고 믿었던 것 같다. 그날 오후 4시쯤 중국 진영은 2개의 어마어마한 수류탄을 발포했고 그것이 노블링카 궁의 북문 앞쪽에 떨어졌다.

이제 달라이 라마의 도피를 준비할 때가 왔다는 것은 분명한 사실이었다. 포탈라의 남동쪽 키추 강을 건너기 위해 100명의 티베트 병사들이 어둠을 틈타 수심이 얕은 곳을 찾도록 파견됐다. 사람들은 달라이 라마의 어머니와 그의 누나들과 어린 남동생들을 성에서 도피시켰다. 그러고 나서 곧 달라이 라마도 병사로 변장하고 그 뒤를 따랐다.

당시 라싸에는 3~5만 명가량의 중국 병사들이 있었다. 도시는 17개의 현대식 유도탄을 탑재한 막강한 포병대들이 포위하고 있었다. 중국인들은 달라이 라마가 도시를 떠났다는 사실을 아직 알아채지 못했던 것이다. 수천 명의 티베트인들이 성을 호위하고 있던 와

그래도 내 마음은 티베트에 사네

중에 3월 20일 새벽 2시, 노블링카에 폭격이 가해졌다. 폭격은 하루 종일 계속됐다. 중국인들은 포구의 방향을 포탈라 궁과 조캉사, 인근 사원들을 포함한 라싸의 나머지 지역으로 바꾸었다. 티베트 병력과 시민들 사상자가 많았다. 티베트의 유명한 의학교였던 착포리도 거의 파괴됐다. 다음날이 되자 달라이 라마의 엄호를 위해 파견됐던 사람들이 전부 목숨을 잃었다.

세라와 드레풍의 큰 사원들도 심하게 파손됐고 이들 성 안에 보관돼 있던 귀중한 보물과 문서들도 손실됐다. 간덴 사원도 몇 군데 크게 손상됐다. 사원에 있던 수천 명의 수도승들이 목숨을 잃거나 감옥으로 잡혀 들어갔다. 노블링카를 포함하여 그곳에 남아 있던 사람들이 800여 발의 수류탄 폭격을 맞았고 수천 구의 시신이 궁 안팎에 나뒹굴었다. 첫째 날의 폭격이 끝나고 나서 중국인들은 노블링카 궁으로 들어와 달라이 라마를 수색하려고 시체들을 들추고 다니기 시작했다. 그들은 달라이 라마가 죽었을 거라는 추정을 배제했고 그의 도주에 화가 나 있었다. 그들은 '반동 폭도들'이 달라이 라마를 도주시켰을 것이라고 추정했다. 이 전투는 꼬박 나흘 동안 계속됐다. 3월 28일 중국은 티베트 정부가 더 이상 존재하지 않음을 선포했다.

주구마 오빠는 계속 말을 이어나갔다. "폭격이 있던 동안 4개 건물의 성들이 아치형으로 움푹 패였고 나무들은 힘없이 뿌리 뽑혔지. 그렇게 난폭하고 갑작스런 파괴를 본 적도, 그런 황폐함이 있을 수 있다는 건 상상해본 적도 없었어." 이때 린첸삼둡이 차를 가지고 왔다. 주구마 오빠는 그에게 고맙다고 말하고 한 모금을 마시고는 계속 이야기를 이어갔다. "폭격이 있던 당시 나와 캄파 일행은 노블링 카를 빠져나와 탄약고로 갔어. 집사는 꼼짝도 못하고 두려움에 떨고 있었지. 우리는 그에게서 열쇠를 받아 문을 열었어. 그리고 각자 2~3개씩 총을 집어들고 추바에 탄알을 가득 담아넣고서 다시 전쟁터로 나갔지. 동료 여섯이 곧바로 목숨을 잃었고 남은 사람들은 네팔 방면 기슭으로 도망쳤어. 거기서 우리는 다른 캄파들과 합류했던 거야. 그들에게 대포가 하나 있더군. 국경에 도착하기 바로 얼마 전에 정찰 중인 중국 비행기를 보았어. 우리는 가까스로 저공하고 있던 비행기를 격추시키는 데 성공했지. 그런데 곧 우리가 무장하고 있다는 사실이 중국 비행사들에게 알려졌던지 그들은 비행기 고도를 높여버리더군.

그사이 동료들과 나는 저지대에서 4명의 티베트인들이 폭격당하는 것을 목격했어. 산기슭의 전망대에서 망원경으로 비행기가 두려워 평지를 피하던 티베트인들의 모습을 볼 수 있었지. 하지만 숨을 곳은 어디에도 없었어."

그 후 주구마 오빠는 인도에 처음 도착해 아삼 지방에 있는 미사마리라는 이름으로 유명한 한 마을로 오게 됐다. 그곳에 도착한 사람들은 처음엔 전쟁에 가담했던 수도승들과 캄파들이었다. 처음 일주일 동안 사람들은 두려움에 떨었다. 음식도 입에 맞지 않았고, 저수지가 오염되어서 많은 사람들이 아메바성 이질에 걸려 목숨을 잃었다. 밤이면 모기가 윙윙거리는 소리로 가득했다. 이 같은 엄청난 기후 변화들을 견디지 못하고 한동안은 하루에 한 명꼴로 매일 사람

그래도 내 마음은 티베트에 사네

이 죽어나갔다.

"승왕의 권위에 감사하는 것이 귀찮았던 적은 한 번도 없었지. 여기에는 어느 누구도 우리가 여기저기를 다녀서는 안 된다고 말하거나 이런저런 행동을 해선 안 된다고 얘기하지 않았어."

그 이후로 주구마 오빠는 자유 속에서 자신의 삶을 보냈던 것이다. 그는 산속에서 짐꾼으로 몇 해를 일했다. 네팔에 정착해서 카트만두에다 작은 가게라도 낼 돈을 벌 때까지 여기저기 전전했던 것이다. 그 세월 동안 오빠는 내내 혼자 지내면서 카르체에 두고 온 두 아이와 아내를 그리워하며 살았다.

우리가 재회할 당시 주구마 오빠는 여든두 살이었다. 오빠는 변함없이 굳은 믿음으로 버터램프에 불을 밝히고 자신의 커다란 회전 예배기를 돌리며 오랫동안 세상의 만물이 탐욕과 재앙을 넘어 생명을 가진 존재로 존중받기를 기도했다.

티베트 북서쪽의 카일라스 산악지역에는 푸랑코르착조오라는 성단이 있었다. 오래전 어느 날 이 성단에 있는 불상 앞에서 밤에 은이 나왔다는 얘기가 있었다. 문이 잠겨 있어 아무도 출입한 흔적이 없는데도 말이다. 우연히 사람들은 그것을 가져가지 않고 불상을 덧입히는 데 사용했다. 그러고도 남은 은으로는 제단접시와 버터램프를 만드는 데 썼다.

대장장이였던 오빠의 몇몇 친구들은 중국인들이 마을 주민들로 하여금 그 성단을 부수게 하는 장면도 목격했다. 그자들은 티베트인들의 머리에 총부리를 겨누면서 신전에 오줌을 누게 하고 그렇게 하

달라이 라마 친견

는 자들만 살려두었다. 그렇게 신전이 파괴된 뒤, 네팔 짐꾼 몇 명이 성단의 버터램프를 훔쳐냈고, 그 버터램프를 주구마 오빠가 샀다. 오빠가 지금껏 사용하는 램프가 바로 그 램프다. 또한 오빠는 먹을 것도 충분치 않은 상황에서 램프에 버터를 넣기 위해 조금씩 봉헌했다. 쉰 살에 오빠는 자신의 삶 모두를 신앙의 실천을 위해 바치겠다고 결심하고 네팔에 있는 동안 회전 예배기를 10만 번이나 돌렸다. 자신이 젊은 시절에 저지른 불손한 행동을 반성하며 진심 어린 속죄와 영적인 통찰에 귀의했던 것이다.

나이 탓에 오빠는 혼자 사는 데 많은 어려움이 있었다. 우리가 잠자리를 돌봐주고 깨끗한 옷을 사 주었지만 오빠는 내게 이렇게 말했다. "나를 돌보는 것보다 더 중요한 것은 먼저 달라이 라마를 찾아가 만나뵙는 일이다. 네가 그렇게 하기 전에는 마음을 놓을 수 없구나."

그렇게 해서 우리는 어느 날 아침 이제껏 알고 지내던 것과 전혀 다를지도 모르는 나라로 향했다. 먼지 자욱한 거리를 지나 철책을 바라보니 인도의 색다른 의상이 눈에 띄었다. 인도에는 가난한 사람들이 많았지만 행동이나 통행의 자유가 있었다. 티베트와 비교하자면 너무나 비통한 일이었다. 하지만 한편으론 그 자유 탓에 어수선하기도 했다. 이제 곧 달라이 라마를 뵐 수 있겠구나! 오랫동안 심장을 가로막고 있었던 육중한 산과 무거운 짐이 사라지듯 가슴속에 기쁨이 밀려왔다.

나는 기대에 부풀었다. 그것은 마치 자기가 살던 고향마을에 가까워지면서 자기 인생의 한 시절을 함께했던 친구가 환영해줄 거라는 기대감과 같았다. 많은 어려움에 멀리 떨어져 살았다 해도 사람에 대한 기억은 세월이 안겨준 단절과 시련을 넘어서는 법이다. 이제 그 시간이 눈앞에 다가온 것이다.

길을 가면서 우리는 빵과 달을 먹었다. 나는 예전에 오렌지를 먹어본 적이 없었는데 그것은 아주 맛이 좋았다. 린첸은 다소 모험심에 들떠 생소해 보이는 것들을 눈여겨보느라 뒤처지기도 했다. 티베트와 모든 것들이 달랐으며 무척이나 활기가 넘쳐 보였다.

우리는 곧장 바라나시로 갔다. 달라이 라마는 이곳에서 티베트인들로 구성된 대규모의 공개집회에서 가르침을 전했다. 어떤 부인은 "달라이 라마의 축복을 받았으니 이제 여한이 없습니다"라고 말하며 행복하게 자리를 떠났다. 그러나 나는 달라이 라마를 멀리서 보는 것으로 만족할 수 없었고, 이런 식으로는 내가 인도에 온 목적을 성취할 수 없다고 생각했다. 린첸과 나는 좀 더 머무르면서 기다려보기로 했다. 그러자 곧바로 보초병들이 와서 우리에게 그만 가야 한다고 했다.

린첸과 나는 둘 다 힌두어나 영어를 할 줄 몰랐지만 달라이 라마의 관저로 가는 길을 알아보기로 결심했다. 버스 정류장에서 우리는 계속 "다람살라"와 "달라이 라마"라는 두 마디 말을 되풀이했다. 우리를 제대로 데려다줄 거라는 기대를 걸고 버스를 몇 대나 갈아탔는지 모른다. 네팔을 지나온 이후로 나는 우리의 여행을 도와주십사 티베트 수호신께 기도해왔다. 그렇게 우리는 이튿날 밤, 바라나시를 떠나 땅거미가 진 지 한참 만에 어느 버스 정류장에 도착했다. 린첸은 그곳에 있던 몇몇 인도인에게 티베트어로 버스 정류장의 이름을 물어보았다. 그러나 그들은 우리의 질문을 알아듣지 못했다. 우리도 그들의 대답을 이해하지 못해 다른 방법으로라도 알아보려 했지만 이내 지쳐버렸다. 아침이 되면 아마도 좀 더 많은 사람이 다닐 테니 분명히 우리를 도와줄 만한 사람을 만날 수 있을 거라고 생각했다. 이 싸늘한 밤이 지나기를 기다리며 우리는 벤치에 앉아 몇 시간 눈을 붙였다.

날이 밝자 자동차와 사람들의 움직임 소리가 들렸고 곧 시끄럽고 빠르게 얘기하는 힌두어 소리가 우리 주위를 감쌌다. 몹시 당황스러워하는 우리 앞에 한 티베트 여인이 있었다. 우리는 그녀에게 물어보았다. "이곳이 어디죠?" 그러자 "당신은 지금 다람살라에 있는 거예요"라고 말했다. 나는 너무도 기뻐서 린첸에게 외쳤다. "린첸, 우리가 다람살라에 와 있답니다! 이제는 걱정하지 않아도 되겠어요."

우리는 한 여관으로 가서 한동안 휴식을 취했다. 그러고는 산길을 내려가 달라이 라마의 사원인 남걀사로 무사히 도착했음을 감사드리러 갔다. 달라이 라마에게 우리가 왔다는 것을 알려주겠다고 여관에 있던 사람들이 약속해주었다. 그곳에는 티베트 이름으로 된 가게와 식당들이 있었고 많은 티베트인들이 살았다. 눈길을 끄는 알록달록한 구두와 거기에 어울리는 옷을 입은 서양 사람들도 몇 명 보였다. 티베트 아이들이 웃으며 강아지와 함께 거리에서 뛰노는 모습도 보였다. 시내 중앙에는 놋쇠로 된 회전 예배기가 있는 작은 사찰이

그래도 내 마음은 티베트에 사네

있었는데 사람들은 지나가면서 그것을 돌리고 갔다. 우리를 비롯해 많은 망명자들이 그곳에 있었다. 모든 것을 잃어버린 자들이 이곳의 자유로운 환경에 적응하려 노력하고 있었다.

며칠 후 우리는 달라이 라마를 알현하러 갔다. 접견실로 안내되어 그를 만나는 순간, 그에게 기도하던 내 동료들의 울부짖음이 머릿속에 되살아났다. 가슴이 너무나 아팠고 깊은 감동을 느꼈다. 그러나 곧 '감상에 젖을 때가 아니야, 내 욕심만 채울 처지가 아냐'라고 마음을 다잡았다.

달라이 라마는 잠자코 우리를 바라보고 있었다. 내가 일생을 다해 뵙기를 고대했던 그에게 다가서자 그의 이름을 입에 담고 죽어갔던 모든 이들에 대한 그리움이 다시 밀려왔다. 너무 떨려서 심지어 엎드려야 한다는 것조차 잊고 있었다. 황급히 고개를 숙이고 그에게서 약간 떨어진 곳에 엎드려 앉았다. 그리고 내 감정을 자제하려고 애썼다. 달라이 라마가 우리를 부르며 "이리 가까이 오시오" 하고 말했다. 그는 우리가 가까이 다가갈 때까지 3번이나 거듭 같은 말을 했다. 나는 강제노동수용소에서부터 입고 있던 더러운 옷차림을 하고 있던 터라 그에게 가까이 가기가 송구스러웠다. 무엇보다도 내가 겪었던 일들로 가슴속에 일종의 내면적 더러움을 느끼고 있었다. 내입에서 나는 악취가 달라이 라마에게 풍길까봐 머리를 숙인 채로 모든 것들을 보고했다. 신앙의 공동체가 어떻게 붕괴됐는지 그리고 얼마나 많은 티베트인들이 목숨을 잃었는지를. 다행히도 나는 말하고 싶었던 것들을 전부 기억할 수 있었다.

나최 사원의 라마승들에 대해 이야기하자, 그는 몹시 슬퍼하면서 그들을 위해 조용히 기도했다. 죄수들의 상황과 강제노동수용소의 조건에 대해 상세히 보고하는 동안 그는 냉철하고도 침착한 표정을 유지했다.

달라이 라마는 내게 티베트로 돌아갈 것인지 아니면 인도에 머무르길 원하는지 물었다. 나는 "저는 되돌아가지 않을 겁니다"라고 대답했다. 그는 내게 편히 지내길 바란다고 하면서 내가 겪었던 온갖 고통들 때문에 더 이상 약해지거나 괴로워하지 말라며 이제는 강해져야 한다고 조언했다. 그러고는 잠시 조용히 앉았다가 중국인들이 어떻게 그와 같은 비인간적인 만행을 저지를 수 있었는지 침착하게 물었다. 그리고 그는 내 손을 잡으며 말했다. "당신은 너무나 많은 시련을 당했군요. 죽은 자와 살아남은 자들의 소원을 담아 이제 당신의 경험담을 책으로 엮어보세요." 그의 눈은 자비로 충만해 있었으며 나는 우리의 여행이 헛되지 않았음을 깨닫고 가슴이 벅차올랐다. 기도를 하면서 그가 고개를 숙이자 방 안은 정적에 싸였다.

린첸이 그에게 자신의 체험을 이야기했다. 내 생각으로는 모든 접견이 거의 2시간에 걸쳐 이루어졌던 것 같다. 그 자리를 떠나는 우리의 마음은 너무나도 흐뭇했다.

접견이 끝나갈 무렵에 달라이 라마는 내 이야기를 기록하라고 마음 써주면서 그 이야기를 녹음해서라도 이 계획을 실천에 옮길 방법을 찾아야 한다고 강조했다. 내가 글을 알지 못했으므로 1990년 봄이 되어서야 그 일을 시작할 수 있었다.

그래도 내 마음은 티베트에 사네

우리가 네팔로 돌아오자 주구마 오빠는 매우 기뻐했다. 그리고 곧 나는 이런 생각을 하게 됐다. '승왕께 알렸던 것을 이제 전 세계에 알릴 때가 왔다.' 물론 나는 티베트의 바깥세상에 대해 거의 아는 바가 없었다. 중국의 선전운동과 죄수들에게 늘상 '미국'이란 단어를 힘주어 경고했기에 그 당시 나는 서양인들은 모두 미국인이라고 생각했다.

어느 날 내가 채소를 다듬는데 누군가가 문을 두드렸다. 문을 열고 나가보니 데첸왕모쉬바창이었다. 정말이지 뜻밖의 만남이었다. 1956년 우리가 다시 만날 것을 기약했을 때는 둘 다 아름답고 앳된 젊은 여인들이었기 때문에 처음에는 서로 알아보지도 못했다. 소녀 시절에 나는 4개의 찌보석이 달린 목걸이를 달고 얼굴에는 외제 크림을 바르고 다녔다. 그러나 맞지도 않는 낡은 추바를 입고 있는 지금의 내 얼굴은 근심이 가득한 주름투성이였다. 데첸왕모는 내가 큰 불행을 겪은 사람처럼 보인다고 했다. 나도 그녀가 늙은 모습을 보니 놀랍기만 했다.

데첸왕모는 형편이 어려워 귀고리도 하나 하고 있지 않았다. 가족들을 돕기 위해 자신의 장신구들을 팔았다는 것이다. 그녀가 라싸에 도착했을 때, 쉬바창 가문은 은신처에 있던 달라이 라마의 초청을 거절했다고 한다. 그 후 그들은 티베트를 떠나 한동안 북인도에 있던 칼림퐁이란 곳에 있었다. 그리고 1962년에 비라쿠프라는 남인도의 한 피난민수용소를 계속 전전했다. 그녀는 맨 처음 티베트인들이 무더위와 코끼리나 야생밀림에서 서식하는 위험한 동물들 때문

달라이 라마 친견

에 겪어야 했던 온갖 역경들을 들려주었다. 그들은 집을 짓고 경작할 밭을 일구기에 앞서 원시림부터 없애야 했던 것이다. 망명자들은 건강상의 이유로 또는 거듭된 흉작과 그 밖의 여러 부작용들로 두려움에 떨어야 했다. 하지만 결국엔 다 함께 최초의 결실을 거둘 수 있었다.

지난날을 얘기하다 보니 우리는 각자 자기도 모르게 감정이 북받쳐올랐다. 너무나 소중하고 민감한 부분들이라서 입에 담을 수조차 없을 것 같은 기억들이 떠오를 때면, 우리 둘 사이에는 긴 침묵이 흘렀다. 그 기억들은 마치 살아 있는 것처럼 우리 앞에 떠올라 한곳에서 오랫동안 머물렀다.

죽은 자와 살아남은 자를 위한 증언

1989년 1월경 워싱턴 D.C.에 본부를 둔 인권기구 '티베트를 위한 국제운동'의 미첼 보하나가 나를 찾아왔다. 미첼은 내가 처음으로 이야기를 나눠본 서양인이다. 달라이 라마를 알현한 지 1년이 다 되어 가던 즈음이었다. 네팔로 돌아온 이후 나는 어느 누구에게도 내 이야기를 털어놓지 않았다. 미첼을 알게 되어 기뻤지만 한편으로는 중국인들이 내 친척들에게 무슨 짓이라도 하지 않을까 두려웠다. 그래서 그녀가 내 이름을 물었을 때 나는 거짓말로 답했다. "내 이름은 데첸라모입니다." 그러나 우리의 대화가 무르익었을 즈음 마침내 그녀에게 내가 경험한 것을 말해주기로 결심하게 됐다. 이에 미첼은 이렇게 말했다. "세계가 이런 사실에 주목하도록 하는 것은 아주 중요한 일입니다. 그래야만 티베트에 대한 이해와 협력을 일깨울 수 있습니다." 그리고 그녀는 그 놀라운 경험담을 달라이 라마에게 보고한 사실을 티베트 정부가 알고 있는지 조사해갔다.

얼마 뒤 1989년 4월 나는 독일 본에서 열릴, 티베트에 관한 최초의 국제 청문회에 초청됐다. 청문회가 있기 전이었던 3월 5일 라싸에는 계엄령이 선포됐고 그 후 1만여 명의 티베트인들이 중국에 대항해 맹렬히 항의하는 거리 시위를 벌였다는 소식을 들었다.

공항에서 본으로 가는 길은 마치 축복받은 땅인 듯했다. 가장 내눈길을 끌었던 것은 가축들이 풀을 뜯는 평화로운 초원과 평야였다. 자유로이 노니는 소와 말들을 보면서 서양에서는 가축들조차 이렇게 자유로울 수 있다는 사실에 새삼 감동했다. 이들은 티베트나 세상의 다른 어느 곳에 살고 있는 사람들보다 더 많은 자유를 누리고 있었다. 눈물이 났지만 곧 마음의 평정을 되찾으려 애썼다. 본에서 우리를 기다리는 일을 제대로 해내기 위해서였다.

린첸삼둡과 나 말고도 잠시 망명해 있던 티베트인이 한 명 더 이 청문회에 초청됐다. 그는 1987년 라싸를 빠져나온 젊은 수도승 롭장진파였다.

청문회는 먼저 페트라 켈리와 게르트 바스티안의 발의로 시작했다. 페트라는 이 청문회에 관심을 가져주지 않는다면 녹색당을 탈당하겠다고까지 위협하며 일을 도모해왔다. 페트라는 오래전부터 자신의 삶을 전쟁이나 환경보호, 인권 문제에 쏟아붓고 있었다. 녹색 바람을 일으키고 국회에 진출하고 난 후 그녀는 곧바로 다른 나라의 경제 수탈로 억압받는 사람들의 운명에 주목하기 시작했다.

게르트 바스티안은 1982년까지 독일군의 장군으로 복무했던 인물이었다. 그는 핵무기 구축에 반대 운동을 하기 위해서 제대한 뒤 녹색당에 입당해 국회의원에 선출되어 1987년까지 일했다. 본에 도착하여 페트라와 게르트를 찾았을 때는 의사소통도 안 되고 너무나

322

많은 사람들이 출석해 있어서 그들이 누구인지 알 수도 없었다. 그들을 알아본 뒤, 우리는 그들에게 티베트 사건의 결백을 상징하는 카탁을 건넸다. 페트라와 게르트는 신중하고 예의 바른 사람들이었다. 우리는 처음으로 본 그들의 파란 눈동자에 깊은 인상을 받았고 온화한 그들의 얼굴에서 진심 어린 염려를 느낄 수 있었다. 카탁을 걸쳐주자 그들은 당황하면서 어쩔 줄 몰라했으나 잠시 후 얼굴에 기쁨의 웃음을 띠었다. 비록 첫 만남이었지만 우리는 그들이 우리의 친구라는 것을 분명히 느낄 수 있었다. 페트라는 "친구"라고 말하며 내 손을 잡고서 "우리 국민을 위해 말씀해주러 이곳까지 와주셔서 정말 기쁩니다"라고 했다.

독일에서의 모든 일들이 우리에게는 생소하고도 놀라웠다. 우리는 연방정부에서 경영하는 한 호텔에서 사흘간 묵었고 우리 방은 39층이었다. 우리는 호텔입구에서 누가 문(유리 자동문)을 열어주는지 이해할 수가 없었다. 엘리베이터에 탔을 때는 창문 없는 버스에 탔나 보다 생각하기도 했다. 게다가 너무 빠른 속도로 움직여서 두려운 생각마저 들었다. 엘리베이터가 수직으로 올라가서 우리가 건물 높은 곳에 있다는 것을 알게 되기까지는 아주 순식간이었다.

린첸과 나는 먹는 것에 관해서도 모르는 것이 많았다. 린첸은 내게 말했다. "이곳 서양 사람들이 어떻게 음식을 먹는지 좀 자세히 봐야겠어요. 포크는 어디에 쓰는 것이며 칼은 어떻게 잡아야 하는지……." 티베트에서는 포크를 사용해본 적이 없었기에 우리는 점심이나 저녁 식사 때마다 주위 사람들이 하는 대로 그대로 따라했

죽은 자와 살아남은 자를 위한 증언

다. 그러면서 어느새 이런 상황에 익숙해졌다. 하지만 서양식 식사법을 제대로 배울 때까지는 거의 빵만 먹어댔다. 사흘이 지나고 우리는 티베트인 가정에 초대를 받아서 호텔을 나왔다.

린첸과 나는 청문회를 통해 하고 싶은 얘기들이 많았다. 다람살라에서 연설 연습을 했는데도 할애된 짧은 시간 안에 하고 싶은 말들을 어떻게 다 표현해야 할지 막막하기만 했다. 연설할 차례를 기다리고 있는데 강당의 조명이 너무 눈부셔 제대로 눈을 뜨기 어려웠다. 마침 누군가 내게 선글라스를 갖다주었고 잠시나마 마음을 진정할 수 있었다. 그사이 나는 내가 무엇인가 해야 할 그날이 왔다는 것을 분명히 가슴에 새겼다. '드디어 그날이 왔어! 내가 30년 넘게 기다려온 시간이 온 거야' 하고 말이다. 우리의 예민하고 불안해진 심경을 감사의 마음이 감쌌다. 우리가 살아 있는 동안에 체험하고 목격했던 일들을 세상에 알릴 기회를 얻은 것이다.

그 강연장에는 중국에서 온 언론사 기자 4명이 참석했다. 잡혀가거나 감금당할 각오가 아니라면 티베트에서는 이런 공개석상에서 연설할 기회를 절대 얻을 수 없다. 청문회 시간 동안 우리에게 주어진 자유에 대해 생각하며 다시 한 번 감회에 젖었다.

기다리는 동안 나는 계속해서 투옥생활 동안 중요했던 광경들을 되짚었다. 그러나 막상 내가 연설할 차례가 왔을 때는 그것에 대해 생각할 필요조차 없었다. 연설을 시작하자 걱정했던 것과는 달리 나와 티베트 민족이 당한 수난의 상세한 부분들이 너무나 선명하게 떠올랐기 때문이다. 잠시 후 나는 청중 속 대부분의 위원들이 울고 있음을 알았다. 중국 기자들은 화가 난 듯 노골적으로 언짢은 기분을 드러냈다. 청문회가 끝날 때 출석자들은 '본 선언문'이란 이름의 성명서를 만장일치로 채택했다.

내가 본을 방문하는 동안 우리는 페트라와 게르트를 비롯한 몇몇 사람들과 같이 중국 대사관 앞에서 작은 시위를 벌였다. 나 역시 커다란 티베트 국기를 손에 들 기회를 얻었다. 이는 모국에서는 결코 상상조차 할 수 없는 일로, 그곳에서는 국기 출현 자체가 곧 불법행위로 간주됐다. 린첸과 나는 그 순간 정말 우리가 자유의 몸이라는 것을 실감할 수 있었다.

어느 날 친구들과 함께 산책을 하고 있을 때였다. 린첸은 길가에 자라는 작은 들풀을 바라보더니 이렇게 말했다. "많은 티베트인들이 기근 때 이런 풀을 먹으며 견뎠지요. 교도소에서는 보초병의 눈을 피해 풀을 찾곤 했고요." 게르트는 많은 독일인들 역시 제2차 세계대전의 어려웠던 시절에는 허기를 달래기 위해서 이런 작은 풀을 찾아다녔다고 했다. 페트라는 "아마도 그래서 이곳이 이런 청문회가 열리는 장소로 쓰이고 있는 것 같습니다" 하고 말했다.

독일에 있는 소규모의 티베트 공동체는 우리가 도착하자 환영했다. 그들은 최근까지 티베트에서 지내던 동포를 만난다는 사실에 매우 기뻐했고 동시에 우리의 경험을 같이 나누고 싶어했다. 우리 모두는 깊은 연대의식을 느꼈다. 그 속에서 우리는 함께 눈물을 흘렸다.

우리가 머무는 동안에 영향력이 큰 어느 독일인은 엄청난 호의를 베풀어주면서 오랫동안 머물러 있기를 청했다. 그는 우리에게 이렇

죽은 자와 살아남은 자를 위한 증언

게 말했다. "두 분은 엄청난 고난의 삶을 살아왔어요. 하지만 이제는 여기에서 살 수 있습니다. 생계는 걱정 말아요. 우리가 당신들을 도와드리겠습니다." 우리는 그의 호의가 진심으로 고마웠지만 오빠가 네팔에서 돌봐줄 사람 없이 홀로 지내고 있다고 대답했다. 그리고 티베트 민족의 대다수가 고통스럽게 지내고 있다는 사실을 잘 알기에 우리의 안락함이나 행복은 그다지 중요하지 않다고 말했다.

페트라와 게르트와 헤어질 때 우리는 그들이 너무나 가깝게 느껴졌으며 달라이 라마와 티베트 사건을 정말 열성으로 후원해준 데 고마움을 느꼈다. 우리 사이에는 강한 유대감이 함께했다. 나는 페트라에게 약속했다. 티베트 사람들을 도와줬던 여러 나라의 친구들을 티베트에 남아 있는 모든 이들에게 알리겠다고. 우리의 목표인 우리 민족의 자유독립을 이룩하게 되면 말이다.

❀ ❀ ❀

나는 카트만두로 돌아와서 오빠를 돌보는 일에 전념했다. 우리는 스와얌부나트 사원의 아래쪽 언덕에 자리한 작은 마을에서 살았다. 그곳은 2,000년이나 된 도시로 커다란 제단과 많은 성단으로 이루어진 곳이었다. 매일 아침, 저녁으로 언덕에 올라가 사원을 돌면서 성전을 수행했다. 좋은 친구들도 몇 명 만났지만 나는 기도와 명상을 위해 일정한 시간을 혼자 보냈다. 사원을 향해 언덕을 오를 때면 약초며 겨자나무의 노란 꽃 그리고 산기슭에서 자라는 열매들을 바라보았다. 이른 아침, 아래를 내려다보기 위해 발을 멈추면 계곡은 온

그래도 내 마음은 티베트에 사네

통 안개에 싸여 마치 거대한 호수처럼 보였다. 이럴 때면 내 가슴에는 평안이 찾아들었고 신의 섭리를 위해 기도를 올렸다.

어느 날 집 안에 앉아서 털실을 잣고 있을 때였다. 티베트 망명정부의 공관원 텐칭아티샤가 우리집에 찾아왔다. 그는 내가 덴마크에서 개최될 차기 청문회에 초청받았다고 전해주었다. 주구마 오빠의 간호를 수습해놓고 우리는 이를 준비하기 위해 다람살라로 갔다.

그곳에 머무는 동안 나는 존경심을 표하고 여행의 목적이 잘 이루어지도록 다람살라에 있는 사원을 전부 방문했다. 우리가 떠나던 날에는 4명의 티베트인들이 우리를 배웅해주었다. 모두들 바로 얼마 전 엄청난 어려움 속에서 티베트를 빠져나온 사람들이었다. 그들은 눈물 어린 눈으로 "당신은 대단히 훌륭한 일을 하고 있는 겁니다. 그것은 당신 한 사람의 일이 아니라 전 세계에 티베트의 고난을 알리는 일입니다"라고 말했다.

1989년 11월 18일 아침 일찍 코펜하겐에 도착한 우리는 한 시간 남짓 방송 인터뷰를 했다. 그리고 우리는 마르캄 태생에 바탕 지역 출신의 유력한 환생 라마 라카 린포체의 집에 초대를 받았다. 그날 밤 나는 무릎이 심하게 아파 이리저리 방을 돌아다니며 통증을 달랠 방법을 찾아야 했다. 텐칭아티샤가 문 아래로 새어나오는 불빛을 보고는 내게로 와서 왜 잠을 이루지 못하는지 물었다. 내가 주요 연사인 데다 청문회가 다음날이라 이런 큰 행사에 차질이 생기면 어쩌나 싶어 그는 정말 걱정이 컸다. 그가 의사를 불러오겠다고 말했지만 나는 사람들을 번거롭게 하고 싶지 않았다. 그러던 중 그는 자

죽은 자와 살아남은 자를 위한 증언

기가 지니고 있던 달라이 라마의 축성을 받은 값진 알약을 생각해 냈다. 그는 그것을 내게 주었고 잠시 후에 나는 편안히 잠들 수 있 었다.

그 청문회는 덴마크 티베트 후원회와 티베트 문화원이 개최했다. 그 당시 지방선거가 있었는데도 500여 명에 이르는 많은 청중이 모 여들었다. 연설할 차례가 되어 나는 자리에서 일어나 카탁을 펼쳐 청중에게로 팔을 뻗으며 이렇게 말했다. "너무나 많은 고통에 처한 티베트 민족의 이름으로 인사를 드립니다." 그들은 내 몸짓의 의미 를 알아채는 것처럼 보였다. 그러나 단 25분이라는 짧은 시간 안에 티베트 민족의 비극을 이해하기란 거의 불가능했다. 청중들이 적극 적으로 반응했다 할지라도 나는 내 보고가 사실상 어디까지 전해질 지 확신할 수 없었다. 청문회가 끝나자 연사들은 덴마크 정부에 달 라이 라마를 공식 초청하여 맞아들일 것을 요청하는 결의안을 가결 했다. 그날 저녁 덴마크 방송은 이 청문회에 대해 아주 좋게 보도했 고 나의 인터뷰도 내보냈다. 나의 모습이 텔레비전에 나오는 것을 보니 나도 우리 민족을 위해 작게나마 내 몫을 해냈다는 생각이 들 어 기뻤다. 신문들도 이 사건을 일제히 보도했다.

다음날 아침 우리는 몇 가지 물품을 사러 나갔다. 인도를 거쳐오 느라 돈이 별로 없었던 터라 우리는 중고 가게에 갔다. 가게에서 일 하던 여인은 아주 친절한 사람이었다. 그녀는 나를 보더니 "오, 텔레 비전에서 당신을 봤어요. 당신들에게 일어난 모든 일들을 보며 저도 정말 마음이 아팠답니다. 옷을 보러 오셨다면 맘에 드는 것을 가져

그래도 내 마음은 티베트에 사네

가세요" 하고 말하는 것이었다. 나는 엉겁결에 망토와 작은 소품을 집어들었다. 텐칭아티샤는 내게 린첸을 위해 망토 하나를 더 가져가도 좋다고 말해주었다. 너무나 고마운 마음으로 우리는 그 가게를 나왔다.

이곳에 머무는 동안 우리는 덴마크 국회도 방문했다. 그곳에서 우리는 청문회를 발의했던 외무위원회 의장 비고 피셔를 알게 됐다. 그는 티베트를 강력히 지지하고 있었고 덴마크 정부는 다른 나라들이 그 발의를 지지해주기만 한다면 티베트 민족을 도울 만반의 준비가 되어 있다고 우리에게 말했다. 덴마크는 작은 나라이므로 국제 사회에서 영향력을 발휘하기 위해서는 다른 나라와 함께 행동해야 했기 때문이었다.

이러한 작은 시작은 내게 기쁨을 안겨주었다. 그러나 실망스럽게도 오랜 세월을 통해서 나는 가장 고귀한 관심사라고 해서 항상 세상을 움직일 수 있는 것은 아니며, 세상의 정치 지도자들은 인권을 그다지 주요한 관심사로 여기지 않는다는 것을 알았다.

시간의 수레바퀴

1989년 린첸과 나는 함께 다람살라로 왔다. 그곳에 살게 되면 나와 인터뷰를 하고 싶어하는 많은 여행객들과 이야기할 기회가 더 많으리라 생각했기 때문이다. 애석하게도 당시 주구마 오빠는 우리와 함께 오기를 거절했다. 당분간 시간을 정해 종종 오빠를 돌봐주러 가기로 합의했다. 우리는 큰 건물에 방 하나를 얻었는데 그곳엔 여러 망명자들이 살고 있었다. 우리의 생활이 안락했던 것은 아니지만 그렇다고 궁핍하지도 않았다. 두려움과 중상모략으로부터 해방되어 자신이 원하는 대로 말하고 행동할 수 있는 공간에 살 수 있다는 것은 축복이었다.

다람살라로 온 이후에 나는 오빠의 안부가 너무나 걱정스러웠고 떨어져 지내는 내내 기분이 울적했다. 버스를 타고 네팔에 가기란 그리 쉬운 일이 아니라서 오빠를 자주 만날 수도 없었다. 1990년 여름에 나는 오빠의 건강이 좋지 않다는 것을 알고 카트만두로 갔다. 그러고는 여러 달 동안 오빠 곁에서 지내면서 다람살라로 가서 린첸과 나와 함께 살자고 그를 설득할 수 있었다.

그런데 어느 날 카트만두에 있는 친구들이 얘기하기를 낯선 자들이 찾아와서 나에 대해 물어보며 내가 어디에 있는지 알려고 했다는 것이다. 미심쩍었던 친구들은 그들에게 내가 이미 여행을 떠났다고 했다. 우리는 곧바로 네팔을 떠나 인도의 사르나트로 갔다. 그곳에서 달라이 라마는 1990년 10월 칼라차크라 성년식을 거행했다. 이 영적인 성년식은 주구마 오빠의 마지막 큰 바람이기도 했고 나는 자유로운 환경에서 우리 종교의 계승자에게 인사할 수 있어 행복했다. 무엇보다도 극심한 종교 박해를 받았던 티베트인들에게는 달라이 라마의 교시를 받을 수 있다는 것이 크나큰 선물이었다. 그리고 그것은 티베트인들에게 어떠한 위험이나 불편도 감수할 만큼 가치가 있는 일이었다.

사르나트는 부처님이 처음으로 깨우침을 얻은 장소였다. 그곳에는 부처님의 사리가 보존된 수려한 사원과 9세기에 무굴제국이 파괴한 고고학적인 유물인 커다란 절터가 있었다. 아직까지 보존돼온 유일한 건물로는 커다란 초르텐이 있다.

주구마 오빠와 내가 나를 찾아다니는 낯선 자들을 피해 서둘러 네팔을 떠나온 지 거의 두 달만에 사르나트에 있는 칼라차크라에 도착했다. 우리는 티베트풍의 사원 관리 지역에서 한동안을 지냈고, 그 후 린첸삼둡이 우리와 합류했다. 주구마 오빠는 아직 몸이 약해 보살핌을 받아야 했지만 나는 오빠와 함께할 수 있어 대단히 행복했다.

10월 중순이 되자 순례자들이 연이어 도착했다. 그 수는 매일같

그래도 내 마음은 티베트에 사네

이 엄청나게 불어났다. 어림잡아 15만 명의 인파가 칼라차크라 교시에 참석했다. 본국에서 온 티베트인들, 인도나 네팔, 연합국이나 유럽 각지에서 온 망명 중인 티베트인들이 있었다. 라다크인들이나 네팔인들, 서방국가와 그 외에 아시아 지역에서 온 사람들도 있었다. 온 대지의 바닥이 천막으로 가득했다.

매일 밤낮으로 칼라차크라가 있는 동안, 빼곡하게 줄지은 행렬들이 초르텐 주위를 걸으며 그 지주에 있는 도락을 세 바퀴 돌고 있었다. 대부분 사람들은 크게 기도문을 암송했다. "옴마니반메훔"과 그 외에 다른 기도문들, 그리고 저마다의 리듬으로 합창을 후렴했다. 초르텐의 바로 아래쪽 돌계단 아래로 옛 절터의 유물들이 있었고, 땅거미가 질 때면 수천 개의 버터램프와 순례자들의 촛불이 그곳에서 환하게 밝혀졌다. 이 시간이면 사람들은 티베트에서 유래한 연극술을 공부했다. 노인들과 아이들, 전통의상을 입고 빨간 명주실을 머리에 묶은 젊은이와 젊은 아가씨들은 내 어릴 적 친구들을 생각나게 했다. 많은 이들이 나처럼 망명자들이었다. 불타는 램프와 촛불의 불빛은 각자의 얼굴을 밝게 비추다가는 연기가 자욱한 열기 속에 감싸였으며 부처와 신과 달라이 라마에게 티베트의 자유를 위해 그리고 인류의 고통의 종말을 위해 기도를 올렸다. 달라이 라마의 가르침이 있는 동안 나는 고탕갈고에서 죽어간 죄수들을 위해 또 내가 알고 있는 사람들을 위해 기도를 계속했다.

이러한 만남에서는 정치 문제에 대한 정보교류가 이루어질 수 있기 때문에 중국 정부는 티베트인들이 칼라차크라 교시에 참석하는 것을 달가워하지 않았다. 그럼에도 많은 이들이 거기에 가기 위해서 많은 위험을 감수했다. 내 고향에서 온 몇몇 사람들이 나를 찾아와 서는 최근의 박해 사건들에 대해 전했다. 이에 많은 이들이 고향에 돌아갈 용기를 내지 못했다.

티베트에 대해 저술한 많은 사람들이 그 테마를 매우 중요한 것으로 주시하고 있다. 나는 달라이 라마 다음으로 티베트를 가장 많이 알고 있는 사람들이 바로 나와 같은 연배의 사람들이라고 생각한다. 그들은 공산군의 침입을 직접 체험했고 도시와 마을에 무슨 일이 일 어났는지 기억한다. 수난과 궁핍함, 광기 어린 만행을 느끼면서 공 산주의의 노예가 되기를 거부하고 티베트 문화가 말살되는 것을 막 기위해 저항했다. 그러나 지금 그 연장자들은 아무런 발언권도 가지 지 못했다. 중국의 통치를 견뎌낸 많은 사람들과도 이야기를 나누어 보았는데 그들은 모두 같은 시각을 갖고 있었다. 그들은 중국의 점 령과 통치에 진저리를 치고 있었다. 그리고 오늘날까지도 티베트의 자주독립과 달라이 라마의 복귀를 비는 기도를 제일 먼저 아침에 하 고 저녁을 마감한다.

만약 누군가 그 지역에서 인도로 여행 오는 사람이 있다면 노인들 은 그가 돌아갈 때 선물을 갖다주며 물어볼 것이다. "무슨 소식이라 도 있습니까? 우리의 목표에 좀 더 가까워지고 있는 건가요?" 하고 말이다.

점령에 대한 노인들의 증오는 처음보다도 오늘에 와서 훨씬 커졌 다. 그들은 티베트에 중국 시민들을 대거 이주시켜 직접 티베트 민족을 위협하는 것과 산아제한에 티베트인들이 굴복당하는 것을 걱정했다.

티베트인들은 민족의 정체성을 믿고 있다. 천 년 이상의 긴 세월 동안 우리는 중국에 맞서 독립된 문화를 갖는 민족으로서 자부심을 가지고 살아왔다. 우리 다음 세대의 사람들 역시 이러한 정체성과 감정을 갖기 바란다. 노인들은 그들의 죽음 앞에서 망명 중인 달라이 라마에게 기도하고 타국에서 생활하는 티베트인들 역시 티베트의 행복한 미래를 위해 기도하고 있다.

티베트인들은 믿고 있다. "우리는 강한 바람에 쓰러져 사라져버릴 들풀과 다르다. 우리는 대지와 같다." 티베트인들은 다시 고유의 독립국가로 거듭날 그날을 기다리고 있다. 티베트에 대한 중국의 정책은 결국엔 무의미한 것임이 증명될 것이다. 왜냐하면 대지는 언제나 변함없이 그 자리에 있을 것이기에……. 아무리 많은 문제들과 맞서 논쟁을 벌이고 또한 어떤 희생이 따를지라도 우리는 희망을 포기하지 않을 것이다.

개인의 삶이 중국의 지배를 받는 상황에서 티베트는 아무런 미래도 없다. 중국이 티베트의 민족의식을 말살하기 위해 저지른 일들은 분명 너무나 뻔뻔한 짓이다. 세상 사람들과 다름없이 티베트인들에게도 생명은 매우 값진 것이다. 아무리 모든 상황들이 희망스런 결과를 예측하기에는 절대 불리하다 할지라도, 그들은 저항운동에 적극 동참할 것이며 티베트의 자주독립을 위해 희생할 것이다.

❀ ❀ ❀

이 책에는 내 생애의 행복하고 불행했던 시간들이 전부 담겼다. 나는 글을 쓸 줄도 읽을 줄도 모르는 일흔 남짓의 노인이며 배운 지식도 없다. 그러나 지금 내가 가진 것과 믿고 있는 모든 것들을 파괴하려고 하는 사람들의 손아귀에서 조금이나마 벗어나 달라이 라마의 가르침 속에 망명생활을 하고 있음에 감사한다. 결국 내 존재를 정돈하여 서장 속에 감춰두고 보지않아도 되는 자유로운 삶을 살기 때문이다. 이제는 마침내 자유로운 시민이 됐기에 나 자신의 행복과 생계를 걱정하지 않아도 됨을 알고 있다. 또한 내가 태어난 조국과 가족들과 친구들로부터 헤어져 있기에 자주 밀려오는 슬픔도 참아 내야 한다.

내 이야기는 많은 사람들의 이야기 중 아주 작은 일부분에 불과하다. 우리는 자기 가족과 모든 것들을 잃고 고통을 당한 많은 티베트인들과 만났다. 내 심장은 또한 티베트의 교도소에 아직 남아 있는 사람들을 위해 고동치고 있다. 1987년부터 1993년에 걸쳐 티베트에서 자유를 촉구하는 크고 작은 시위가 적어도 100여 번 이상 일어났다.

중국은 현재 티베트 국민들이 겪었던 일들을 엄청난 불행으로 표명하고 있다. 그들은 티베트의 경제 개방을 성명하고 지금까지보다 더 많은 일반인의 이주를 계획 중이다. 1985년 내가 석방된 후 우리 마을이 얼마나 달라졌는지 알았을 당시를 떠올리면 그 민족에게조차 거의 알아볼 수 없게 되어버릴 티베트를 생각할 때 내 가슴은 자

그래도 내 마음은 티베트에 사네

꾸만 무거워진다.

⊛ ⊛ ⊛

이 책은 한 미국인과의 긴 인터뷰로 준비됐다. 그사이 나는 그녀를 내 딸처럼 여기게 됐고 그녀에게 티베트식 이름을 지어주었다. 내가 이 세상에 없는 날에도 이 책이 예속당했던 티베트인들과 점령당했던 티베트의 시대를 알리는 생생한 증언이 되기를 기대한다.

그리하여 티베트가 해방되는 그날이 오면 더욱 상세한 부분들이 면밀히 기록될 수 있을 것이다. 강제노동수용소가 어디에 있었으며 죄수들이 어디에 묻혔는지 하는 것들까지도 말이다. 집단매장터나 믿기 어려운 수난의 장소들이 증거로 남을 것이다. 여러 해가 지났지만 내 모든 기억은 하나도 훼손되지 않았다. 그 기억들은 언제나 내 가슴속에 깊이 남을 것이다.

내게 있어 이 책은 중국의 지배하에 목숨을 잃었던 모든 티베트인들의 이름을 건 생생한 증언이며, 살아남지 못한 많은 티베트인들에 대한 회상의 목소리다. 이 책이 완성됨으로써 나는 내 임무가 어느 정도 이루어졌다고 생각한다. 오늘도 나는 세상이 나와 그 밖의 티베트인들이 겪었던 만행과 고통으로부터 해방되기를 기도한다.

자유가 얼마나 소중한 것인지 세상에 알릴 수만 있다면, 사람들은 폭력으로는 어떠한 갈등도 해결할 수 없다는 것을 이해하게 될 것이다. 또한 나는 이 책의 독자들이 티베트 민족에게 도움의 손길을 주기 바란다. 이렇게 작은 지구라는 행성에 살고 있는 사람들은 모두

에필로그

가 서로 연관을 맺기에 한 개인의 고통은 여러 사람들의 고통의 일부이기도 하다.

나는 이 세상에 진리보다 강한 것은 없다고 굳게 믿는다. 그리고 머지않아 그 진리는 틀림없이 인정받게 될 것이라고 말이다.

옮긴이의 말

사람이 산다는 것은 무엇인가? 아니, 살아야 한다는 것은 무엇을 뜻하는가? 사람이 이렇게도 살 수 있는 것인가? 아니, 이렇게 혹독한 어려움 속에서도 살아야 할 만큼 삶이라는 것이 귀하고 성스러운 것인가? 사람으로 태어나서 이렇게 악독하게 행동할 수도 있는 것인가? 도대체 역사라는 것이 무엇이며, 나라와 민족이 무엇이고, 그것을 내세운 이데올로기란 무엇인가? 믿음은 어떤 것이며 인류에게 희망이 있다는 말은 무엇을 의미하는 것인가? 왜 사람은 이렇게 극명하게 다른 삶을 살도록 만들어진 것인가? 그래도 삶은 절대명령이기에 살아야 하는 것인가?

사람이 선하면 얼마나 선할 수 있으며, 사람이 악하면 어디까지 악할 수 있는 것일까? 아니, 사람이 행하는 선과 악은 구별할 수 있는 것인가? 똑같은 행동이 어찌하여 때로는 선으로 나타나고 때로는 악으로 나타나는 것인가? 사람이 악한 영의 지배를 받는 것인가? 이미 태어나면서부터 그렇게 살도록 만들어졌는가? 그 아름답고 행복한 순간들과 기억들이 왜 삽시간에 사라져버려야 하는 것인가?

그러고는 또다시 그 아름다운 세계로 영원히 되돌아갈 수 없게 만드는 것은 무엇인가?

이 책을 읽는 것은 참으로 깊은 고통이며, 괴로움이고, 분노요, 절망이었다. 무엇과도 비교할 수 없는 끝 모르는 아픔과 답답함이었다. 어둡고 막막하여 어디에서도 한 점 희망의 빛이 비추어지지 않았다. 같은 인간으로 태어나서 한 하늘 아래 함께 산다는 것이 부끄러움으로 느껴졌다. 그러나 또 한편으로 이 글을 읽을 수 있는 것은 참으로 다행스런 일이다. 어디에서 그 깊은 용기와 사랑과 움직일 수 없는 희망과 신뢰가 나온 것일까? 어쩌면 그렇게도 단단히 믿음과 생활이 하나로 나타날 수 있었을까? 사람이 어떻게 그러한 지독스런 상황에서도 복수심에 사로잡히지 않고 한과 경멸과 저주를 축복의 기도로 승화할 수 있었을까?

이 책은 인간승리가 무엇인지를 보여준다. 깊은 속에서부터 솟아나오는 기쁨이 무엇인지 알려준다. 해방의 빛이 어디에서 나오는지 알려준다. 사람이 살아야 하는 이유와 사람을 살려주는 힘이 어디에서 나오는지도 알려준다. 그녀와 같은 세대에 사는 인간으로 자부심을 가져도 된다는 뿌듯함을 가지게 한다. 기도가 무엇이고 찬송이 무엇인지 알려준다. 내 영혼이 맑아지고 영이 밝아지며 마음이 부드러워지고 마음속에 평화가 잔잔히 퍼짐을 느낀다.

글자라고는 겨우 자기 이름밖에 쓸 수 없는 아마 아데는 가는 곳마다 문명세계를 밝혀주는 등불이 되고 있다. 1999년 4월 나(김조년)는 그를 독일의 대학도시 괴팅겐에서 만날 수 있었다. '저자와의

그래도 내 마음은 티베트에 사네

만남'이란 시간에서 그녀는 자신이 견뎌야 했던 힘들고 슬픈 이야기를 조용히 들려주었다. 그녀는 흥분하지도 않고, 울지도 않았지만, 듣는 사람들은 눈물을 흘렸다. 그는 평화롭게 말했지만, 듣는 사람들은 분노하고 흥분했다. 그녀가 말을 마치고 조용히 합장하여 머리를 숙일 때는 모든 증오가 사라지고 사랑과 평화와 사람에 대한 동류의식이 잔잔히 퍼졌다. 27년이라는 길고 긴 세월을 견딜 수 있었고 고통의 굴을 지나온 그녀가 보여준 얼굴은 깊은 평화와 사랑의 빛이었다. 깊음이 있었지만 찌들림과 구김은 없었다. 그것은 일종의 계시였다.

이 책을 번역하게 된 것을 깊은 영광으로 생각한다. 부디 이 글을 읽는 사람들에게도 한 줄기 빛과 같은 감동으로 전달되기를 빈다. 특히 티베트에 진정한 자율과 자치가 속히 오기를 빈다. 완전히 독립을 이루어 그들만의 세계가 만들어지기를 빈다. 그들을 누르고 괴롭히는 사람들이 악마의 사슬에서 풀려 본래의 사람 모습으로 돌아가기를 빈다. 그래서 서로 인간세계의 아름다움이 무엇인지 맛보고 보여줄 수 있기를 빈다. 이 책 전체가 간절한 기도요, 생명에 대한 사랑이듯이 모든 인류의 평화를 위해 두 손을 모은다.

이미 여러 해 전에 번역했지만 출판사를 만나기가 쉽지 않아 그늘 속에 가려져 있는 이 원고가 그동안 몹시 안타까웠다. 그런데 이번에 궁리출판사의 이갑수 사장이 이 글을 감동스럽게 읽고 기쁜 맘으로 책을 내기로 결심하셔서 빛을 보게 되어 무척 고맙고 기쁘다. 동시에 이갑수 사장과 다리를 놓아준 이미옥 님에게도 감사한다. 궁리출판사 여러분, 그리고 이 책을 읽는 모든 분에게 깊은 사랑과 평화가 퍼지기를 빈다.

2007년 3월

김은주, 김조년

그래도 내 마음은 티베트에 사네

고통으로 점철된 티베트의 역사

티베트는 아시아에서 가장 높은 산맥의 중심부에 위치한 지역이다. 중국과 티베트는 역사적으로 정치, 종교, 문화에서 오랜 관계를 맺어왔다. 여러 세기를 지나면서 이러한 관계는 계속해서 바뀌어갔다. 7~8세기에 독립 티베트의 영토는 중국과 중앙아시아와 인도까지 펼쳐져 있었다. 13세기 초 몽골이 중국을 통치하기 전 티베트는 몽골의 영향력 아래 들어가기도 했다. 몽골의 지배세력과 티베트인들 간에는 불화가 있었고 몇몇 문서를 보면 티베트인들을 일종의 신하로 표현한 기록도 발견된다. 몽골의 이러한 중국 지배의 맥락에서 오늘날의 중국은 티베트에 대한 지배권을 요구하게 됐다. 예로부터 20세기에 이르기까지 티베트는 독립국가였다는 많은 논증이 있어왔음에도 말이다.

이 책에 서술된 이야기는 동티베트의 캄 지역에서 일어난 사건이다. 이 지역은 티베트 문화권에 속하고 행정상 티베트의 라싸 중앙정부에 속하지만, 1950년 중국이 침략하기 전까지는 지방 수령에 의해 통치되던 상당히 수준 높은 자치지구였다. 캄과 인접한 이웃 중국과의 관계는 복잡 미묘한 역사를 가지고 있다. 아마 아데의 삶에 비극적인 사건을 몰고 온 세력 다툼을 조금이나마 이해하기 위해서는 18세기 중반의 역사부터 살펴봐야 할 것이다.

중국에 있던 옛 몽골제국의 만주인 후계자였던 청 왕조 시대에, 만주인 통치자는 중앙티베트에 대한 지배권을 요구하기 시작했다. 그들은 바탕과 참도 사이에 위치한 붐라 협곡의 동쪽에 있던 원래 티베트령인 캄 지역의 영토를 중국의 관할구역이라고 주장했다. 1835년 아마 아데의 출생지인 냐롱 출신의 강력한 수령이었던 곤포 남걀은 인접 부족들을 통합하기 위해 전쟁을 벌였다. 이 싸움이 시작되면서 그는 예로부터 베리와 차그다 왕국까지, 중국 국경에까지 미쳐 있던 캄 지역을 돌려줄 것을 청국에 요청했다.

1896년에 만주군은 다시 캄 지역에 소규모의 침입을 꾀했다. 1904년에는 영국의 '영허스밴드'라는 탐험대가 라싸에 왔고 그곳에서 이 영국 파견단은 티베트와 새로운 조약을 체결했다. 그에 따르면 중앙티베트와 동티베트에 대한 중국의 지배권을 승인하지 않는 것으로 됐다. 이 사건은 청국 통치자들에게 경종을 울렸고 이것은 곧 티베트와 영국과의 이러한 동맹으로 어쩌면 대영제국의 무장병력이 이제껏 잘 지켜왔던 자기네 영토의 남서쪽 경계선까지 이르게 될지도 모른다는 염려를 낳게 했다.

이에 대한 반응으로 라싸에 파견됐던 고위급 중국 대표 펑추안이 청국 조정으로부터 청국의 영향이 강했던 캄 지역의 바탕으로 파견 명령을 받았다. 그는 비옥하고 기후 좋은 이 지방에서 농업 발전을

그래도 내 마음은 티베트에 사네

이룩하기 위한 개혁계획을 펼쳤다. 사원들은 그의 계획에 강력히 저항했으나 펭추안은 자신이 사원의 권위를 완전히 무시하고 있다는 뜻을 감추지 않았다. 그는 지방 수령들의 권력을 약화하고 그 지역을 청국 정부의 실질 지배하에 두라는 명령을 받았던 것이다. 그러고 나서 100여 명의 중국인을 이 지역으로 이주시키는 프로그램을 추진했다.

바탕 지역의 정세는 아주 빠르게 악화됐다. 1905년 4월에는 티베트인들이 폭동을 일으켰고 펭추안과 그의 부하들은 바탕에서 그리 멀지 않은 한 협곡에서 목숨을 잃었다. 이 사건으로 대영제국의 침입이 있을지 모른다는 계속된 불안을 느낀 중국 장군 자오얼펑이 같은 해에 강력한 공격을 감행했다. 그는 캄을 완전히 중국령으로 바꿔놓기 위해서 이 지역에서는 중국식 절만 짓고 중국말만 하며 나중에는 중국옷만을 입게 하려고 시도했다.

1912~1913년에 자오얼펑은 새로이 쓰촨에 주둔한 부대를 이끌고 캄을 공격했고, 1917년 다시 한 번 캄의 일부 지역에 침입했다. 당시 티베트인들은 중국인들을 국경선 밖으로 완전히 격퇴시키는 데 성공했다. 다르체도에 주둔해 있던 영국의 총영사 에릭 타이히만이 이에 개입하여 티베트인들에게 중국과 인접한 지역까지는 영토를 확장하지 말라고 설득했다. 티베트인들은 이에 동의하고 카르체에 이웃해 있는 롱바싸 지구에서 티베트와 중국 간의 휴전조약에 서명을 하게 됐다.

자오얼펑에 의해 이루어진 이 조약은 1911년 청의 붕괴가 있은 수십 년 뒤에 파기됐다. 계속된 불안한 시대상황 속에서 쓰촨과 윈난, 동부 캄 지방은 막강한 중국 사령관들의 지배를 받게 됐는데, 그들은 그 지역의 반(反)봉건주의 동맹을 결성하여 국민당의 군지휘관이었던 장제스의 지배권과 뜻을 같이하지 않았다. 그 사령관의 부대는 쓰촨의 큰 영역을 통솔하고 있었기 때문에 농부들에게 세금을 강제징수하고 아편매매로 이익을 챙겼다. 류원후이 사령관은 카르체와 바탕, 냐롱 지방을 비롯한 여러 지역에서 군사를 모집했다. 1939년 국민당은 시캉 지방에 동부 캄 지방을 편입시키겠다는 성명을 발표했다.

만주 지방과 중국에 대한 일본의 침략이 있은 후, 국민당과 공산주의자들은 무자비한 폭격과 국민에 대한 만행을 저지르는 일본 침략자들을 몰아내기 위해 힘을 모아야만 했다. 그러나 일본인들이 1946년 봄, 만주의 본거지에서 추방당하기도 전에 중국의 두 파 사이에는 작은 신뢰마저 사라졌다. 그러고 나서 곧바로 중국인들은 다시 내란을 겪어야 했다. 미국이 장제스를 도와주었지만 1948년 말경 공산주의자들에 의해서 국민당은 완전히 마오쩌둥에게 패배했다. 장제스와 그의 많은 추종자들은 타이완으로 피신했고 그의 잔여 병력들은 혼란 속에서 해체됐다.

1949년 10월 1일에 마오쩌둥은 몽골의 원 왕조 이래로 중국 군주의 황궁 자금성 입구인 천안문 광장에서 베이징 시민들에게 연설을 했다. 그는 중화인민공화국의 창건을 공포하며 공식적으로 자신을 공화국의 지도자로 표명했다. 지난 100년에 걸친 유럽 식민정책의 불운한 역사에 대하여 그는 다음과 같이 역설했다. "중국 인민을 결코 다시는 노예로 만들어선 안 됩니다." 그러고는 이제야 인민들이 중국에서 자기 나라를 지배할 수 있는 시대가 도래했다고 주장했다. 그의 영향력은 점점 커졌고 그의 지배 영역은 동부지방 전역으로 확장됐다.

1949년 말경 중국의 쓰촨 지방과 티베트의 옛 국경 지역에 위치한 티베트의 다르체도에 공산군이 도착하자, 국민당 지도자인 류원후이는 곧바로 자신의 관할구역에 속해 있던 모든 영토를 넘겨주었다. 공산주의자들이 그 도시를 통치하게 되자마자 류의 아들은 사살당했고, 재산은 압류됐으며 그 자신은 공산당에서 허수아비 역할을 떠맡았다.

1950년 11월 24일 중국 정부는 '티베트 자치구역 시캉'에 새 내각을 설치했다는 성명을 발표했다. 전에는 다르체도의 자치 관할구로 알려져 있던 이 지역은 22개의 지방으로 나뉘었는데 카르체, 냐롱, 트란고, 데르게, 타오와 리탕 지역이 여기에 속했다.

1950년대 초반 권력을 굳힌 중국 지도자는 1953~1957년에 걸쳐 수행할 '5개년 계획'을 수립했다. 중공업 발전을 가속화하겠다는 바람으로 그들은 비행기, 선박, 트럭, 철강, 중장비와 같은 제품 생산에 전력을 집중했다. 그 당시 국가 투자의 56퍼센트가 그러한 제품 생산과 수입에 치우쳐 있었다. 그러는 사이 농업 생산량은 급격한 감소세를 보였는데, 일부 원인은 중국이 소련의 원조에 의존하고 있었기 때문이기도 했다. 1953년과 1954년에 걸친 연이은 흉작으로 수출에 따른 산업화의 재정수단으로, 그리고 엄청나게 성장하던 중국 인구의 부양 수단으로 농업의 중요성이 커졌다.

티베트 침략기구의 주요 직책 중 하나인 남서부 군사지역의 정치국원 덩샤오핑은 마오쩌둥에게 '소수민족'에게 신속히 집단생산체를 형성할 것과 빨리 이 지역에 완성된 공산주의의 토대를 세우기 위해 훈련된 공산주의자를 그 지역에서 양성하는 것이 중요하다고 설득했다. 덩샤오핑은 더 나아가서 집단생산체를 통해 농업생산량을 증가시키면 중공업산업에 치우쳐 불균형을 이룬 중국 경제를 균형 잡는 데 도움이 될 것이라고 주장했다.

온건한 저우언라이 수상과 류사오치 주석이 '평화스런 방법론과 부드러운 길'이라고 일컫는 집단생산체를 향한 점진발전을 주장했음에도 마오쩌둥은 덩의 충고를 따라, '평화스런 방법론과 부드러운 길'이라고 불리던 정책을 빠르게 대체해나갔다. 마오쩌둥이 최초의 시험지구로 채택한 지역에서는 아무런 선택의 여지가 없었다. 캄도 이러한 지역 중 하나였으며 주민들을 무장해제시키려는 시도를 필두로 그곳에서는 새로운 사회체제의 확립을 향하여 실제로 첫 행보를 내딛었다. 아울러 아마 아데처럼 이 새로운 정책에 협력할 것을 거부했던 티베트인들이 체포당하고 가택연금됐으며 고문에 시달리고 감옥에 갇혔다. 티베트 전역에는 중국인 점령자들과 티베트 국민들 간의 긴장이 급속도로 팽배해졌다. 그리고 1959년 3월 달라이 라마는 티베트를 떠나 인도로 갔고 지금껏 망명생활을 하고 있다.

중국의 5개년 계획인 철강업에 대한 우대와 그에 따른 '대약진운

그래도 내 마음은 티베트에 사네

동'은 경제기반인 농업을 등한시하는 정책으로 이어졌다. 1959년 이데올로기의 갈등이 중국과 소련의 관계에 균열을 가져왔다. 소련은 식량 조달을 중단했고 중국은 100만 명이 굶어 죽는 3년 기근의 첫해를 맞이하게 됐다.

중국 정부는 농업 집단생산체제라는 새로운 체제로 식량 문제의 해결책을 찾으려 했다. 보다 많은 곡식을 파종해서 티베트의 수확량을 높이고 그 이윤을 곧바로 인민해방군과 중국 내륙으로 수송하기 위해서 몰수해갔다. 정작 당사자인 티베트인들은 들풀이나 벌레, 곤충, 중국 이민자들에게서 나오는 쓰레기를 먹으며 목숨을 연명했다. 티베트에서는 어느 누구도 주식이나 고기, 버터, 채소를 손에 넣을 수 없었다. 1959~1962년까지의 식량난이 있던 기간에 1만여 명의 티베트인이 기아로 목숨을 잃었다.

1962~1966년에는 상황이 차츰 좋아지기 시작했는데, 이는 무엇보다도 중화인민공화국의 국가주석 류사오치가 펼친 현대화의 영향이 컸으며 얼마간은 공산당의 당서기였던 덩샤오핑 때문이기도 했다. 몇 년 전에 덩샤오핑은 캄 지방의 전면 사회개혁과 많은 유명 사찰들을 파괴했던 사회주의 개혁의 가장 강력한 변론자로 또 다른 역할을 맡고 있었다.

1960년 류사오치는 공산당의 최고당원 중 한 명이었다. 마오쩌둥만이 그를 능가하는 영향력을 행사했다. 그때 마오쩌둥이 공화국의 주석직을 사직하고 류사오치를 후임자로 승인했다. 류사오치는 나라의 악화된 경제를 참신하고 효율적인 방법으로 개혁하려 했다. 농부들에게는 사유지 전답을 배당하고, 도시민들에게는 농산품의 일부에 대해 자유시장으로 전환하도록 했으며, 노동계층에게는 임금 인상을 시도했다. 이런 정책의 결과로 인민들 사이에서 류의 인기가 상승했다.

1966년 마오쩌둥은 '자본주의 주창자'의 상승세에 힘입어 자신의 권위가 실추됐다고 생각하면서 자신의 경쟁 상대를 무너뜨리기 위해 중국의 젊은이들에게 예로부터 내려오는 모든 관습과 사회규범을 내던지라고 외쳤다. 또한 류사오치와 덩샤오핑은 마침내 문화혁명이라는 이름하에 실시된 신개혁 정화운동의 대상에 직면한 수많은 사람들 속에 포함됐다.

문화혁명은 마오쩌둥의 셋째 부인 장칭을 비롯한 4인방의 지도하에 추진됐다. 장칭은 홍위병의 행동을 지시하고 있었다. 이 부대는 중국의 젊은이들로 구성되어 정치권력이 미치는 요소에 배치됐다. 그들의 지도하에 중국의 사회구조는 변화됐다. 학자, 지도자, 작가, 예술가, 배우 그리고 서양과 접촉하던 모든 사람들, 옛 적군과 그리고 단순히 홍위병의 행위에 동의하지 않던 모든 사람들이 잡혀가거나 죽임을 당했다. 심한 고문으로 강제자백을 받아내는 것은 아주 흔한 일이었다. 중화인민공화국이 창건된 지 14년이 지난 거리에는 여전히 계급투쟁에 미쳐 날뛰는 결과만이 남았을 뿐이었다.

1966년 8월 급기야 티베트에도 문화혁명의 무정부 상태가 나타났다. 정평 있는 중국 관료들이 강제로 라싸를 떠나야 했다. 라싸에 있는 모든 건물 벽과 문에는 마오의 초상화가 나붙었고 홍위병은 티

그래도 내 마음은 티베트에 사네

베트 문화를 전멸시키려 했다. 그들은 라싸에 있던 조캉사를 공격하면서 선전포고를 했다. 폭도들은 불상을 부수고 귀중한 벽화들을 파괴해 수천 점의 고대 문서를 불사르려고 사원으로 들이닥쳤다. 그 후 10년 동안 수천 명에 달하는 티베트인들이 잔인한 방법으로 목숨을 잃었고, 살아남은 사람들 중 대다수가 모욕과 굴욕, 배고픔과 신체적 학대의 혹독한 체제를 감수해야만 했다. 곧바로 홍위병은 자기들끼리 서로 공격했고, 무수히 많은 파벌로 갈라졌다.

문화혁명의 이데올로기는 '4대 구습'의 타파를 소리 높여 외쳤다. 이제 공산주의자들은 티베트에서 옛 사상(티베트 민족주의에 대한 온갖 징표)과 옛 문화(티베트의 전통종교), 그리고 구습(티베트 사회구조의 온갖 잔재)과 생활양식(티베트의 고유한 것으로 인식되는 모든 것들로 티베트어도 포함되어 있다)을 완전히 말살하려고 노력했다.

4인방의 몰락과 마오쩌둥의 죽음이 있은 지 2년 만인 1976년 당에서 온건파의 수장이며 군지휘관이던 덩샤오핑이 중국의 실권자가 됐다. 1978년 그는 달라이 라마의 형제인 걀로톤둡과 접촉하여 달라이 라마를 만나고 싶다는 의사를 전달했다. 덩샤오핑은 걀로톤둡을 베이징으로 초대하여 티베트의 상황에 대해 이야기를 나누었다. 수많은 회합을 가지면서 덩샤오핑은 티베트에서 많은 과오를 저질렀다는 것을 시인했으며 그들의 미래를 걱정했다. 덩샤오핑은 걀로톤둡에게 달라이 라마가 복귀할 수 있도록 최선을 다하겠다고 말했다. 그는 28년간 공산주의의 지배가 아무런 변화도 가져오지 못했으며 티베트인들은 이러한 정권을 경시하고 여전히 달라이 라마를 그들의 지도자로 여기고 있음을 알고 있었다. 문화혁명 뒤 중국은 경제 발전을 위해 자체의 노력을 집중해야 할 필요성을 간절히 느끼게 됐다. 새 지도자들은 중국 내정에 일어난 의미심장한 변화를 외세에 알릴 필요가 있다고 생각했다. 그들은 또한 타이완과의 재통합을 위한 유일한 희망은 그 지도자에게 모국에서 새로운 협력의 시대를 시작하자고 설득하는 데 있다고 보았다. 덩샤오핑은 타협을 통하여 아직도 여기저기에서 일어나고 있는 티베트인들의 반란이 완화되길 바랐다. 그와 그의 추종자들은 공산당이 점령하는 동안 티베트에서 자행된 모든 폭정에 대한 책임을 오로지 4인방에게만 전가했다.

달라이 라마와 티베트 국민에 대한 이러한 화해 노력은 유감스럽게도 곧 베이징의 또 다른 유력한 공산당원에 의해 무산됐다. 티베트인들의 생활 면에서는 약간의 개혁이 이루어졌다고는 해도 여전히 티베트인들의 생활은 어렵기만 하다. 달라이 라마를 귀환시키겠다는 약속은 이루어지지 않았다. 1979년 1월 1일 중화인민공화국은 미국의 공식 승인을 얻었고 중국인들의 티베트 점령에 대한 현안 문제는 이내 '중국의 내정 문제' 가 되어버렸다.

중국과 티베트에서 중국의 정치가 1980년대 초반에 크게 자유화됐다고 해도 1989년에 베이징에서 있었던 천안문 사건의 주도자들에게 가한 악랄한 체포와 아울러 라싸에서도 정치 민주화 운동가들에 대한 엄중한 체포가 자행됐다. 동시에 티베트 국경선 밖에서는 티베트의 독립을 위한 운동이 새로이 싹을 틔웠고, 달라이 라마는 티베트 독립에 대한 끊임없는 비폭력 운동으로 노벨평화상을 수상

그래도 내 마음은 티베트에 사네

했으며, 1989년 4월에는 티베트의 정세에 대한 최초의 국제인권 청문회가 본에서 열렸다.

그때부터 티베트는 세계 정치무대에서 큰 관심을 얻게 됐다. 티베트에 대한 중국의 정책은 자유정책과 강경정책이 시행되고 있다. 티베트의 정세에 대해 더 자세한 정보를 얻고자 하는 독자들은 아래의 주소로 문의하면 될 것이다.

- 티베트 정부 http://www.tibet.com/
- 티베트 인권독립회의 http://tibet.or.kr/
- 티베트를 생각하는 모임 http://thinktibet.com/
                    http://thinktibet.cyworld.com
- 록빠(자유 티베트 커뮤니티) http://www.rogpa.com/

주요 용어 해설

| 티베트 인명 |

갸리니마(Gyari Nyima): 갸리도르제남걀의 아들로서 초기 공산당 점령 당시 그 지역 행정책임자였다.

갸리도르제남걀(Gyari Dorje Namgyal): 아데가 어렸을 때 갸리창 가문의 어른.

갸리창 가문(Gyaritsang Familie): 공산군의 침공이 있기 전 냐롱 지역을 통치한 가문.

나왕쿠쇼(Ngawang Kusho): 린첸삼둡의 큰형. 캄파의 저항이 있을 때 18세에 체포되어 강제노동형을 받았다.

니마(Nyima): 아데의 남동생.

달라이 라마(Dalai Lama): 환생 라마로서 티베트의 종교, 정신, 정치지도자. 달라이 라마는 티베트불교의 겔루파계에 속하며, 동정의 부처 첸레직의 현현으로 알려졌다. 14대 달라이 라마 텐진갸초는 1959년 티베트를 탈출하여 인도의 다람살라에서 티베트 망명정부를 이끌고 있다.

데첸왕모쉬바창(Dechen Wangmo Shivatsang): 아데의 어렸을 때 친구. 방축 도르제의 딸이며 페마왕모쉬바창의 동생.

도르제랍텐(Dorje Rapten): 아데의 아버지로 냐롱 지방의 판관이었다.

돌마라키(Dolma Lhakyi): 아데의 첫째 큰언니로서 세라마라 불렸다.

라키(Lhakyi): 주구마와 아트라 사이에서 나온 딸.

리가(Riga): 상두파첸의 큰누이로 페마왕축의 아내.

린첸삼둡(Rinchen Samdup): 아데네 가정과 결혼한 인척. 24년간 강제노동수 용소에서 보냈으며, 마지막은 아데와 함께 와다뒤에서 수용생활을 했다.

보충마(Bochungma): 아데 아버지의 첫째 부인이며 아데의 큰어머니.

부모(Bhumo): 아데보다 다섯 살 위의 언니.

삼텐돌마(Sampten Dolma): 상두파첸의 어머니로서 마삼텐이라 불렸다.

상두파첸(Sangdhu Pachen): 아데의 첫째 남편. 중국군이 점령할 당시 식중독 으로 사망했다.

소남돌마(Sonam Dolma): 도르제랍텐의 둘째 부인으로 아데의 어머니.

쉬바창 가문(Shivatsang Familie): 카르체 지역의 지도적 가정. 왕축도르제쉬 바창이 결혼함으로써 갸리창가와 연합한다.

아소(Aso): 아데의 큰어머니 보충마의 첫째 아들.

아트라(Athra): 주구마의 부인이자 아데의 올케.

오최(Ochoe): 아데의 오빠. 공산당 침공 초기에 인민위원이 되도록 강요받았다.

잠양삼펠쉬바창(Jamyang Samphel Shivatsang): 카르체 지역에서 존경받던 통치자. 그의 아들 왕축도르제는 갸리창 가문과 결혼했다.

주구마(Jughuma): 아데의 큰오빠로 캄 지역에서 저항이 있었을 때 네팔로 망 명했다.

찰레(Chale): 아데의 큰어머니 보충마의 둘째 아들.

촐라(Tsola): 유목민으로 아데의 어렸을 때 친구. 아데가 수용되어 있는 동안 아데의 딸 타쉬칸도를 기른다.

촘펠걈초(Chompel Gyamtso): 티베트불교의 닝마 학파의 라마승이며, 주구마 와 도르제랍텐의 대부라마.

치미왕걀(Chimi Wangyal): 아데와 상두파첸 사이에서 나온 아들.

카르낭쿠쇼(Kharnang Kusho): 타폰창가의 가계 라마승.

카르마파(Karmapa): 티베트 불교의 마르마-카규파의 최고 지도자.

타쉬칸도(Tashi Khando): 아데와 상두파첸 사이에서 낳은 딸. 아데가 수용되 어 있는 동안 유목민 촐라에게서 자란다.

타폰창 가문(Tapontsang Familie): 아데의 가문으로 '말을 모는 사람'이란 뜻 을 가진다.

그래도 내 마음은 티베트에 사네

판첸라마(Panchen Lama) : 환생 라마로서 달라이 라마 다음 서열에 속함. 1959년 달라이 라마가 망명할 때 티베트에 남아 있다 중국의 음모에 깊이 끌려들었다. 1989년에 사망했으며 그의 환승인 어린이는 1995년부터 감금보호 상태에 있다.

팔조르(Paljor) : 주구마의 부하 또는 동조자.

페마갈첸(Pema Gyaltsen) : 아데의 언니 부모의 남편으로서 티베트 저항운동의 지도자로 아데와 함께 기소되어 사형에 처해졌다.

페마왕모쉬바창(Pema Wangmo Shivatsang) : 아데의 어렸을 때 여자친구. 왕축도르제의 딸이자 데첸왕모쉬바창의 동생.

페마왕축(Pema Wangchuk) : 리가의 남편으로 아데의 형부.

푸르바(Phurba) : 돌마라키의 남편. 그는 아데와 함께 미안펜창과 와다뒤 수용소에서 갇혀 있었다.

| 중국 인명 |

덩샤오핑(Deng Xiaoping) : 등소평으로 알려진 마오쩌둥 통치시절 공산당총서기를 했던 사람. 마오쩌둥이 사망한 뒤 중국의 최고 실권자로 군림.

류사오치(Liu Shaoqi) : 중화인민공화국 국가주석(유소기).

류원후이(Liu Wenhui) : 중국군 사령관으로서 공산군이 침입하기 전까지 냐롱 지구를 통치.

마오쩌둥(Mao Zedong) : 중국 공산당 당수(모택동).

시(Xi) : 고탕갈고에서 아데와 함께 수용됐던 중국인.

우시창(Wu Shizang) : 카르체로 침입한 중국 부대의 초대 사령관.

저우언라이(Zhou Enlai) : 중화인민공화국 수상(주은래).

장제스(Chiang Kaishek) : 우리에게 장개석으로 알려진 국민당수로 1949년 마오쩌둥에게 패배하여 타이완으로 옮김.

주더(Zhu De) : 인민해방군 총사령관(주덕).

티엔바오(Tien Bao) : 원래 상계예쉬라는 사람으로 티베트의 중국인 동조자.

| 지명 |

간덴(Ganden): 티베트 3대 사찰 중 하나.

고탕걀고(Gothang Gyalgo): 1960~1963년 아데가 수용되어 있던 강제노동
  수용소.

골로토(Gholo Tho): 와다뒤 강제노동수용소가 있는 지역.

구차(Gutsa): 라싸 교외에 있는 큰 감옥 지대.

남걀 사원(Namgyal Kloster): 달라이 라마의 수도원으로 지금은 다람살라에
  있다.

냐롱(Nyarong): 아데의 고향 지방. 아데의 가족은 갸리창 가문과 반목 때문에
  이곳에서 카르체로 이사한다.

냑추카(Nyagchuka): 리탕과 민약란가강 사이에 있는 지방.

냑토(Nyagto): 냐롱 지방의 북부 지역. 공산군이 침략하기 이전에는 갸리창 가
  문에 의해 통치됐던 곳. 아데가 어린 시절을 보냈던 곳은 이 지역에 있다.

노블링카(Norbulinka): 라싸에 있는 달라이 라마의 여름 궁전.

누판뒤(Nu Fan Dui): 민약란가강에 있는 여성 강제노동수용소. 1966년에 아
  데는 여기에 수용됐다.

다람살라(Dharamsala): 북인도의 히마찰프라데시의 한 지역. 티베트의 달라
  이 라마 망명정부가 자리하고 있는 곳. 티베트족의 생활지가 된다.

다르체도(Dartsedo): 캄과 중국의 쓰촨 사이의 경계를 이루는 지역에 있는 도
  시. 중국 정부에 의해 티베트 자치구의 수도로 지명.

데르게(Derge): 카르체의 서부지역.

드람(Dram): 티베트에서 밖으로 나가는 곳. 그곳에서 아데와 린첸삼둡이 네팔
  로 탈출.

드랍치(Drapchi): 라싸 교외에 있는 거대한 감옥지대.

드레풍(Drepung): 티베트 3대 사찰 중 하나. 다른 두 곳은 간덴과 세라. 티베
  트에 이 세 사찰은 모두 파괴됐으며, 인도에 새로 건축됐다.

라모라초(Lhamo Latso): 라싸의 동쪽에 있는 성스러운 연못. 14대 달라이 라
  마가 환생했다는 징표를 나타내준 연못.

라모체(Ramoche): 미쿄도르제 불상이 안치되어 있는 라싸의 본사찰. 조캉사

그래도 내 마음은 티베트에 사네

와 함께 티베트인들의 중요한 순례지 중 하나다.

라싸(Lhasa): 티베트의 수도로서 티베트 세계의 정치, 정신, 문화의 중심지.

롭바샤(Lhobasha): 카르체의 한 동네로서 아데가 좀 컸을 때 보내던 곳이며, 그가 체포되던 1958년까지 살던 곳이다.

리탕(Lithang): 카르체의 남서부 지방.

마르캄(Markham): 리탕 남쪽에 있는 도시.

민약란가강(Minyak Ra-nga gang): 다르체도의 5개 지역 중의 하나. 리탕과 경계.

바탕(Bathang): 아데의 고향 냐롱과 카르체에 인접해 있는 캄 지역.

부나탕(Bu na thang): 1956년 캄파 저항군과 중국군이 심하게 싸웠던 평야.

상깁(Sangyip): 드랍치와 구스타와 함께 라싸 근교에 있는 가장 큰 수용소 지역의 하나.

샤제라(Sha Jera): 민약란가강에 있는 성스러운 산. 1975년 이 산자락에 있는 호수에서 거대한 녹색의 연꽃이 피어올랐던 곳으로, 티베트인들은 희망의 상징으로 해석했다.

세라(Sera): 라싸 교외에 있는 티베트의 3대 사찰 중 하나.

세르기드롱리묵포(Sergyi Drongri Mukpo): 야크 사육지역. 세타에 있는 성스러운 산. 1957년 중국군과 캄파 저항군 사이에 가장 심한 전투가 있던 곳.

쉬가체(Shigatse): 라싸 서쪽에 있는 티베트의 두 번째 큰 도시. 아데와 린첸삼둡이 네팔로 탈출할 때 이 도시를 통과했다.

쉬마차(Shimacha): 민약란가강에 있는 노동소. 아데는 다른 생존자와 함께 이곳에서 1963~1966년 동안 수용되어 있었다.

스와얌부나트(Swayambunath): 카트만두 북서쪽에 있는 세계에서 가장 크고 거룩한 불상의 하나. 네팔에 있는 티베트 망명자 집단생활 근거지. 아데는 이곳을 지나 다람살라로 갔다.

시캉(Xikang): 중국의 쓰촨성에 있는 도시. 이곳에서 아데가 살던 동티베트 지역을 통치했었다. 중국이 점령한 첫해에 건설된 쓰촨-라싸 간선도로의 끝 지점.

싱두키아오(Xingduqiao): 민약란가강에 있는 큰 수용소 군도. 이 수용소 군도

에 쉬마차, 누판뒤, 사야뒤, 와다뒤, 미안펜창, 켄유가이조가 속한다. 아데
는 이 수용소들의 여러 곳을 전전했다.

암도(Amdo): 캄과 경계를 하고 있는 동티베트 지역.

와다뒤(Wa Da Dui): 싱두키아오 수용소 군도의 하나. 린첸삼둡, 푸르바와 함
께 아데는 1975~1979년 이곳에 수용되어 있었다.

우창(U-Tsang): 라싸가 있는 티베트의 지역.

자추(Dza Chu): 아데의 동네 롭바샤를 지나 냐롱으로 흐르는 큰 강.

조캉(Jokhang): 티베트에서 가장 오래 된 석가모니 불상이 있는 라싸의 중심
사찰. 모든 티베트 사람들은 자신의 생애에서 한 번만이라도 이 절을 찾기
를 희망한다.

차글라(Chagla): 공산군이 들어오기 전까지 독립되어 있던 봉건제후국.

참도(Chamdo): 카르체의 남서부 행정수도.

카르체(Kartze): 아데 고향의 지역 수도. 아데가 설명하고 있는 사찰 중에서 카
르체 다이찰과 카르체 사찰은 바로 이 지역에 있는 것을 말함.

카왈로리 산맥(Kawalori Massiv): 아데가 냐롱의 집에서 자랄 때 볼 수 있던
산맥.

카일라스(Kailash): 티베트의 서부에 있는 성산으로 티베트 사람들의 중심 성
지순례지.

카트만두(Kathmandu): 네팔의 수도. 아데와 린첸삼둡이 티베트를 탈출해 처
음 찾은 지역.

캄(Kham): 아데의 이야기가 가장 많이 전개되는 티베트의 동부지역. 1950년
대 중국공산군이 침입했을 때 티베트인들이 가장 치열하게 저항했던 곳.

켄유가이조(Qen Yu Gai Zo): 싱두키아오 감옥에 있는 사상교화소. 아데는
1968년에 이곳에 수감됐다.

타오(Tawo): 캄의 동쪽 경계에 있는 지역. 다르체도의 다섯 자치지역 중 하나.

타쉬쿤포(Tashikunpo): 쉬가체에 있는 판첸 라마의 수도원.

포탈라 궁(Potala Palast): 라싸에 있는 달라이 라마의 본궁전.

몬람첸모(Monlam Chenmo): 매년 라싸에서 열린 기도축제.

무드라(Mudra): 성스러운 것의 상징으로 손놀림의 모양을 말함.

미망총두(Mimang Tsongdu): 국민총회란 뜻으로, 50년대 후반에 설립.

민주개혁: 1956년에 실시한 티베트의 토지와 사유물을 국유화하는 작업.

보디사트바(Bodhisattva): 보살의 산스크리트 발음.

삼사라(Samsara): 죽고 새로 나는 윤회의 뜻으로 시작도 끝도 없는 고통의 원.

상계(Sangye): 티베트어로 '부처'란 뜻.

아마(Ama): 어머니.

잠펠양(Jampelyang): 지혜의 보디사트바.

조(Dzo): 야크와 암소 사이에서 나온 잡종.

종(Dzong): 지역 사무소.

찌보석(Zi): 티베트에서 많이 볼 수 있는 많은 모양으로 그림이 그려진 듯한 아
    름다운 돌. 티베트 사람들은 이 돌을 매우 좋아한다.

착첼(Chagtsel): 종교적인 행위로서 몸을 던지는 행위. 두 손을 모으고 머리 위
    로 올려 목을 지나 가슴까지 움직이는 동작. 동시에 바닥에 무릎을 꿇고 바
    닥에 몸을 완전히 엎드리는 동작.

참(Cham): 종교 축제일에 추는 절춤. 옷과 탈을 매우 알록달록하게 만들어 입
    는다.

참파(Tsampa): 보리 볶은 가루. 미숫가루. 티베트 사람들의 주식.

창(Chang): 티베트 사람들이 마시는 보리로 만든 술.

첸레직(Chenrezig): 산스크리트의 아발로키테스바라로 알려진 신. 동정의 보
    디사트바로서 티베트를 지키는 신. 달라이 라마는 바로 이 신의 화신으로
    본다.

초르텐(Chorten): 아주 크고 아주 작은 종교 성물함. 성물함은 산으로 가는 길
    이나 사찰에서 발견된다.

추바(Chuba): 남녀 티베트 사람들이 실로 떠서 입는 덧옷.

카규학파(Kagyu): 티베트불교의 네 학파 중 하나. 학문보다는 명상(선)을 더
    중요하게 여기는 학파.

카샥(Kashag): 티베트 망명정부의 국무회의.

| 일반 용어 |

갸마(Gyama): 무게의 단위.

갸미(Gya mi): 중국인이란 말의 티베트 발음.

게사르(Gesar): 티베트의 민족전통의 이야기. 과거 티베트의 영웅 한 이야기로서 구전되어온 것.

게쉐(Geshe): 불교사원에서 공부할 수 있는 가장 높은 단계의 학위

겔룩학파(Gelug): 티베트불교의 학파 중에서 가장 최근에 생긴 라마는 이 학파에 속한다.

니우구이쉐셍(Nie gui she sheng): 중국말로서 '소의 악령 또는 비 으로, 중국의 명령에 따르지 않는 티베트 사람을 표현한 말.

닝마(Nyingma) 학파: 티베트불교의 4개 학파 중 가장 오래 된 것.

다얀(Dayan): 중국인들이 나누어준 은화.

돌마(Dolma): 산스크리트어에서 타라라고 알려진 것. '타라' 는 여 는 보디사트바.

둑카르(Dugkar): 분노의 여신. 고통으로부터 해방하는 신.

드록파(Drogpa): 티베트 유목민.

드롱(Drong): 야생 야크.

드리(Dri): 암야크.

라모(Lhamo): 티베트의 민속 오페라. 특별한 명절에 동네에서나 수 공연된다.

로사르(Losar): 티베트의 설 명절. 음력으로 친다.

린포체(Rinpoche): 높은 라마승.

마(Ma): 어머니.

마니(Mani): 연꽃 속의 치유 보석이란 뜻의 '옴마니반메훔(Om Mani Hum)' 을 줄인 것. 동정의 보디사트바란 뜻으로 주문.

마하칼라(Mahakala): 분노의 신의 산스크리트어 발음.

만다라(Mandala): '부처의 하늘' 궁전으로 산스크리트어 발음.

만체(Mantze): 중국어 발음으로 '사나운 야만인' 란 뜻.

메톡율(Metog-Yul): 꽃의 땅이란 뜻으로 냐롱 지역을 말함.

카탁(Khatag): 하얀 긴 수건으로, 라마나 가족들이 특별한 연결을 지었을 때 감사의 표시로 주는 것.

칼라차크라(Kalachakra): 티베트 불교에서 가장 높은 집회.

칼상(Kalsang): 티베트에서 매우 유명한 꽃.

캄파(Khampa): 캄 지역에 사는 사람들을 일컫는 말.

코라(Kora): 종교의식에서 사용하는 음송.

탐칭(Tamzing): 인민해방군이나 공안에 의해 진행된 인민재판이라고 이르는 공개재판.

탕카(Thangka): 탱화.

툴쿠(Tulku): 다시 태어난 라마.

트루초(Tru-zo): 결혼식 때 하는 한 행사.

파드마삼바바(Padmasambhava): 고승으로서 인도의 성인이었는데 7세기 티베트에 불교를 가져왔다.

폰(Pon): 전통 티베트 체제의 지도자.

푸자(Puja): 희생제.

그래도 내 마음은 티베트에 사네

1판 1쇄 찍음 2007년 4월 13일
1판 1쇄 펴냄 2007년 4월 18일

펴낸곳 궁리출판

지은이 아마 아데
기록 조이 블레이크슬리
옮긴이 김은주, 김조년
펴낸이 이갑수
편집주간 김현숙
편집 이미경, 변효현
디자인 이현정, 전미혜
영업 백국현, 도진호
관리 김옥연

등록 1999. 3. 29. 제300-2004-162호
주소 110-043 서울특별시 종로구 통인동 31-4 우남빌딩 2층
전화 02-734-6591~3
팩스 02-734-6554
E-mail kungree@chol.com
홈페이지 www.kungree.com

ⓒ 궁리출판, 2007. Printed in Seoul, Korea.

ISBN 978-89-5820-092-5   03900

값 12,000원

유럽

아랄해

흑해

카스피해

우즈베키스탄

터키

투르크메니스탄

지중해

아프가니스탄

레바논

시리아

이라크

이란

이스라엘

파키스탄

요르단

쿠웨이트

아프리카

사우디아라비아

홍해

오만

예멘

북
서 동
남

티베트와 주변국가 지도

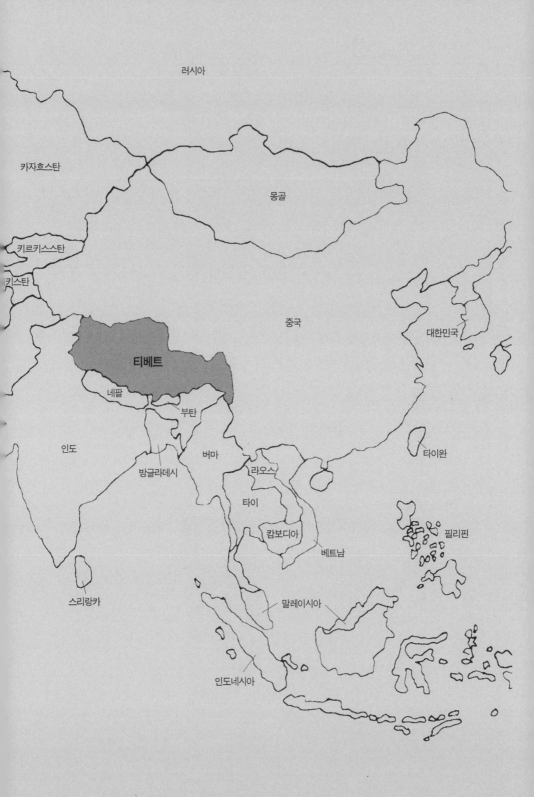

러시아

카자흐스탄

키르키스스탄

키스탄

몽골

중국

대한민국

티베트

네팔

부탄

인도

버마

타이완

방글라데시

라오스

타이

캄보디아

필리핀

베트남

스리랑카

말레이시아

인도네시아